·CSSCI 来源集刊·

金融法苑
Financial Law Forum

2021 总第一百零七辑

◎ 北京大学金融法研究中心　主办

▶ 主编：彭　冰　▶ 本辑执行主编：朱建海

中国金融出版社

责任编辑：黄海清
责任校对：李俊英
责任印制：丁淮宾

图书在版编目（CIP）数据

金融法苑. 2021：总第一百零七辑/彭冰主编. —北京：中国金融出版社，2022.8
ISBN 978 - 7 - 5220 - 1673 - 3

Ⅰ. ①金… Ⅱ. ①彭… Ⅲ. ①金融法—研究—丛刊 Ⅳ. ①D912. 280. 4 - 55

中国版本图书馆 CIP 数据核字（2022）第 114338 号

金融法苑. 2021：总第一百零七辑
JINRONG FAYUAN. 2021：ZONG DI-YIBAI LING QI JI

出版
发行　中国金融出版社
社址　北京市丰台区益泽路 2 号
市场开发部　（010）66024766，63805472，63439533（传真）
网上书店　www.cfph.cn
　　　　　（010）66024766，63372837（传真）
读者服务部　（010）66070833，62568380
邮编　100071
经销　新华书店
印刷　河北松源印刷有限公司
尺寸　185 毫米×260 毫米
印张　13.75
字数　300 千
版次　2022 年 8 月第 1 版
印次　2022 年 8 月第 1 次印刷
定价　40.00 元
ISBN 978 - 7 - 5220 - 1673 - 3
如出现印装错误本社负责调换　联系电话（010）63263947

致 谢

本辑出版得到众惠财产相互保险社的大力支持,特此致谢!

《金融法苑》

主　　　办：北京大学金融法研究中心
专家委员会：吴志攀　白建军　刘　燕　彭　冰
　　　　　　郭　雳　唐应茂　洪艳蓉
主　　　编：彭　冰
本辑执行主编：朱建海

声　明

　　向《金融法苑》投稿即视为授权本编辑部将稿件纳入北京大学期刊网（www.oaj.pku.edu.cn）数据库、《中国学术期刊网络出版总库》及CNKI系列数据库、"北大法宝"（北大法律信息网）期刊数据库、台湾元照出版公司月旦法学知识库、万方数据库、本编辑部确定的其他学术资源数据库、学术性微信公众号，包括但不限于通过北京大学金融法研究中心网站（www.finlaw.pku.edu.cn）和微信公众号（"Pkufinlaw"和"北京大学金融法研究中心"）对外传播。本编辑部支付给作者的稿酬已包含上述数据库和微信公众号著作权使用费。如有异议，请在来稿时注明，本编辑部将作适当处理。

　　刊稿仅反映作者个人的观点，并不必然代表编辑部或者主办单位的立场。

目 录
Contents

上海法院金融法论文一等奖

3　《信托法》与其他法律的竞合及经济分析
　　　　——从一则信托案件的判决谈起　　　　　　　　　　　　孙　珉

25　《证券法》与《会议纪要》视角下的受托管理人诉讼担当的
　　困境与进路　　　　　　　　　　　　　　　　　　　　　　杨　晖
　　　　——基于上海法院 115 份判决的实证分析

39　注册制下证券虚假陈述中介机构民事责任边界研究　　郑博涵　张智潇
　　　　——以 120 份裁判文书和 60 份行政处罚为样本

62　虚假陈述重大性的司法认定　　　　　　　　　　　　严加武　陆文川

金融数据保护

79　个人金融信息保护视阈下金融数据共享规则的完善　　　方　乐　李伟群

证券发行与上市

91　注册制下审核什么：对科创板和创业板上市发行中
　　终止审核案例的分析　　　　　　　　　　　　　　　　　　王岩泽

114	注册制下科创板股票发行上市审核的内部救济研究	沈宜之

金融司法与执法

127	比例连带责任之反思：目标、困境及替代方案	秦悦民　郑润镐　于焕超
138	中国法院应否受理瑞幸咖啡民事赔偿案？	王灿驹
149	金融不良债权执行案件的困境及对策建议 ——以 J 省 N 市涉金融不良债权执行案件为样本	杜开林　赵永刚

金融法律制度建构

163	现代毒丸计划被触发第一案分析 ——Versata v. Selectica 案的启示	范正阳

特别专稿

187	从零思考公司法修改	彭　冰

202　《金融法苑》征稿启事
203　《金融法苑》写作要求和注释体例
208　关于《金融法苑》的订阅

金融法苑

Financial Law Forum

2021 总第一百零七辑

上海法院金融法论文一等奖

编者按：

  为深入贯彻落实习近平法治思想，加强金融审判理论研究，2021 年 4 月 6 日，中国法学会审判理论研究会金融审判理论专业委员会发布 2021 年研讨会论文征稿启事，得到了全国法院系统、科研院所、金融及法律界人士的积极响应，共收到论文 170 篇。

  经专家匿名评审，中国法学会审判理论研究会金融审判理论专业委员会研究决定，评出一等奖论文 5 篇、二等奖论文 8 篇、三等奖论文 12 篇、优秀奖论文 15 篇。本辑《金融法苑》选刊其中 4 篇一等奖论文。

《信托法》与其他法律的竞合及经济分析
——从一则信托案件的判决谈起

孙 珉

摘要：本文以安信信托股份有限公司与湖南高速财务有限公司的一则信托案件的判决出发，探讨《中华人民共和国信托法》与其他有构成要件类似的法律之间，如果构成竞合，应该如何处理的问题。本文认为，如将法律视同一般产品般有供给和需求的话，处理相同或相类似的社会事实的法律间就会有替代性的竞争。这样的竞争现象，是产生法律间竞合的经济原因，而不必费心讨论何者为特别法、何者为普通法。再以本案的要件事实而论，原被告双方之间的信托受益权转让附回购，和《中华人民共和国信托法》第四十三条关于信托利益分配以信托财产为限的规定并不相符。以信托法作为特别法而有"刚兑禁令"的适用，既在逻辑上不能成立，也违背了司法本应有的经济理性。

关键词：信托法　法律间竞合　经济分析　特别法　普通法

一、问题之提出

2020年12月26日，安信信托股份有限公司（以下简称安信信托）发布《诉讼进展公告》，披露公司与湖南高速财务有限公司（以下简称高速财务）二审判决，引发众多关注。安信信托作为一审被告和二审上诉人，经历本案的先败后胜。本案历审见解的变动，对信托公司和信托行业都可能有相当广泛的影响。评释本件判决的意义，也在于此。

法院认事用法，从来以法律解释为主。但法律解释本身也有一定的困境，本案历审法院的见解，之所以有更迭，相信也与此有关。因此，本文援经济分析入法律解释中，希望对本案的分析，能另有"替代性的可能"。

---

* 本论文有赖师弟上海财经大学法学院马强博士费心搜寻。本人离开学校多年，资料的占有上，几多捉襟见肘。所幸马强师弟对我从来都是有求必应。同声相应，同气相求，学问之道，乐在其中，益使我坚信：吾道不孤。

** 孙珉，就职于华澳国际信托有限公司。

(一) 案件事实与历审见解

两审判决所认定的基本事实为：

本案中，高速财务公司与安信信托公司于2016年签订4份《信托合同》，高速财务公司向安信信托公司认购信托资金4亿元，由安信信托公司对高速财务公司所交付的信托资金进行集合管理、运用和处分。安信信托公司根据约定向高速财务公司分配信托利益并收取一定的信托费用，高速财务公司则根据约定享有信托利益并自行承担信托计划可能存在的投资风险。2019年，高速财务公司与安信信托公司签订《信托受益权转让协议》及《补充协议》，将原受益人高速财务公司依据前述《信托合同》所享有的4亿元信托资金所对应的信托受益权及相关一切衍生权利转让给安信信托公司①。

但安信信托并未履行上述《信托受益权转让协议》及《补充协议》的约定，高速财务向一审法院起诉安信信托判令其支付《信托受益权转让补充协议》项下的信托受益权转让价款本金400000000元及信托资金收益17753424.66元。

1. 一审法院的见解。一审法院认为：本案《信托受益权转让协议》及《补充协议》是双方当事人在《信托合同》生效2年后自愿签订的，法律、行政法规也并未禁止信托受益权的转让，且2份协议系高速财务公司与安信信托公司的真实意思表示，内容也未违反法律、行政法规的效力性强制性规定，协议合法有效。双方当事人应如实履行各自的合同义务。安信信托公司辩称前述2份协议无效，法律依据不足，不予支持。

因此，判决安信信托应按协议约定的履行。原告高速财务胜诉。

2. 二审法院的见解。安信信托不服一审判决，上诉至二审法院。二审法院认为：本案双方争议的涉案《信托受益权转让协议》及《补充协议》应认定无效。

其中，主要的理由如下：人民法院认定民事合同的性质，应根据合同条款所反映的当事人的真实意思，并结合其签订合同的真实目的以及合同的实际履行情况等因素进行综合判断。从上述转让价款的计算方式可以看出，高速财务公司获得的收益为其原投入的信托资金本金与固定比例的溢价款，其所获得的是固定的收益回报，其收益情况不受涉案信托计划的实际盈亏情况影响。如果《信托受益权转让协议》及《补充协议》实际履行，会达到委托人从受托人处得到了本息固定回报、保证本金不受损失的结果。其法律关系是名为信托受益权转让，实为保本保收益的承诺安排。根据《全国法院民商事审判工作会议纪要》第92条的规定，本案中，虽然没有在《信托合同》中直接约定保本保收益的条款，但在《信托受益权转让协议》及《补充协议》的约定显然是保本保收益的约定，如前所述，属于刚性兑付的约定，故该2份协议应认定无效。

---

① 湖南省高级人民法院民事判决书（2020）湘民终1598号。本文若无特别说明，所引证之判决文书，均来自最高人民法院主办之裁判文书网。

因此，判决撤销一审判决，驳回一审原告高速财务的诉讼请求。二审被告安信信托胜诉。

（二）应予检讨之问题

在检讨具体的问题之前，笔者先对本案的法律适用做一项简单的统计，可以发现前后两审法院适用法律的渊源和最后判决的结论都大相径庭。这启发笔者观察这个现象背后的原因，以及应该如何解释这些原因。

1. 一项简单的统计。为了讨论的完整性和便利性，笔者整理两审判决对本案的法律适用情况，如表 1 所示①。

表 1　本案两审法院法律适用一览

一、一审法院适用的实体法律渊源		
《中华人民共和国合同法》（以下简称《合同法》）	第八条	依法成立的合同，对当事人具有法律约束力。当事人应当按照约定履行自己的义务，不得擅自变更或者解除合同。 依法成立的合同，受法律保护。
	第四十四条	依法成立的合同，自成立时生效。 法律、行政法规规定应当办理批准、登记等手续生效的，依照其规定。
	第六十条	当事人应当按照约定全面履行自己的义务。 当事人应当遵循诚实信用原则，根据合同的性质、目的和交易习惯履行通知、协助、保密等义务。
	第九十三条	当事人协商一致，可以解除合同。 当事人可以约定一方解除合同的条件。解除合同的条件成就时，解除权人可以解除合同。
	第九十六条	当事人一方依照本法第九十三条第二款、第九十四条的规定主张解除合同的，应当通知对方。合同自通知到达对方时解除。对方有异议的，可以请求人民法院或者仲裁机构确认解除合同的效力。 法律、行政法规规定解除合同应当办理批准、登记等手续的，依照其规定。

---

① 本案一审判决见湖南省长沙市中级人民法院民事判决书（2019）湘01民初3659号；本案二审判决见湖南省高级人民法院民事判决书（2020）湘民终1598号。

续表

一、一审法院适用的实体法律渊源			
《中华人民共和国合同法》（以下简称《合同法》）	第九十七条	合同解除后，尚未履行的，终止履行；已经履行的，根据履行情况和合同性质，当事人可以要求恢复原状、采取其他补救措施，并有权要求赔偿损失。	
	第一百零七条	当事人一方不履行合同义务或者履行合同义务不符合约定的，应当承担继续履行、采取补救措施或者赔偿损失等违约责任。	
	第一百一十二条	当事人一方不履行合同义务或者履行合同义务不符合约定的，在履行义务或者采取补救措施后，对方还有其他损失的，应当赔偿损失。	
	第一百一十三条	当事人一方不履行合同义务或者履行合同义务不符合约定，给对方造成损失的，损失赔偿额应当相当于因违约所造成的损失，包括合同履行后可以获得的利益，但不得超过违反合同一方订立合同时预见到或者应当预见到的因违反合同可能造成的损失。 经营者对消费者提供商品或者服务有欺诈行为的，依照《中华人民共和国消费者权益保护法》的规定承担损害赔偿责任。	
	第一百一十四条	当事人可以约定一方违约时应当根据违约情况向对方支付一定数额的违约金，也可以约定因违约产生的损失赔偿额的计算方法。 约定的违约金低于造成的损失的，当事人可以请求人民法院或者仲裁机构予以增加；约定的违约金过分高于造成的损失的，当事人可以请求人民法院或者仲裁机构予以适当减少。 当事人就迟延履行约定违约金的，违约方支付违约金后，还应当履行债务。	
《中华人民共和国信托法》（以下简称《信托法》）	第二条	本法所称信托，是指委托人基于对受托人的信任，将其财产权委托给受托人，由受托人按委托人的意愿以自己的名义，为受益人的利益或者特定目的，进行管理或者处分的行为。	
	第四十三条	受益人是在信托中享有信托受益权的人。受益人可以是自然人、法人或者依法成立的其他组织。 委托人可以是受益人，也可以是同一信托的唯一受益人。 受托人可以是受益人，但不得是同一信托的唯一受益人。	
	第四十四条	受益人自信托生效之日起享有信托受益权。信托文件另有规定的，从其规定。	
二、二审法院适用的实体法律渊源			
《信托法》	第三十四条	受托人以信托财产为限向受益人承担支付信托利益的义务。	

通过观察表1所总结的法院适用法律的情况,可以发现,本案的事实是关于受托人(被告安信信托)与受益人(原告湖南高速)之间的信托受益权转让的争议,但在实体法律适用上,两审判决呈现截然相反的方面:一审以《合同法》为主,适用条文多达10项,而适用《信托法》条文为3项,结论是支持原告;而二审完全不适用《合同法》,仅适用《信托法》,结论是支持被告。

2. 问题和思路。从"信托合同也是合同"的角度,《信托法》和《合同法》构成竞合,这是因为《信托法》与《合同法》在规范信托行为时,有构成要件上的重合。在重合的构成要件中,按照"特殊优先于一般"的规则确定与构成要件相联结的法律效果。构成要件的特殊性,决定了法律效果的特殊性,使请求权基础在法律间竞合,到底该如何选择,就会有争论。

正如上文统计所反映的:一审法院所适用的3项《信托法》条文,都是定义性的法条,没有一条是"完全性的法条",换言之,《信托法》的条文,在一审法院的法律适用中,不足以成为请求权基础①。因此一审法院其实是优先适用《合同法》,认为被告方必须履行《信托受益权转让协议》及《补充协议》的"合同义务",所以原告胜诉。但二审法院不这么看:因为《信托法》还规定了《合同法》所没有的"禁止保本保收益"的内容,所以《信托法》是特别法,优先适用《信托法》,相当于"合同义务"无效,也无须履行。所以被告胜诉。

构成要件间的重合性,导致何者为特别、何者为普通,完全基于对规范的观察所取的视角不同,而有不同的结论。连带产生了请求权基础的差异,并产生了一系列学说上的争论:法条竞合说、请求权竞合说和请求权基础规范竞合说②。但无论采取哪种学说,理想的状态应该是,一个案件事实,即使符合了多个法律的竞合性规定,但产生的法律后果应该大致相同。这不仅仅事关公平,也关涉司法的效率。以合同违约和侵权行为为例,现在也很少有人再主张要区分合同法和侵权法之间谁是谁的特别法了。因为立法的演进,导致二者构成要件的法律后果基本趋同。笔者称这种状态为"完全替代性竞合",并以发现"完全替代性竞合"为中心,希望能够克服如何认定"特别/普通"的相对宽泛的标准,重新看待法律间竞合状态下《信托法》的解释适用问题。

另外,本文之所以称"与其他法律竞合",是因为在大资管的行业背景下,立法的供给总是在不断增加的,从《信托法》开始,《证券投资基金法》《合伙企业法》,甚至是《公司法》,它

---

① "完全性法条"和"请求权基础"的简要说明,参考王泽鉴:《民法思维:请求权基础理论体系》,北京大学出版社2009年版,第46页。

② 基础的文献,详见王泽鉴:《契约责任与侵权责任之竞合》,收录于氏著《民法学说与判例研究》(第一册),北京大学出版社2009年版,第210页以下。有关契约和侵权竞合的经济分析,可以参考:Omri Ben-Shahar, *Contract versus Property Remedies*,载(台北)《中研院法学期刊》2013年第12期,第1页以下。

们所带来的证券投资基金、有限合伙、投资公司股权等,是不是信托?《信托法》有没有可能和这些法律之间有竞合?如果它们发生了法律争议,应该如何适用法律?带着这些问题,本案引发的可能是一个更具有普遍意义的讨论和分析。

二、《信托法》与《合同法》的构成要件重合的经济原因及其法律效果的经济分析

可能很多学者并不认可在处理信托纠纷时,《信托法》和其他法律之间的竞合状态。因为法官此时往往不适用《信托法》,转而适用其他相关法律,导致《信托法》被架空而不能发挥它的规范功能①。

《信托法》在法律间竞合的规范原因是不同法律规范的构成要件间有重合性。从逻辑上看,这样的重合体现为普遍和特殊的关系。但是,为什么会有这样的重合?除了因为逻辑的"特殊"和"一般"的因素外,还有没有其他因素,也会导致产生这样的重合?在重合的范围内,如果选择不同的构成要件,反而有不同的法律效果,这样的法律竞合不仅不公平,还可能不够有效率。

(一)《信托法》的"均衡"和构成要件重合的经济原因

法律适用的前提,首先是要有法律。所以,《信托法》的解释适用,至少包含了两个部门:立法部门和司法部门。《信托法》不是孤立地被解释,它需要同时满足立法者的目的和需求,以及司法者付出的限制或约束。如果一部法律,能够同时在这两方面之间达成一个均衡状态,那就是一个至少在理论上看来是有效率的状态。笔者相信,《信托法》也应如此。

1.《信托法》的静态均衡。从事法律的经济分析,也和纯粹的经济分析一样,都需要假设一系列的分析前提②。只不过经济分析,可能基于一些事理上的假设;而法律的经济分析,前提可能更多的是将法律的概念赋予经济的意义,或者将经济分析的手段,导出法律的效果。本文假

---

① 有评论者认为,这是"《信托法》适用的《合同法》化"。参见杨秋宇:《〈信托法〉的合同法化适用倾向及其应对》,载《湖南农业大学学报(社会科学版)》2018年第6期,第68页。作者指出:在统计的31个信托纠纷案例中,未援引《信托法》的判决书有11份,占比约为35.5%;只援引了《信托法》作为裁判依据的有5份,占比约为16.1%;同时援引了《信托法》和《合同法》作的有15份,占比约为48.4%。对同时援引《信托法》和《合同法》的16个样本(文章原文如此)分析发现,在这类案件中,《信托法》的相关规范被视为是《合同法》规则的补充性规范,后位于《合同法》规范的适用。另外,在其他10个法院没有直接援引《信托法》规定的判决书中,法院都援引了《合同法》的相关规定。对应到本案,可能一审法院的审理结果就是符合这种倾向的。

② 经济推论往往基于一系列基本的、重要的前提。例如,人是理性的,都是为自己利益计算的;效率的最大,就是财富的最大,而财富又是理性人最希望争取的利益;等等。这些研究前提虽然在经济学领域可以获得相对稳固的共识,但到了法律尤其是伦理的领域,对假设前提的争论导致了研究方法的争论,其重要程度甚至超过了对研究结果的争论。可以说,法律的经济分析很难获得共识,它的价值更多的可能在于视野上的突破和启发。本文的研究,也难以避免这样的结局。关于法律经济分析的研究前提和方法的争论,可以参考:林立:《波斯纳与法律经济分析》,上海三联书店2005年版,第151页以下。

设法院和立法是两个独立的、理性的部门。法律是一种产品，法院有需求，立法有供给：

(1) 法院适用《信托法》，因为要解决案件（数量Q），但需要花费开支（价格P），而法律适用的复杂程度、难易程度，直接关系P值的高低。

(2) 如果不花费P，Q就得不到解决，产生的社会成本可能远远大于P。而现在立法机关制定了《信托法》并被法院适用，希望解决数量Q的案件后，相应节省的社会成本就是立法机关的效益（P），也可以认为是法律的社会效益。

这样，立法机关和司法机关，关于《信托法》的制定和适用，都是一组包含（q, p）的目标函数。

司法机关（J）也是有理性的，P越高，意味着法律适用越复杂，相应能够处理的案件数量Q就越少，而法律适用越简单，所花费的P越低，则能够处理的Q当然是越多。而立法机关（L）制定《信托法》后，当然希望信托纠纷案件能被解决的数量Q越多，所得到的立法效益P也就越多，曲线是递增的。

理论上，当法律适用的难易程度所代表的花费或成本，正好和法律适用后能够产生的社会效益相同时，即司法和立法的花费和收益达到均衡时（p），所能解决的案件数量也是最适应的（q），代表此时社会上虽然不是没有任何信托纠纷，而是信托纠纷能够被解决的数量是最合适的。立法既没有浪费，也没有不足。《信托法》在实践中是最有效率的状态（见图1）。

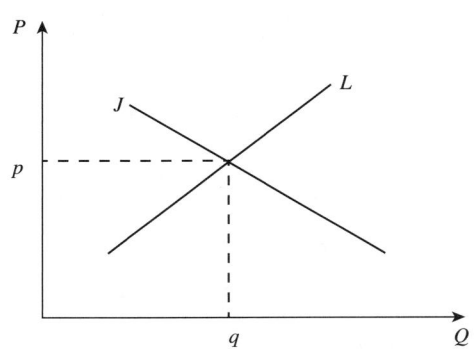

图1 《信托法》的"静态均衡"

但是，相对于这种的理想状态，现实中《信托法》往往会在立法和司法之间存在非均衡的情况，如浪费和不足（均以立法相对于司法而言）（见图2）。

《信托法》制定时，立法者预计法律能够处理的案件数量为$q1$，相应规划的社会效益为$p1$。但司法机构适用《信托法》花费的$p1$成本，所能解决的案件数量仅为$q2$，使立法规划远远超过实际能解决案件的能力（$q1 > q2$）。在$q1 \sim q2$的范围内，存在立法相对于司法的过剩或浪费。换

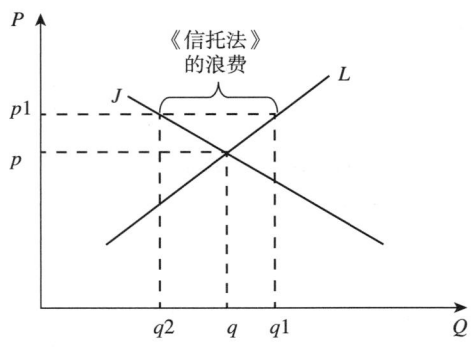

图 2　《信托法》的浪费

言之，立法规划得太过超前。司法应对这样的情况，应该更加保守，避免不必要的、有争议的造法①（将 $p1$ 降低到 p）。过于超前的立法，在司法的保守适用下，可以回归到常态，也可以增加案件的处理数量（$q2$ 增加到 q）（见图 3）。

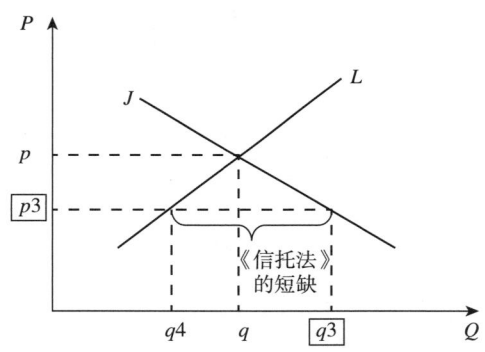

图 3　《信托法》的短缺

《信托法》制定时，立法者预计所能获得的社会效益为 $p3$，但司法机关在 $p3$ 的水平下，所能发挥的审判能力达到了 $q3$，远远超过了立法者所规划的《信托法》纠纷解决数量 $q4$。所以，

---

① 司法造法是能动主义司法的最明显的特征，但司法造法突破立法的民主原则，对法律的安定性影响较大。司法造法从理性的角度而言，需要论证的负担较重，相对于司法遵守法律文义的解释而言，造法的成本自然更高。所以选择造法与否，作为司法成本高低的一个指标。当然，当代的法律解释学说已经证实，要严格地区分解释和造法是非常困难，两者都要求司法机关从事类推的思考。参见［德］亚图·考夫曼：《类推与事物本质：兼论类型理论》，吴从周译，台北新学林 2016 年版，第 11 页。而从抽象的量化角度，笔者还是认为造法的困难性和成本要高一些。

在 $q3 \sim q4$ 的范围内，立法相对于司法而言存在短缺。换言之，立法太过保守。相对于立法的保守，司法就可以能动或激进一些。司法可以在立法不作修订的情况下，主动造法（花费的 $p3$ 增加到 p）以应对新出现的问题。司法机关处理案件的数量虽然会下降（$q3$ 减少到 q），但同样会提高立法本来规划的社会效益（$q4$ 增加到 q），反而会使社会效益和司法处理能力之间达到均衡（q）。

2.《信托法》的动态均衡。一般而言，现实中立法的短缺，可能更多是一个常态的现象，但无论是立法的短缺或者不足，在理想的状态下，最终都会回归到一个均衡的状态（见图4）。但随着社会情势的变迁，以往在静态均衡状态下的"最适案件"数量 q 和均衡的司法成本或社会效益 p，可能已经无法满足具体的现实要求。

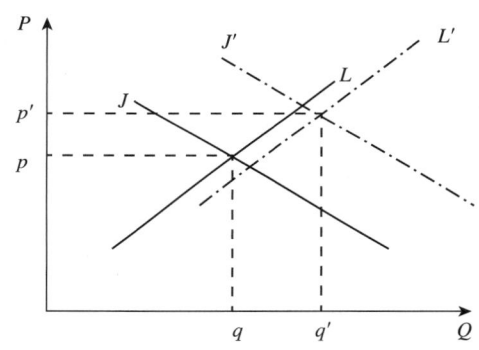

图4 《信托法》的动态均衡

事物发展的规律，总是从简单到复杂。《信托法》所涉及的案件，可能也是如此。为了提升《信托法》解决纠纷的效率，不可避免的是提升司法的应对成本，当然这也会带来更高的边际收益。最终立法和司法会达成一个新的均衡。这样的均衡是在立法加大供给、司法提升用法需求的共同努力下达成的。表现在图4中为 L 和 J 都往右侧方向移动。

立法供给方面的提升，主要表现为两方面：其一，修订《信托法》条文，增加《信托法》可以适用的新的案型；其二，制定新的其他有关法律，在《信托法》适用困难时，提供替代性的选择。无论是哪一种供给方式，都会带来法院司法时的困难和成本，这是不可避免的代价。换来的是，新的均衡价格 p' 超过原来均衡价格 p 的福利水平。

3. 为了达成均衡，不可避免地带来竞合。法律需要处理的问题总是会越来越复杂，《信托法》领域也会是如此。所以为了达成新的均衡，不可避免地带来多部法律（而不会是仅有一部法律）在同时规划某些有相互重合的事实领域。这就是法律间竞合的经济原因。

在这两种增加法律供给的方式中，带给法院更多挑战的，可能还是立法制定的其他可替代性的法律。因为增加新的立法，相比于在《信托法》原来的规范体系内修订，立法上的形成自由，明显会更加宽泛。而且，立法上的裁量和决定，也会较少地受到既有《信托法》文义和体系的约束。但是新增法律来规范信托纠纷，不可避免地会发生与既有《信托法》之间的竞合。传统法律学将之视为"普通法——特别法"的关系，但何者是"特别"、何者为"普通"，可能还不太好解释。

结合信托功能最为充分的大资管行业，立法供给提升的现象已经非常普遍了：立法在《信托法》的基础上，继续制定《证券投资基金法》，以后或许会参考其他国家立法例，制定《资产证券化法》等一些专门性的法律。这些法律都有可能在规划某些构成要件时，和《信托法》发生不同程度的重合：证券投资基金可以是信托吗？有限合伙可以是信托吗？投资公司可以是信托吗？资产证券化产品（ABS）可以是信托吗？

所以，在面对这些扩展开的问题时，它们虽然超越了本案，但回答它们如果还和本案一样，局限于"特别——普通"的解释工具，是不是还要——识别《信托法》和这些专门投资工具所属的特别法之间，何种构成要件是特殊规定，何种构成要件又是一般规定，进而来判断所联结的法律后果？这可能将本案法律适用的困境，带到了一个更普遍的意义上。

（二）法律效果上的"完全替代性选择"

如果抛开这些构成要件上的特殊还是普遍的争论，从法律后果入手，让《信托法》和其他法律在规范重合的构成要件时，所连接的法律后果也大致相同。换言之，让这些法律构成一组可替代性的选择，这样既能贯彻"同样事实、同样对待"的公平原则（重合的构成要件下，毕竟只有一个事实发生），也更有经济效率。

从经济分析的视角来看待竞合的后果，还是要着眼于经济的效率。竞合能够给司法带来替代性的选择，增加司法的弹性和司法的总收益，提升司法的效率。有了可替代性的选择，那接下来就是要保护法院这种自由选择的权力，否则就是有替代性的选择，那也没意义了。

1. 谁是谁的特别法？按照传统的法律解释方法，如果构成法律间的竞合，应该区分特别法和普通法，按照特别法优先的原则决定适用何种法律规范[①]。但以哪一种标准来衡量"特别"和"普通"，学说上并未明确。

---

① 有关民事法律间的规范竞合的论述，参见黄茂荣：《法学方法与现代民法》，作者自版发行 2020 年修订第 7 版，第 356 页以下。作者指出：在违约和侵权构成竞合的场合，原本存在消灭时效、保护范围等诸多方面的差异，导致二者竞合的法律效果之间并不一致。但随后修法，已逐渐取消了这些限制。但学说上还是会争论，违约和侵权能否并行存在。现在通说认为，可以并行存在。盖法律所提供的是重复保护，而非重复满足。以上学者的观点，可以印证本文所提出的"完全替代性竞合"的观念。在法律学的方法上，学者和立法，都在追求这种没有不合理的差别的完全替代性竞合的效果。

以信托设立或合同成立生效为例①：《合同法》是《信托法》的特别法。因为《信托法》规定，合同是设立信托的一种手段。另外，从信托的效力或合同的效力来看：《信托法》是《合同法》的特别法。因为《信托法》规定的信托财产独立的效力，是《合同法》所没有的。

就本案的具体案件事实来看，同样如此。如果认为《信托受益权转让协议》与《补充协议》实际的效果就是信托利益的分配，那么《信托法》第三十四条规定的"以信托财产为限"，就是一个特别规定，这是《合同法》所没有的。如果认为《信托受益权转让协议》与《补充协议》就是一个普通的财产让与合同，信托受益权转让准用债权让与的话，那《信托法》和《合同法》就没有特殊或普通的区别了，适用《合同法》也没有错了（详见下文）。

所以，无论是法制整体还是个案案情，用特别法和普通法这对分析工具，带来的结论可能因人而异。因为它的区分基础在于人们对规范观察的视角不同。从规范原因导出的法律竞合的规范结果，展现的结论可能不太理想。

2. 竞合的经济后果：增加法律适用的弹性。经济学上的弹性是指，在数量和价格这对因素中，一个因素相对于另一个的变化而变化的幅度大小②。弹性一般以百分比表示，大于1的，表示为富有弹性；小于1的，表示为缺乏弹性。从图形上反映为需求或供给曲线的斜率陡峭程度。弹性的大小，和有无可替代的其他物品直接相关。研究弹性，是为了发现一种因素因为其他因素的改变而相应改变的后果和影响。

回到本案的信托法律关系。立法的供给，表现为增修既有法律，乃至制定新法，都已经纳入

---

① 在法律间的竞合，《信托法》和《合同法》竞合，只是一种可能性。有学者主张：《信托法》可能和财产法竞合，或者和组织法竞合。由于这个论题牵扯到信托的性质等更加一般性的问题，超出了本文的范围，但也进一步表明，规范原因层面，法律间的竞合与否，答案不会很统一［See John H. Langbein. *The Contractarian Basis of the Law of Trusts*, 105 Yale Law Journal, 625（1995）］。还有学者从信托的信义义务着手，指出信托也有约定性和对人性的一面。而且现代信托，应该从单纯持有财产，向管理财产转变，那么，信托上的约定性义务就会越来越突出，这样信托和合同法的竞合就是一个可能的推论。但是相反，坚持信托的财产权属性的学者，往往认为信托法和财产法相似。历史上，《美国信托法重述》（第二版）坚持这种立场。随后，又有学者从法律经济学的角度，证明了信托法应该更靠近财产法，因为信托财产是对特定财产的分割。See Henry Hansmann & Ugo Mattei, *The Functions of Trust Law: A Comparative Legal and Economic Analysis*, 73 New York University Law Review, 434（1998）。在这个观点下，推论信托法和财产法或物权法竞合，也应该是可能的。还有学者认为，信托不应该靠近财产法，也不应该靠近合同法，应该靠近组织法。学者从信托本身的代理成本角度，看出和公司一样的特征。See Robert Sitkoff, *An Agency Costs Theory of Trust Law*, 89 Cornell Law Review, 621（2004）。在这个观点下，推论信托法和公司法的竞合，也应该是有可能的。所以可以发现，同样的资产管理义务，到了组织法的观点，就反而变成信托应该更加靠近公司法的论据之一：因为公司法上也有信义义务的存在。因此，从规范原因层面去探讨信托法与何种法律可能构成竞合，是比较困难的。更遑论构成竞合后，如何识别何者为普通法，何者为特别法。

② ［美］曼昆（Mankiw, N. G.）：《经济学原理：微观分册》（原书第7版），梁小民、梁砾译，北京大学出版社2015年版，第97页以下。

常态化的法制轨道①，供给的增加，对于完善法制体系相当重要。但相对于既有的立法体制和政治体制，立法供给变化的幅度，不可能有太大的波动，表现为立法弹性应该不会太大。但是司法作为相对于立法供给的需求方，可能因为立法供给的改变而有一定幅度的相应改变，这是毋庸置疑的。

以《信托法》为例，如果所有的信托纠纷只能依靠《信托法》本身的规定，立法没有再提供其他选择，司法可以解决的案件数量可能就是一个既定程度（见图5）。司法的弹性还受制于它自身可以自由选择的能力和意愿。如果法院没有自由选择适用何种法律的能力或意愿，那么司法的弹性就会比较低。

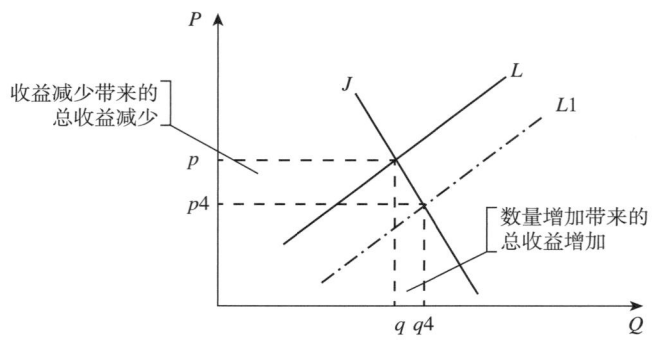

图 5　《信托法》如果缺乏替代，司法弹性就会较低

司法如果缺乏弹性，一旦立法真的有一些供给的增加，司法需要相应提高很大的成本（$p \rightarrow p4$），来应对新的均衡达成后的"最适案件"数量的增加（$q4 \rightarrow q$）。总的看来，如果司法弹性较低的话，整个司法总收益就会降低。表现在图5中，是曲线 J 下围得的面积中，因为数量增加的部分，抵不上价格降低的部分。

反之，如果立法供给比较充分，法院也可以自由地选择适用法律，那么，司法的弹性就会加大。随着立法供给增加，新的均衡下可解决的案件数量也会增加，但司法因为有可选择的自由和能力，所以理性的司法总是会选择最适合司法惯例、现有司法能力的法律，所花费的成本一定是比选择度较小的状态要少的。所以在司法弹性较高的情况下，所花费的成本下降一点，就能带动

---

① 例如，《全国人大常委会2020年度立法工作计划》（2019年12月16日第十三届全国人民代表大会常务委员会第四十四次委员长会议原则通过，2020年6月1日第十三届全国人民代表大会常务委员会第五十八次委员长会议修改）披露：2020年立法继续审议的法律项目有12件（包含已通过的法律，例如《民法典》），初次审议的法律项目有29件，预备审议的法律项目包括修改全国人民代表大会常务委员会议事规则、地方各级人民代表大会和地方各级人民政府组织法、监狱法、职业教育法、执业医师法、科学技术进步法、铁路法、农产品质量安全法、审计法、反洗钱法、中国人民银行法、商业银行法、保险法等，制定学前教育法、家庭教育法、湿地环境保护法、电信法、彩票法、危险化学品安全法、民事强制执行法等。立法的成绩不可谓不重大。立法的供给，已经相当充分。

较大程度的"最适案件数量"(均衡状态下的案件数量)的提升(见图6)。

3. 弹性、总收益和效率。经济学上弹性影响总收益,并以总收益作为两种均衡状态下相互之间优劣高下的评判标准。虽然很难推导出司法J曲线下所围得的面积,到底有多少明确的法律含义,但至少这样的思路也可以用来判断两种《信托法》均衡状态下的好与不好。总收益作为一种效率高低的标准,也可以同样用于评价法律变迁的绩效。

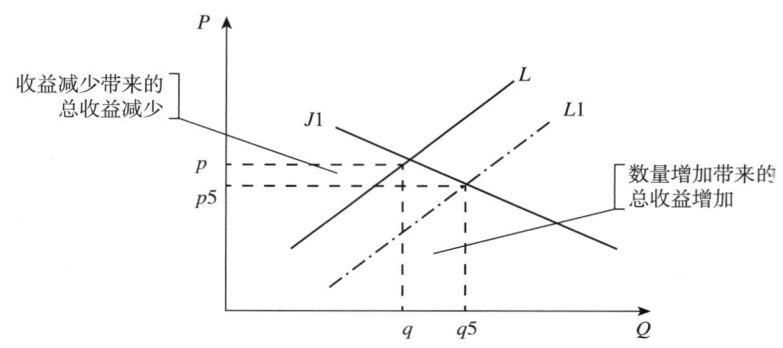

图6 《信托法》如果替代充分,司法弹性就会增加

如果《信托法》有了可替代性适用的法律,如《合同法》或今后的《民法典》,那么司法部门的曲线J的弹性会随之增加($J1$)。这样的状态,虽然带来了法律适用的困难,但当立法为了追求更高的纠纷解决能力($q5$)而提供的供给增加($L \rightarrow L'$)时,整个司法的效率,不会减少,甚至还会增加。因为数量增加带来的增量,大于价格减少的损失。

4. 超越具体案件而面向未来。经济分析面向的是未来,而不是过去。① 而案件既然已经发生,所产生的是沉没的成本。解释评论具体的案件,目的也是在将来更好地适用法律。所以,法律解释和经济解释都是立足于当下的案件、面向未来的规划。

分析司法的弹性同样如此。本案发生后,司法如果保持没有弹性的状态,难保今后不会发生更多类似但更复杂的此类案件,司法应对所遭受的总收益的减少,肯定不及司法有弹性的状态下,总收益上升,从而更有效率。因为假设立法机关是理性的,它在面对案件增多的情况下,势必会加大立法的供给。如果司法没有弹性,增加的立法所耗费的司法代价变动,肯定大于立法数量的变动,这样效率就会损失。

---

① 波斯纳以经济学上的成本概念和会计上的成本概念作为对比,指出经济学的分析是指向未来的,因为沉没的成本不会影响当事人在价格和数量上的理性选择(The distinction between opportunity costs and transfer payments, or in other words between economic and accounting costs, helps show that cost to an economist is a forward-looking concept. Sunk costs do not affect a rational actor's decisions on price and quantity)。See Richard Posner, *Economic Analysis of Law*, 9th Edition, Wolters Kluwer Law & Business, 2014, p. 20.

而弹性的高低，如前文所揭示的，一方面是因为供给数量的增加，另一方面还和选择的自由程度有关。如果立法供给增加，但司法所受到的限制也增加，导致它无法自由地选择适用可替代性的法律，那么增加供给的法律，对司法而言，也没什么意义了。

5. 法律解释和经济解释的相互印证。再以一个既有的、已经非常成熟的法律解释的例子，来印证本文论述到此处的经济分析也是符合法律方法的一般结论的。

民事法律体系内，法律间竞合最为典型者，是合同违约与侵权行为。一个违反保护义务的行为，可以同时触犯合同上的保护义务和一般行为上的保护义务，这就构成了竞合。早先的民事立法，曾经在"合同保护范围不包含慰抚金，而侵权损害赔偿包含慰抚金"[1]"合同不履行的消灭时效短于侵权损害赔偿的消灭时效；合同上订立有免责条款而不能适用至侵权损害赔偿"等方面都有差异。这导致学说间对于违反保护义务导致的法律竞合，是法条竞合（特别法与普通法）、请求权竞合（数个请求权）和请求权基础规范竞合（一个请求权）的长久争论，连带到民事诉讼法上，对于竞合到底有几个诉讼标的的不同认定，有新说和旧说的长久争论[2]。

现在随着民事立法的演进，上述领域内的不同法律后果的差异，已经大范围地消除，这方面以 2002 年的德国债法修订最为典型。现在学说上，一般也不会认为要区分合同法与侵权法在构成竞合时，谁是谁的特别法，也不会强制法院一定要适用识别后的特别法。尤其是在诉讼标的的新说理论下，法院也无须对原告释明要选择哪一个请求权：因为是基础规范竞合。在事实明确的基础上，具体适用哪一部法律，法院可以自己决定取舍。学者王泽鉴教授曾谓[3]：

"（在契约责任和侵权责任竞合时）准用民法第 192 条以下的规定，尤其是第 194 条、第 195 条关于慰抚金的规定，结合了契约责任和侵权责任优点。此不但扩大了被害人选择救济方法的自由，使其能够获得必要合理的赔偿，实为民事责任制度上的一项重大成就。"

这个例子说明了一旦在合同违约和侵权行为之间，法律效果趋同的前提下，两部法律可以构成完全替代性的选择，从而法院可以在明确事实的基础上，自由的选择适用其中的具体法律。那么，《信托法》与其他法律间的竞合，为什么不可以这样处理呢？

---

[1] 曾世雄教授曾举一例，以说明这种差别立法的不合理之处：乘客搭乘计程车遭受人身损害，因为是运送契约的法律关系而不能获得非财产损害的慰抚金，而车外在同一事故中遭受人身损害的路人，因为是侵权行为的法律关系，反而能获得非财产损害的慰抚金。同一事故，车内车外的受害人，法律地位完全不同，殊为不合理。参见曾世雄：《非财产上之损害赔偿》，元照出版公司 2005 年版，第 85 页。

[2] 参见黄茂荣：《债法通则》（第一册：债之概念与债务契约），厦门大学出版社 2014 年版，第 136 页以下。进一步地探讨民事诉讼法上诉讼标的与请求权竞合的关系，参见陈荣宗、林庆苗：《民事诉讼法》（上册），三民书局 2020 年修订第 9 版，第 307 页以下。

[3] 详见王泽鉴：《损害赔偿》，北京大学出版社 2017 年版，第 47 页。引文中所适用的民法，指我国台湾地区"民法典"。

三、 本案法律适用的困境与出路

法律竞合要有效率，首先在于构成竞合的法律间，能有完全替代性关系。所谓完全的替代性关系，指的是构成竞合的法律间，它们各自的法律效果应当大致相同。而法律解释的取向，应该是尽量消除不合理的不同。而本案的法律适用，在《信托法》和《合同法》的取舍上，就面临一个重要的关节：有没有保本保收益。对这个事实构成的不同认定，导致本案两审的法律适用完全不同。

所以，首先需要分析这样的事实认定，是否符合案情本来的发展；其次为了充分的讨论，假设二审法院对案情的认定是正确的，从正反两个反面，从真实和假设两个角度，论证在一个理性的法律间竞合状态——完全替代性竞合下，法院应该如何适用法律。

（一）《信托法》的竞合与本案解释上的困境

前文已经提及在《信托法》和其他法律构成竞合后，选择适用何种法律所带来的困难，即如何识别特别法和普通法的关系。在何种意义上构成"特别"，又在何种意义上构成"普通"，在很大程度上取决于看问题的视角，主观解释的因素很强烈。回到这个判决的文本上，可以进一步发现这个特征。但这个法律解释上的困难，可以继续引导学者通过经济解释的方法，得出其他的结论。

1. 一个核心的事实：什么是"保本保收益"？二审的翻案，重新适用《信托法》以推翻一审适用《合同法》而得出的结论，重要的事实依据是，原被告双方的《信托受益权转让协议》构成保本保收益的行为。为了便于说明，兹再摘录部分判决书内容：

如果《信托受益权转让协议》及《补充协议》实际履行，会达到委托人从受托人处得到本息固定回报、保证本金不受损失的结果。其法律关系是名为信托受益权转让，实为保本保收益的承诺安排。违反了《中华人民共和国信托法》第三十四条"受托人以信托财产为限向受益人承担支付信托利益的义务"的规定，应属无效。法院在本案审理过程中，就《信托受益权转让协议》及《补充协议》的签订是否为刚性兑付行为向信托公司的主管部门进行了征询，主管部门对安信信托公司进行了相关调查后书面回复认为安信信托公司与高速财务公司签订的《信托受益权转让协议》等一系列操作是保证本金收益不受损失的行为，属于违规刚性兑付行为。故二审法院认为应认定双方签订涉案转让协议系违规刚性兑付行为。

特别和普通的关系，端在此项核心事实的有无。如果从具备刚兑的角度，《信托法》第三十四条，相对于一审适用的一系列《合同法》的规定而言，就是特别法的地位了。因此，在构成刚兑的前提下，二审认为应该特别法优先。所以，应当适用《信托法》。

但是，这也再一次印证前文提及的区分困难：特别法和普通法的区别标准，其实并不客观。因为二审法院对于信托受益权转让到底是否为刚兑存在疑虑，进而才能判断能不能适用《信托法》。所以才有判决书中所言：就《信托受益权转让协议》及《补充协议》的签订是否为刚兑行为向信托公司的主管部门进行了征询。

主管部门的征询意见，是关于法律适用，而非事实方面的陈述，因此不属于证据的范畴。① 而解释适用法律是法院的天职。即使主管部门在其行政职权范围内也需适用法律，但该法律适用的前提，必须是针对具体的行政案件，而不可以抽象地回答或解释法律适用的问题。②

主管部门的意见，如果以行政处分的形式作出，对民事法院而言有构成要件事实效力（die Tatbestandswirkung），虽然民事法院一般不得改变此项行政处分的认定，但也未必可以完全约束民事法院③。况且，本案中主管部门答复征询，也不构成一项行政处分：因为没有相对人。在法律适用上，行政部门绝对不应当取代司法部门，这是审判独立和法官对法律忠诚的最基本要求。

即使法律解释有再多的不确定性，民事法院的法官，还是应当自己亲自解释，不应该将《宪

---

① 证明的对象必须是事实，而不得为法律或解释法律之意见。这是由受法律适用的基本逻辑所决定的。法院适用法律，遵循的基本逻辑为三段论，而作为小前提的事实存在与否，就是审判的重要依据。而大前提的法律依据（请求权基础）与小前提的事实依据（构成要件的该当），不能相互混淆。详见陈荣宗、林庆苗：《民事诉讼法》（下册），三民书局 2021 年修订第 9 版，第 37 页。另：根据二审判决书，本案中主管部门的答复，颇有周折之处：本院二审另查明，在本案一审结案后上诉至本院的二审期间，一审法院向本院转交了上海银保监局于 2020 年 8 月 28 日出具的《上海银保监局关于回复长沙中级人民法院征询函的函》，函件上记载："贵院来函（《征询函》）收悉，因事情较复杂，我局与贵院通过电话进行了相关情况的沟通。据悉，在贵院作出的一审判决中引用了我局回复，其中可能存在将沟通内理解为回复的误解。经我局研究，现就来函事宜回复如下：根据《信托公司管理办法》第三十四条：'信托公司开展信托业务，不得有下列行为：……（三）承诺信托财产不受损失或者保证最低收益。'因此，在各种信托文件中若存在信托公司将履行远期回购义务等类似意思表示的，都属于违规行为。我局收到来函后，对安信信托公司进行了相关调查，同时也向湖南银保监局进行了协查问询。根据目前调查情况，安信信托公司与高速财务公司在 2017 年 5 月签署的《信托受益权转让协议》等一系列操作是保证本金收益不受损失的行为，属于违规刚性兑付行为。"因此，不仅是本案法院见解在两审之间有所更迭，即使是行政主管部门的意见，也未必前后一致。本案法律适用所存在的困难，可见一斑。

② 行政上的法律适用与司法上的法律适用存在一个重大的区别，即行政上的法律适用除了合法之外，还需符合行政上的特定目的。行政上的法律适用，是合法与合目的的结合。而司法上的法律适用，仅需符合法律规定即可。详见翁岳生：《行政的概念与种类》，载翁岳生主编：《行政法》（上册），元照出版公司 2020 年增订第 4 版，第 15 页。行政上的法律适用与司法上的法律适用的不同，还可以从公务员与法官地位的不同，而得到进一步的说明。公务员从事公务，除了合法之外，还需践行特定的行政目的，因此公务员需要对主官忠诚，或者对行政忠诚；而司法无须受到行政目的的拘束，相反还需限制或制衡行政目的须合法地实现。因此，司法是对法律的忠诚。这点尤其在德国得到充分的体现：法官的概念与公务员的概念泾渭分明。这样的做法是凸显法院的地位、法官的地位，以更有力地限制行政保护人民权利。详见翁岳生：《现代法治国家之释宪制度与司法改革》，元照出版公司 2020 年版，第 351 页。

③ 行政处分对民事法院的效力，参见许宗力：《行政处分》，载翁岳生主编：《行政法》（上册），元照出版公司 2020 年增订第 4 版，第 655 页。相关论述，还可以进一步参考陈敏：《行政法总论》，作者自版发行 2019 年修订第 10 版，第 455 页。需要说明的是，所谓的"行政处分"（die Verwaltungsverfügung, der Verwaltungsakt）是一项学说称谓，在我国行政法学界，称为具体行政行为。二者用语之间的差异和取舍，参见陈新民：《中国行政法学原理》，中国政法大学出版社 2002 年版，第 134 页以下。

法》和《法官法》所赋予的审判职责，委之于其他机关。因为其他机关不是法院，不能职司审判。所以，《信托法》第三十四条应该怎么解释、解释的效果到底如何，还是要回到民事法律本身。

2. 本案与"保本保收益"并不相关。《信托法》第三十四条规定："受托人以信托财产为限向受益人承担支付信托利益的义务。"本条的构成要件包括受托人、信托财产和信托利益。如果受托人非以信托财产，且向受益人支付的价款也并非信托利益，则不应当适用本条。

根据公开的判决书部分内容，本案的事实构成为安信信托受让了本案原审原告所持有的信托受益权，但并未按照《信托受益权转让协议》及《补充协议》的约定，支付转让价款。这个事实构成显示，安信信托所负有的义务是支付一项转让对价，而不是根据信托文件履行信托利益的分配。安信信托作为受托人，自己受让自己所管理的信托的受益权，类推适用《民法典》第五百七十五条第一款第（五）项：债权债务归于一人。信托利益的分配义务，已经消灭了。

所以，从法律解释上，准以本案案情的事实构成和法条文义而言，无法得出安信信托从事了"刚兑"行为（因为这不是一项信托利益分配的行为），并应承担"刚兑无效"的法律后果的结论。至于违反《信托法》第三十四条、有从事所谓的"刚兑"的行为，法律效果是否就真的是无效，仍有很大的讨论空间。限于篇幅和文章的主旨，笔者无法再做过多的解释。但需要强调的是：法律是否真的把无效的后果联结到一定的构成要件上，需要结合法律目的而言。《信托法》的规范目的，是否包含"否定刚兑"的要素？"刚兑无效"是《信托法》的哪一项规范目的所欲以达成的？笔者认为这不是一个可以轻易回答的问题，目前也没有相关的立法资料可以证明这点。

3. 是解释的方法，还是修辞的技巧？为了将《信托受益权转让协议》及《补充协议》项下的原审被告对原告的支付义务，实质化为信托利益的分配，并进而可以适用《信托法》第三十四条，法院还有如下一段说理：

安信信托公司和高速财务公司双方依据《信托合同》建立的信托法律关系，而通过其后签订的《信托受益权转让协议》及《补充协议》，改变了《信托合同》确立的权利义务关系。原受托人安信信托公司受让了原由高速财务公司享有的信托利益并承担了因信托计划所产生的全部投资风险。而高速财务公司则从《信托合同》中脱离出来，通过收取固定的信托受益权的转让价款来获取利益。

收取转让价款的原因和可以获得信托利益的原因，在法律上表现为不同的原因事实，一则为《信托受益权转让协议》及《补充协议》，一则为《信托合同》。即使它们价值相当，但法律基础的确不同。

2021年1月26日，在安信信托的另一则案件中，最高人民法院正是看到了这一点，驳回了安信信托的再审申请。该案件的事实构成与本案类似，均为安信信托在《受益权转让协议》中对另一方负有支付转让价款的义务而事后并未履行。可能是受到本案二审判决的影响，安信信托以本案二审判决的结论作为该案再审申请的理由，向最高人民法院申请再审。

最高人民法院在该案的裁定中表示①：

本案中，安信公司（即本文中的"安信信托"，下同）系涉案信托的委托人和原受益人，其与郑州银行于 2016 年 8 月 30 日签订了 01 号合同和 02 号合同，其中 01 号合同约定，安信公司将其享有的案涉信托受益权于合同签订当日转让给郑州银行，转让价款为该信托受益权对应的信托资金本金。02 号合同约定，郑州银行于 2018 年 9 月 24 日将上述信托受益权转让给安信公司，转让价款为信托资金本金加信托收益。从 01 号合同和 02 号合同的签订情况及内容看，尚不能认定 02 号合同约定的转让价款中包含的信托收益为信托受托人与受益人之间订立的保底或者刚兑条款。

上述最高人民法院的见解，就与本案二审法院的见解完全不同。最高人民法院认为信托受益权转让合同（即上述 02 号合同）即使包含了信托收益，也不能推断出受托人与受益人之间订立了保底或者刚兑条款。因为"刚兑"所要限制的是信托利益分配，而信托受益权转让中的价款支付，不是来源于信托利益分配，而是对让渡财产权利一方的对待给付。所以，"刚兑"作为一项法律"禁令"或是一项司法政策，它所要达成的法律效果，和信托受益权转让的构成要件，明显不具有逻辑上的因果关系，强行将它作为信托受益权转让的法律效果，是法律适用和解释上的不当联结。

那么，二审法院为什么会有这样不当联结的解释方式？笔者推测一个可能的原因是"刚兑"禁令本身政策性极强，它自身没有一个明确的制定法上的基础。而适用法律政策，又不必像适用法律那样，要有明确的构成要件的涵摄，和符合逻辑地得出相应的法律后果。所以，政策对司法的约束力，自然不如法律。因此，二审法院在面对一个政策作为依据时，不会去区分构成要件如何、法律后果又如何的教义学问题，更多考虑的是如何达成一个政策上的目标，这可能就是二审法院忽视信托利益分配和信托受益权转让的不同法律意义的原因。如果这样的忽视是有意为之，那就是以单纯的修辞技巧，来替代本来应该有的对法律的解释和论证，司法就会违背法律，而不是在遵守法律。这是相当危险的。

（二）经济分析所给出的出路：自由选择法律的优势

再转回到前文所揭示的经济分析的思路，前提是《信托法》和《合同法》在本案上是一个完全可替代性的关系。这样的关系下适用法律，就无须再按照特别法——普通法的思路。因为完全替代的法律，应该保护法院的自由选择的权力，这样才能增加司法的弹性。经济分析是立足于现在（本案），面向将来的。等到立法供给不断增加的时候——例如，在大资管的行业背景下，在《信托法》的基础上，又制定《证券投资基金法》，或许今后再增加制定《资产证券化法》等——就能反映出司法有弹性的优势了。

---

① 参见《安信信托股份有限公司、郑州银行股份有限公司合同纠纷再审审查与审判监督民事裁定书》，最高人民法院民事裁定书，（2020）最高法民申 5362 号。

1. 完全替代性的法律竞合。《信托受益权转让协议》和《补充协议》，即使与信托的管理运作有相关性，作为标的物的信托受益权的法律性质，与《信托法》有密切相关，但当事人之间的法律关系，除了前后手相继的受益人之外，也是合同约定上的甲方和乙方。再加之《信托法》第三十四条反面推论的"禁止保本保收益"与本案的案情并不相关，《合同法》上的合同义务的约定和履行，与《信托法》上信托受益权转让的约定性（立法例上一般准用民法上的债权让与①），在法律效果上就不应该有差别。

鼓励发现《信托法》和《合同法》的完全可替代性的竞合，有利于我们认识到司法的弹性和随之带来的总收益的增加——如果今后立法供给有所增加的话。经济分析是面向将来的，事物的发展、社会的发展，总是趋向于复杂和多变，立法的供给总是会逐渐增加，那个时候就能体现出司法有弹性的优势。这个结论，不仅仅是基于本案，而是超越本案，面向将来的。

2. 舍弃"特别法"和"普通法"的区分。在完全具有替代性的竞合关系下，法院适用法律的权力越自由，司法的弹性也越大。学说应该鼓励和保护法院这样的自由适用的权力。如果承认构成完全性的竞合关系——法律间的效果其实没有不同，再讨论何者构成特别法，何者构成普通法，其实就没有意义，反而会限制法院适法的自由，使司法弹性降低。

权威的法学方法论的著作，如在拉伦茨教授撰写的《法学方法论》中，作者在侵权和债务不履行、所有人—占有人关系等多个构成法律竞合的场合，一再强调要平衡相关法律后果的一致性②。这样的见解当然有法理上的深刻性和正当性，但对照本文的见解，这也印证了要鼓励发

---

① 台湾地区的规定，可以参见赖源河、王志诚：《现代信托法论》，中国政法大学出版社2002年版，第90页。《欧洲民法典草案》（DCFR）的规定还可以参见 Christian von Bar and Eric Clive (ed.), *Principles, Definitions and Model Rules of European Private Law*, Draft Common Frame of Reference (DCFR), Full Edition, Volume 6, at 5739：

X. – 9：301：Transfer by juridical act of right to benefit

(1) Subject to the other paragraphs of this Article, the transfer by juridical act of a right to benefit is governed by Book III, Chapter 5 Section 1 (Assignment of rights).

(2) A gratuitous transfer is of no effect unless it is made in writing.

(3) A transfer which is to take effect on the death of the transferor takes effect only in accordance with the applicable law of succession.

② 参见［德］卡尔·拉伦茨：《法学方法论》，陈爱娥译，（台北）五南出版公司2021年初版13刷，第166页："然而，许多违约行为，特别是违反契约上的保护义务的情况，经常也已充分侵权行为的构成要件。大家或者可以认为：在违约的情形，鉴于所存在的特殊关系，法律将对它做穷尽规定，如是，则侵权行为法的适用即被契约法的规整所排除。然而，通说并不采此立场，其出发点是：原则上这两类规整总体可以并行适用。因为侵权行为法在若干地方，对被害人的保护较契约法为优，大家希望把这些优点仍旧保留给被害人，即使同时也构成侵权行为，亦同。然后，在某些情况如果同时适用侵权行为法，将严重妨碍契约规范原拟追求的规则。特别当侵权行为法与契约法对责任的有责性要求不同，或消灭时效不同，即属此种情况。……"作者在这里的分析，基本的出发点是为了贯彻立法目的，要使竞合的法律之间所达到的效果大致相同，至少不能有相当大的差异。有差异，就表明有一方没有达成立法的目的。但是完全以立法目的作为解决的论据，可能还会失之宽泛，所以启发了本文想以"经济的原因、经济的方法"来解决问题的思路。

现"完全替代性竞合关系",并尽可能地回避因为识别特别法或普通法的困难,而导致法律适用后果的不公平性。

3. 假设的案情与目的论解释:再谈完全替代性竞合。为了使讨论更加完整和充分,假设本案二审的认定是正确的,本案的《信托受益权转让》及《补充协议》的履行,的确就是信托利益分配,《信托法》第三十四条的构成要件的确都能充分,那么,这种假设情况下的法律适用,还能按照本文上面的方法予以解决吗?

从规范的逻辑,《信托法》规定的信托合同的履行,相比于《合同法》规定的一般合同的履行,增加了一个特别的要求:以信托利益为限。现在要解决的是,假设违反这个特别要求,会有怎么样的效果(因为《信托法》本条没有规定法律效果,下文的解释,其实就是一项填补漏洞的解释)?

按照前文所引拉伦茨教授的观点,首先需要探究的是,《信托法》第三十四条的立法目的是什么?本条规定是为了保护信托财产的独立性。信托财产独立性是信托制度最重要的规范特征。[①] 信托财产的独立性要求信托财产的给付应当和受托人自身财产的给付相区别,换言之,给付义务的责任财产不同。信托财产构成了受托人的特别财产。所以,如果不破坏信托财产的独立性,受托人自愿以自己的财产作为信托财产给付的债务参加,就不应该加以否定。如果这样的解释能够成立,受益人从信托利益获得给付,以信托财产为限,另外,还能获得受托人自身财产的给付。这笔给付的原因关系,可能是受托人自身对"信托财产"的赠予等其他情形,只要不发生违法或有不公平的情势,应当在所不论[②]。

以这样的解释,再来看待这个假设的案情:只要受托人在信托财产分配信托利益之外,自愿再以自身财产作为信托利益分配义务的债务参加,不存在有违法或其他导致不公平的情形外,该项自愿给付应当有效。在《信托法》第三十四条的规范效力下,约束的是受托人的信托财产分配信托利益的行为,但不约束受托人基于其他原因关系所做的给付。因为这些额外原因关系所导致的给付义务,与信托财产无关,不会导致信托财产的独立性丧失。

所以,在假设的案情下,即使适用了《信托法》第三十四条,即使受托人基于《受益权转让协议》及《补充协议》的给付超过了信托财产的上限,但也不会导致给付义务无效,所产生

---

① See Henry Hansmann & Ugo Mattei, *The Functions of Trust Law: A Comparative Legal and Economic Analysis*, 73 New York University Law Review 438 (1998)。作者认为,信托独立存在的贡献就是赋予信托财产有独立性。相比于这个规范特色,信托法上的信义义务,反而是相对不那么重要的规定。

② 可能有人会有异议:这样的解释不就使得"刚性兑付"的禁止性要求落空了吗?要完整地分析"刚性兑付"的效力问题,已经超出了本篇论文的范围。但笔者想指出的是:所谓这个禁止规定,对现有的信托行为而言,并没有制定法上的依据。除非立法制定了《信托公司管理法》或者《信托业法》,那么违背禁止性规定的信托合同或条款,可能因为违法而无效。但这不是因为竞合的问题。

的效果等同于就《受益权转让协议》及《补充协议》单独适用《合同法》的效果。

通过对立法目的的解释，假设案情同样也可以满足完全替代性的法律间竞合。

四、结论

本文认为，应该赞成一审法院的判决，适用《合同法》并无不正确之处。二审法院转而适用《信托法》，是因为《信托法》较之《合同法》，又有禁止保本保收益的规定。所以，二审法院可能的见解是认为，《信托法》与《合同法》在信托合同也是合同的问题上构成竞合，但应该适用特别规定，即《信托法》第三十四条。但是，二审法院的见解不应当得到支持。本文批判二审法院的见解，是围绕着《信托法》与其他法律竞合的问题，而得到展开的。

传统的关于法律间竞合的理论是建立在"特别"与"一般"的逻辑基础之上，但本文认为何者为一般、何者为特别，完全取决于观察的视角的不同，并无严密的逻辑依据。当然，可以在逻辑判断的大旗下，运用更多的价值取向和目的论解释的方法，来回避单纯逻辑的操作不足，这也是现代法学方法论之所以会有价值法学的原因。但本文不取径于这样的做法，而是从探索法律间竞合的原因入手：除了在逻辑上构成特殊或一般的关系外，还是否有其他因素会导致法律间竞合？答案是经济的原因。将法律看成如一般产品般有供给与需求的两端，就会看到一个事实：法律的供给很有可能产生替代性的竞争。因为社会事实复杂多变，立法调整的方式也会多变，这中间就会有竞合：相同或相类似的法律很有可能从不同角度在处理着一个或多个类似的社会关系。

回到本文所讨论的案件，首先，在逻辑层次上，也未必有特殊与一般的逻辑关系。本文分析《信托法》第三十四条，即使有所谓的禁止保本保收益的含义，但和本案的案情无关。以本案之事实，并不能充分满足《信托法》第三十四条的构成要件。二审法院以《信托法》本条论断本案系争协议为无效，其实属于"判决不备理由"之情形。二审法院在本案解释《信托法》的一个重要依据，是征询主管机关的意见。这也反映了二审法院在《信托法》与《合同法》竞合的问题上，如何选择适用法律没有自己的主见。或者说，目前有关法律竞合与否的学说还不够明晰。

其次，再从"经济的原因，经济的分析"入手，从立法和司法中构建它们各自有关价格（收益）、数量（可解决的案件）的曲线，并以一般均衡状态，推导出法律竞合有利于形成法律间的替代性关系，有利于增加司法相对于立法的弹性，鼓励司法发现完全替代性的法律竞合，保护法院在完全替代性法律竞合下，自由选择适用法律的权力。

最后，本文从本案的事实和假设两个方面，证明了《信托法》和其他法律构成法律间竞合时，"完全替代性竞合"可以是一个有效率的状态：

本案不触犯"禁止保本保收益"的规定（先不论这个禁令是否真的在《信托法》上存在

过)。《信托法》对信托关系的规范,以及《合同法》对合同的规范,其实在效力上没有什么大的差别。一般权威的法学方法也鼓励法院在法律间竞合场合,尽量平衡各个法律间的法律效果,以消除不合理的差别。典型的例证,就是合同违约和侵权行为的竞合。这个观点也可以由经济分析得到印证:因为消除了不合理的差别,法律竞合可以成为完全替代性的关系。

假设本案触犯了"禁止保本保收益"的规定,本案案情的确构成《信托法》第三十四条的要件。但通过对《信托法》第三十四条的立法目的的探讨,最后的解释结论,就假设性的案情而言,同样可以满足《信托法》和《合同法》是完全替代性竞合的关系。

法律解释既要立足于具体案件,更要面向将来。讨论《信托法》与其他法律的竞合,既关涉本案案情,又超越本案案情,而有一般性的意义。提出"完全替代性竞合"关系下,要保护法院自由选择法律权力的观点,是因为从今后角度,理性的立法者一定为增加法律的供给,因为难保不发生更多、更复杂的同类案件(尤其在当今大资管的格局下)。理性的立法者对于相关类型的纠纷,一定是制定有相关性的法律,所以不可避免地会导致竞合的增加。如果再限制法院的适法权力,如采用模糊的"特别法—普通法"的解释模式,可能导致法院司法的弹性降低,损失司法的总收益。

《证券法》与《会议纪要》视角下的受托管理人诉讼担当的困境与进路

——基于上海法院115份判决的实证分析

■ 杨 晖[*]

摘要： 充分发挥受托管理人在债券违约诉讼中的作用要从有助于持有人的公平受偿角度加以考虑。分析不同性质法律关系下受托管理人与持有人在债券违约纠纷中的诉讼主体资格冲突状况，以现行法律法规为框架，协调受托人诉讼与持有人的并行诉讼，全面审查受托管理人的授权基础及持有人并行诉讼的条件限制。在持有人依发行人另行承诺而诉讼时，妥善处理与受托管理人授权诉讼的关系，注意仲裁程序的影响及债券持有人会议制度对受托管理人诉讼主体资格的影响。

关键词： 债券违约 受托管理人 诉讼主体冲突 证券法 会议纪要

最高人民法院在《全国法院审理债券纠纷案件座谈会纪要》（以下简称《会议纪要》）中明确了受托管理人的诉讼主体资格。2019年修改的《中华人民共和国证券法》（以下简称《证券法》）第九十二条，首次在立法层面肯定了债券受托管理人的委托授权诉讼主体资格。但债券受托管理人制度主要是通过交易所规则和监管规定构建，在运行中作为债券市场整体规则中的一部分，往往还与债券持有人会议等制度相关。因而，对审判实践中涉及债券受托管理人诉讼担当的相关法律问题，需要作观念上的厘清和实务中的探索。尤其要重点解决好协调债券违约诉讼中受托管理人与债券持有人、债券持有人会议的关系问题，这是债券受托管理人诉讼担当制度构建的重要方面，也是在诉讼中认定受托管理人诉讼主体资格的重要问题。

---

[*] 杨晖，上海金融法院研究室四级高级法官助理，法学博士。

一、受托管理人诉讼担当的现实冲突：受托管理人 v. 持有人 v. 持有人会议

随着我国金融市场对外开放步伐的加快，我国债券市场融入全球金融市场的程度越来越广、越来越深。从广义讲，因发行主体不同、交易市场不同，而有不同分类，本文仅以公司企业作为债券发行主体范畴，探讨公司债券纠纷的现状。自 2014 年出现首只违约债券后，债券违约总体上呈量额齐升趋势。债券违约事件反映到诉讼中，上海法院 2015 年受理首起公司债券纠纷案后，2019 年全年受理该类案件 147 件、标的金额 106.3 亿元，2020 年公司债券交易纠纷 39.08 亿元。"债券市场打破刚性兑付后，上海法院受理的债券违约纠纷从无到有，案件数量及标的额高速增长。该类纠纷标的金额较大，涉及众多债券持有人权益，且存在债券的合同属性与证券属性叠加、持有人的个体诉求与集体行动并行等新情况、新问题，司法裁判的导向引起金融界高度关注。"[①]

（一）受托管理人的职能

建立健全受托管理人制度，是债券市场发展中需要重点推进完善的重要方面。受托管理人在债券发行、募集、违约救济等行为中发挥了重要作用。作为全体债券持有人集体行动之形态，受托管理人履行如下职能：

一是代理债券持有人对债券发行人（债务人）履行债券契约事项进行监督。受托管理人作为专业机构，一方面，其具备监督发行人规范财务及资金用途等经营行为的能力。另一方面，对于发行人是否按照发行契约履行义务，也必须由专业机构（人士）加以监督，方能保障发行人规范信息披露、持续合法经营、规范使用债券募集资金等。

二是在发生债券违约等情况下，受托管理人接受持有人或者持有人会议委托进行维权，这也是本文所主要探讨的受托管理人诉讼担当的功能基础。当发生或者将要发生损害持有人权益的情形时，受托管理人依照持有人或者持有人会议委托授权进行诉讼、仲裁。另外，发行文件或者持有人会议决议等文件也可限制持有人单独采取诉讼等维权行动，即只有在某些特定情况下允许持有人的并行诉讼（如后文提到的有条件不起诉条款，发行人或者债务人破产等情形）以保护全体持有人的公平受偿权益。

（二）115 份判决反映的公司债券违约纠纷诉讼主体冲突现状

本文通过分析 2018 年、2019 年、2020 年及 2021 年第一季度上海法院 115 份生效公司债券纠纷法律文书，公司债券纠纷中受托管理人与持有人之间的诉讼主体地位冲突凸显（见表1）。

---

① 参见上海市高级人民法院：《2019 年度上海法院金融商事审判情况通报》，http://www.hshfy.sh.cn/css/2020/05/15/20200515154906148.pdf，2020 年 11 月 7 日访问。

表 1 2020 年及 2021 年第一季度上海法院 115 份生效公司债券纠纷判决情况

纠纷案件所涉债券市场类型	纠纷所涉债券类型	纠纷数量（件）	涉及诉讼标的金额（元）	起诉主体	是否有持有人会议决议约束
证券市场发行债券	公开发行公司债券	41	1997128328.89	债券持有人，购买债券的资管计划管理人	有
	非公开发行公司债券（中小企业私募债）	13	559372743.02	债券持有人，购买债券的资管计划管理人	无
银行间市场发行债券	中期票据（26件）	43	2767555890.48	债券持有人，通过资管计划持有中期票据的管理人	只有3件纠纷
	短期票据（8件）			债券持有人，通过资管计划持有短融票据的管理人	无
	超短期票据（9件）			债券持有人，通过资管计划持有短期票据的管理人	无

在上述纠纷中，证券市场债券纠纷与银行间债券市场纠纷的起诉主体均存在嵌套结构的资管计划持有，资管计划管理人代表持有人提起诉讼。

其中银行间债券市场纠纷中，短融券和超短融券并无持有人会议机制约束，中期票据纠纷也仅有 3 起案件涉及持有人会议约束情形。而在证券市场债券纠纷中，公开发行公司债券纠纷均涉及持有人会议决议约束情形，但在非公开发行债券纠纷中，则没有持有人会议决议约束情况。

（三）公司债券违约纠纷中诉讼主体冲突之原因

1. 受托管理人缺位，未尽勤勉义务，持有人自行起诉。纠纷中反映，管理人长期怠于履行基本的信息披露义务，未能在底层交易违约的情况下积极采取债务追索措施，也不对投资人分配基金份额收益,实质性损害债券专项财产并严重影响投资人的根本权益,管理人行为已实质表明其不履行管理人主要义务,且投资人的合同目的已无法实现。综合上述理由,持有人以"合同目的无法实现"、管理人未尽勤勉义务为由起诉(见图1)。

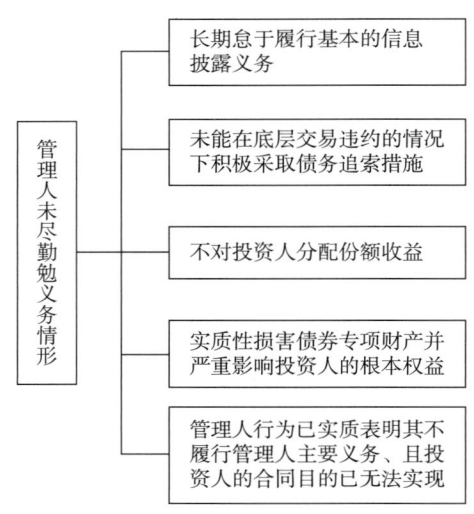

图1 管理人未尽勤勉义务情形

2. 不同债券市场类型中持有人会议集体行动机制缺位。从115份法律文书反映的情况看,在银行间债券市场产品债券违约纠纷中,未出现持有人会议的集团行动机制约定;在证券市场中小企业私募债相关债券违约纠纷中,也未见持有人会议决议机制发挥作用(见图2)。

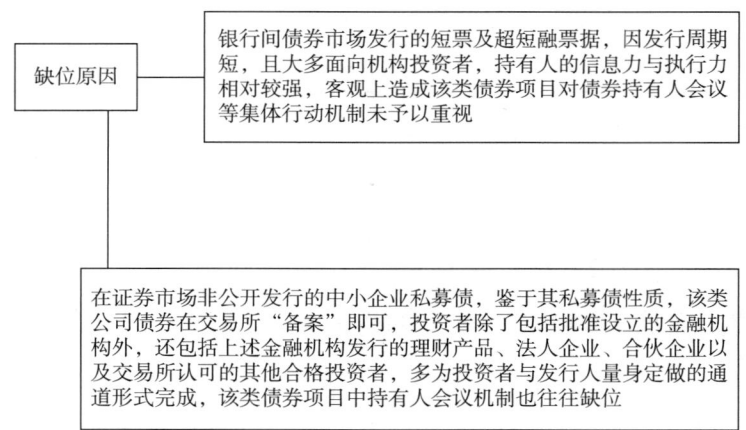

图2 115份判决反映的持有人会议缺位原因

3. 现有持有人会议无法有效运行。在 2019 年《证券法》修订前，受托管理人制度缺乏上位法依据，主要靠交易所业务规则进行规范，即使是修订后的《证券法》规定也比较原则，在实践运行中存在诸多问题（见表 2）。

表 2 《证券法》修订前后持有人会议无法有效运行情形

2019 年《证券法》修订前	受托管理人制度缺乏上位法依据，主要靠交易所业务规则进行规范
2019 年《证券法》修订后	新《证券法》相关规定也比较原则，在实践运行中存在诸多问题 一方面，债券持有人会议未充分发挥债券治理中的代理决议作用。在出现债券违约时，债券持有人会议依据募集说明书，通过债券持有人集体行动作出决议，包括债务延期、债务和解、要求追加担保、采取法律措施、申请发行人破产、申请破产债权等。但由于债券持有人会议的召集，决议的效力等缺乏法律明确规定，受托管理人是否具有诉讼主体资格也缺乏债券发行合约（募集说明书）的明确支持或是持有人会议授权。因此债券持有人会议以何种形式行使诉讼主体资格，存在疑问 另一方面，一旦发生债券违约，债券持有人为有效维护自身权利，往往不会选择通过持有人会议制度协商维权，而以自己名义直接诉讼。此时，更出现持有人会议、受托管理人、债券持有人三类主体对诉讼主导权的冲突协调问题

二、受托管理人诉讼担当的法理分析：信托 v. 委托代理

探讨受托管理人的诉讼担当问题，首先要明确债券的法律属性。目前关于公司发债行为的法律属性有两种比较流行的说法，一是信托关系，二是委托代理关系。

（一）信托与委托代理比较

一是两种关系的性质不同。信托关系以信托财产为中心，是财产性的，受托人是信托财产的名义所有人，其控制信托财产的权利得到法律和合同的认可，在委托关系中，代理人并不必然控制委托人的财产，而是一种对人关系。

二是两种关系中的当事人关系不同。在委托代理关系中，委托人与代理人通过契约建立委托代理关系，代理人是委托人的代表，其处理委托代理事务、与第三人订立合同的后果一般由委托人承担法律责任。在信托关系中，受托人与委托人之间可以基于合同或者法律规定建立信托关系，但是受益人并不决定这种关系的建立。受托人作为信托财产的名义所有人，可以自己名义处分管理信托财产，但信托运作的利益由受益人承受。

（二）不同性质法律关系下受托管理人与债券持有人关系分析

基于"信托说"与"委托代理说"，针对不同类型的公司债券，受托管理人与持有人关系的法律属性有所不同。

1. 委托代理关系下的受托管理人与债券持有人关系。债券发行人为融入资金而发行公司债券，以特定财产份额出售给债券持有人，并通过募集说明书等协议形式，将该债券项目资金委托受托人管理。在此种公司债券结构中，债券持有人（委托人）并未让渡其债券所有者权益，受托人只是受托管理该债券的运作，受托管理人并不承担资金运作风险，持有人（委托人）需承受信托财产（资金）的现状（盈亏）。受托管理人不可向持有人（委托人）承诺固定收益，但可以采用外部担保、风险保留等信用增级措施。就其内部关系而言，受托人与持有人（委托人）之间的实质仅以"代客理财"为限，受托人只要尽到谨慎管理义务，尽到善良管理人的责任，特定资产（资金）运作的风险由持有人（委托人）自担。受托人与委托人（持有人）法律关系的实质更多地倾向于委托代理。

2. 信托关系下的受托管理人与债券持有人关系。公司企业为获取资金，通过将目标公司的特定资产、权益或者股权标准化为资管计划（特定目的载体，SPV）的特定资产，以标准化份额向投资人（持有人）转让其资产受益权，投资人（持有人）融出资金，获取资产受益权（信托受益权）。在这种交易模式中，受托人作为融资人与债券持有人的金融中介，主动设计资管计划结构，管理资金的融出与融入运作。且在委托人将其特定资产收益固定化、份额化之后，相当于在该特定资产上设置了依资管计划合约确定的特定权益，该特定权益不可随意撤销、收回。在资管计划存续期间，该特定资产的收益，持有人不可处分。通过这种结构，债券持有人让渡了该特定资产的管理权，该特定资产具备了财产的独立性（信托财产的独立性）。此外，债券持有人可以依照资管计划合约，要求受托人履行在资管计划合约项下的谨慎管理义务，并要求在特定资产收益（信托财产现状）范围内分配收益，承担风险。因此，从上述交易模式看，此类债券的法律性质更多倾向于信托法律关系，债券持有人与受托人的法律关系应考虑为信托关系下的权责关系。

（三）不同法律关系下的受托管理人诉讼担当比较

诉讼担当是对传统当事人适格理论的突破。传统的当事人适格理论认为，诉权主体必须拥有实体法权源，实体权益主体和诉权权益主体是统一的，二者不能分离。而诉讼担当则将二者分开，在法律规定的情形下，即使不是实体权利主体也可以基于诉的利益，对他人的实体权利行使诉权。诉讼担当人的这种权利被称为法定的纠纷管理权。

1. 信托/委托关系下受托管理人的诉讼担当。

（1）信托法律关系下受托管理人法定诉讼担当。在信托关系中，受托管理人的诉讼担当源于其作为信托财产的名义所有人，与信托财产存在法定的利害关系。虽然受益人对信托财产的收益享有强制实施权，但受托管理人的名义所有权也是法定之权利。因此在资管计划（债券）

发生纠纷时，受托人以自身名义行使诉讼权利，属于为维护自身所有权之法益。因此，受托管理人以自己名义提起法律程序，属于法定的诉讼担当。

（2）委托代理法律关系下受托管理人意定诉讼担当。大陆法系国家由于不承认信托财产的双重所有权，且基于物权法定、代理法对民商事行为的统领，诉讼的稳定性考虑以及团体诉讼的发达，通过债券持有人代表人团体诉讼来维护债券违约诉讼的程序稳定性。但是在委托代理关系下，代表人有效诉讼的前提，一是代表利益的广泛性认可，二是道德风险的防范。受托管理人基于契约获得授权，代表债券持有人提起诉讼，受托管理人的决策风险事先通过其善良管理人条款得以排除。受托管理人的任意诉讼担当的有效性，可以通过有条件的适用"不起诉条款"，排除债券持有人的另外诉讼加以保证。

2. 受托管理人诉讼担当的诉的利益。民事诉讼法上，提起民事诉讼的条件之一是原告与本案有直接的利害关系，即具有诉的利益。

首先，在信托关系中，受托管理人是信托财产的名义所有人，法定的所有权产生法定的诉的利益。这种诉的利益具有实体法上的含义，即受托人承受信义责任，谨慎管理信托财产。在寻求法律救济时，受托人以自己名义，以承担信义责任为由，与信托财产发生直接的利害关系。其次，在委托代理关系中，受托管理人基于代理法，为委托人（投资人、债券持有人）利益，受托人需尽到善良管理人之责任，基于合约授权，受托人被赋予意定的诉讼担当资格。这里更多的是程序意义上的诉的利益。

因此，不论在信托关系还是委托代理关系中，受托管理人获得的诉讼担当都必须建立在一定实体或程序的诉的利益基础之上（见表3）。

表3　法定及意定当下受托管理人的诉的利益比较

受托管理人法定诉讼担当下诉的利益	在法定的诉讼担当中，基于信托关系，受托管理人是信托财产的法定名义所有权人。受托管理人在履行管理信托财产中，衍生出对信托财产的信义义务，维护信托财产安全，维护持有人权益。受托管理人与被告之间具有法定的诉的利益
受托管理人意定诉讼担当下诉的利益	在意定的诉讼担当中，基于委托代理关系，受托人作为特定资产的管理人，为尽到善良管理人的注意义务，基于债券持有人（债券持有人会议）的合约授权，而产生了与被告的诉的利益，获取了意定诉讼担当资格

三、受托管理人诉讼主体资格的困境解决：分类 v. 协调

综合前文所述，在信托关系项下的受托管理人的法定诉讼担当以及委托代理关系项下的受

托管理人的意定诉讼担当中，对受托管理人的诉讼担当与债券持有人的诉讼主体资格的不同态度，反映出两大法系对债券融资的公权力介入的不同逻辑，以及对私人自治的尊重程度。[①] 在《证券法》第九十二条规定的前提下，最高人民法院在《会议纪要》中明确了受托管理人的诉讼主体资格，从第五条、第六条、第七条行文的字面理解看，司法实践层面进一步明确了在债券违约合同纠纷中，受托管理人因持有人会议的授权或者当事人的协议约定进行代表诉讼与持有人自行诉讼的并行制度，并同时认可了资产计划管理人的诉讼主体资格。上述制度规定与德国法上的有条件的"不起诉条款"（No Action Clause）类似，而不同于英国法上的相对绝对的"不起诉条款"。即在一般情况下，通过委托代理授权受托管理人行使诉讼权利，持有人在一些特定条件下可单独另行诉讼（见表4）。

表4 《证券法》及"会议纪要"关于受托管理人的诉讼

《证券法》	根据第九十二条第二款，债券发行人委托受托管理人，履行受托管理职责，维护债券持有人利益，同时，债券持有人会议也有权变更受托管理人。从上述规定看，《证券法》秉持了委托代理说，持有人与受托管理人是一种委托授权关系。第三款进一步规定，在债券违约时，受托管理人可以接受全部或者部分债券持有人的委托，以自己名义代表债券持有人提起、参加民事诉讼或者清算程序

---

① 在美国，在信托法律关系架构下，受托人的法定诉讼担当得以确立，允许债券持有人单独提起法律程序，但是其并不排除通过契约形式赋予债券持有人的独立诉讼资格。而在英国，因为衡平法意义上的信托财产之构造已经十分完善，因此其通过"不起诉条款"（No Action Clause）来限制持有人的单独诉讼。英国采纳了"不起诉条款"，以防止债券持有人单独采取法律行动。但是，受托管理人一般会征求债券持有人的意见，债券持有人基于自身考虑提出修改建议，明确其对关系到商业的、复杂的或者具有潜在争议的事项的意见。但是，受托管理人有权以自身名义代债券持有人提起法律程序，其有权作出是否采取法律措施的独立决定，债券持有人自身无权采取法律措施。因此，在英国信托法中，否认了债券持有人的意定诉讼担当，而承认了受托人的法定诉讼担当。在大陆法系国家，德国法规定，在必要情况下，允许债券持有人（投资者、委托人）以自己名义提起诉讼，也采纳了"不起诉条款"，共同代理人有权代债券持有人提起法律程序，而债券持有人原则上不是适格的原告。参见吴凌翔、王哲：《债券受托管理人原告适合性适格性研究》，载搜狐网2019年1月9日，资料来源：https://www.sohu.com/a/287700828_100017141，2020年2月20日。

但是，对于"不起诉条款"，德国2009年修订的《债法》也规定了例外情况，法律授权共同代理人实施债券持有人的权利，在没有大多数债券持有人同意的情形下，债券持有人无权个人提起诉讼。此外，第19（3）条规定，只有共同代理人有权在破产中实施债券持有人的主张。因此，德国可以视为是有条件的适用"不起诉条款"，受托管理人的法定诉讼担当与债券持有人（委托人）多数决（75%）在破产中独立行使诉讼权利。参见甘霈原、成睿：《持有人会议制度的德国启示》，载《金融市场研究》2019年第11期。

续表

《会议纪要》	明确受托管理人诉讼主体资格。第五条，债券受托管理人的诉讼主体资格。债券发行人不能如约偿付债券本息或者出现债券募集文件约定的违约情形时，受托管理人根据债券募集文件、债券受托管理协议的约定或者债券持有人会议决议的授权，以自己的名义代表债券持有人提起、参加民事诉讼，或者申请发行人破产重整、破产清算的，人民法院应当依法予以受理。第六条，债券持有人自行或者共同提起诉讼。在债券持有人会议决议授权受托管理人或者推选代表人代表部分债券持有人主张权利的情况下，其他债券持有人另行单独或者共同提起、参加民事诉讼，或者申请发行人破产重整、破产清算的，人民法院应当依法予以受理。债券持有人会议以受托管理人怠于行使职责为由作出自行主张权利的有效决议后，债券持有人根据决议单独、共同或者代表其他债券持有人向人民法院提起诉讼、申请发行人破产重整或者破产清算的，人民法院应当依法予以受理。第七条，资产管理产品管理人的诉讼地位。通过各类资产管理产品投资债券的，资产管理产品的管理人根据相关规定或者资产管理文件的约定以自己的名义提起诉讼的，人民法院应当依法予以受理

上述规定从立法层面首次明确受托管理人因委托授权而获得诉讼主体资格。但在具体纠纷中，如何协调债券持有人、持有人会议、受托管理人之间的诉讼主体资格问题，仍待司法实践加以明确。

（一）债券违约纠纷中不同诉讼主体的冲突

根据前文所分析的债券的法律性质及持有人与受托管理人之间的法律关系性质，在债券违约诉讼中，常见的诉讼主体资格冲突有以下几种情况：

1. 受托管理人与债券持有人的诉讼主体资格的冲突。

（1）在信托关系下，受托管理人因信托法而获得诉讼主体资格。但若出现受托管理人未履行信托关系下的谨慎管理职责，在资管计划（信托）处于无法实现信托目的等需终止的状态时，持有人请求终止信托，以自己名义主张债券本息等权利时，出现持有人与受托管理人的诉讼主体资格的冲突状态。

（2）在委托代理关系下，受托管理人根据持有人的授权委托或者持有人会议决议而获得授权诉讼主体资格。若受托管理人未履行委托代理职责，持有人以自己名义行使诉权，此时也易发生诉讼主体资格的冲突。

2. 资管计划受托管理人的法定诉讼主体资格与持有人诉讼主体资格的冲突。一方面，发行债券可以采取资管计划形式，将债券融资形成特殊目的载体（SPV），管理人代表资管计划行使诉讼权利。《中国人民银行　发展改革委　证监会关于公司信用类债券违约处置有关事宜的通知》规定，债券持有人为各类资产管理产品的，资产管理产品的管理人可以根据相关规定或资产管理文件的约定代表债券持有人提起诉讼、仲裁或参与破产程序。受托管理人应当根据规定、约定或债券持有人会议决议的授权,忠实履行受托管理职责,切实保障债券持有人合法权益。另一方面,投资人(债券持有人)也有权对资管产品主张获取权益,债券持有人会议作为持有人的代表组织形式,其也可以持有人集体名义委托持有人代表行使诉权。在此种情况下,若资管计划以信托方式成立,那么管理人的诉权便是法定的,若持有人会议作为持有人的集体代表组织、作出决议,持有人可另外单独或者代表其他持有人行使诉权,此时便发生资管计划管理人与持有人的诉讼主体资格冲突。

3. 持有人依发行人(第三方)的另行承诺行使诉权与受托管理人诉讼的冲突。上述两种诉讼资格冲突的前提是持有人与受托管理人均基于募集说明书等授权文件而主张债券违约纠纷的诉讼主体资格。但在司法实践中,还出现另外一种情形。持有人依据其与发行人(或者第三方)另行签订的抽屉协议,以债券回购、买卖、收益差补承诺等形式,诉请要求发行人或者第三方履行该协议就持有人持有债券的相关回购及收益差补义务。在这类诉讼中,若同时存在该募集债券的受托人依据募集文件或者持有人会议决议授权而代理其他同期债券持有人诉讼,此时产生的诉讼主体资格的冲突,从形式上看,其诉讼请求是依据不同的法律关系,但是两条诉讼线指向的均是同期债券的兑付,焦点集中在是否影响对同期债券持有人的公平受偿。这里更多的是实质利益公平的冲突,需要从实体法角度来探讨。

(二)受托管理人的法定与意定诉讼担当的司法解构路径

1. 当前立法及金融监管规定的委托代理说下的受托管理人的诉讼担当。

(1)从目前的立法及金融监管规定看,均明确了受托管理人的诉讼主体资格。以《证券法》为主要依据,最高人民法院《会议纪要》等法律、司法解释,以及证监会、人民银行、证券业协会、交易所等已经陆续制定了一系列监管规范对公司企业债券业务中的受托管理人职责、持有人会议制度进行了规定。这为受托管理人的诉讼担当确立了法律规范渊源。

(2)司法明确了受托管理人与持有人并行的诉讼主体资格。在《证券法》已经确立了受托管理人可依委托授权而行使诉权的基础上,《会议纪要》同时赋予债券持有人以共同诉讼的形式,通过契约、授权受托管理人的意定的诉讼担当,确立持有人与受托管理人的并行的诉讼主体资格。2020年6月发布的《中国人民银行 发展改革委 证监会关于公司信用类债券违约处置有关事宜的通知》再次肯定要充分发挥受托管理人和债券持有人会议制度在债券违约处置中的核心作用,明确了受托管理人依授权享有相应诉权,但同时也认可在受托管理人未履行职责等情形下,持有人可自行诉讼。上述规定与《证券法》的规定相一致,再次明确了受托管理人、债券持有人分别享有诉讼主体资格。

(3)不论是立法、司法还是在监管层面,均是从委托授权角度来明确受托管理人的诉讼主体资格(见表5)。

表5 相关监管规定关于受托管理人的诉讼主体资格规定

中国证监会《公司债券发行与交易管理办法》	第五十条第八款规定,"公开发行公司债券的受托管理人应当履行下列职责:(八)发行人不能偿还债务时,可以接受全部或部分债券持有人的委托,以自己名义代表债券持有人提起民事诉讼、参与重组或者破产的法律程序。"
中国证券业协会《公司债券受托管理人执业行为准则》	第二十一条规定,"发行人不能偿还债务时,受托管理人应当督促发行人、增信机构和其他具有偿付义务的机构等落实相应的偿债措施,并可以接受全部或部分债券持有人的委托,以自己名义代表债券持有人提起民事诉讼、参与重组或者破产的法律程序。"显然在证监会的上述监管规定中,直接从受托管理人的职责规定其诉讼担当,这是一种务实的做法
《上海证券交易所非公开发行公司债券业务管理暂行办法》	第5.9条规定,发行人信息披露文件存在虚假记载、误导性陈述或者重大遗漏,致使债券持有人遭受损失的,或者公司债券出现违约情形或风险的,受托管理人应当及时通过召开债券持有人会议等方式征集债券持有人的意见,并根据债券持有人的委托勤勉尽责、及时有效地采取相关措施,包括但不限于与发行人、增信机构承销机构及其他责任主体进行谈判,提起民事诉讼,申请仲裁,参与重组或者破产的法律程序等。交易所的上述规定进一步落实了监管机构的规定,细化了受托管理人的职责,但同时上述监管规定均是从委托代理关系角度来解释受托管理人的诉讼主体资格来源

总体来看,表5中的规定均一致认为受托管理人因委托授权而获得诉讼主体资格;受托管理人获得诉权的来源是持有人委托授权、持有人会议决议、资管计划文件、债券募集说明等文件;受托管理人的诉讼担当是一种意定的诉讼担当,即其权利来源于委托授权;受托管理人在债券违约诉讼中享有的是程序利益。

2. 受托管理人与债券持有人诉讼主体资格的协调问题。从诉讼制度设计的角度看,对受托管理人、债券持有人诉讼主体资格的并行承认,一方面基于相对比较完备的代表诉讼制度,另一方面基于代理法对民商事行为的统领作用,受托管理人基于委托授权,主动管理,这恰恰契合了我国"大资管"金融监管新规所确立的"去通道"方向。协调债券持有人、受托管理人诉讼主体资格问题,不妨借鉴他国的经验。在诉讼程序中,受托管理人不管是基于法定的名义所有权抑或是基于债券持有人或者持有人会议的授权采取法律救济行动,都可以视作所有权一项权能的让渡。而这种让渡在我国的现有立法框架下,更多的是一种意定契约的转移结果。从《证券法》及《会议纪要》的思路看也是认可了这种通过契约转移授权的双重诉讼主体资格并行制度。

(1) 受托管理人依照债券持有人会议授权或者持有人委托而行使诉权。《会议纪要》第五条认可了受托管理人因契约或持有人会议授权的意定诉讼担当。结合我国《民事诉讼法》的相关规定，可以将受托管理人诉讼资格上升为法定的诉讼担当，并允许债券持有人有条件地提起诉讼。即允许公司债券合约意定委托人（持有人）在受托管理人出现道德风险的情况下，以及存在特殊利益情况下（如债券中的结构性安排，优先级与劣后级持有人的利益分配）的独立诉讼权利。司法实践中，要注意审查受托管理人委托授权的来源，是基于持有人委托授权或债券持有人会议决议，以明确受托管理人诉讼的权利、代理范围及受托人诉讼的法律关系基础。从程序法方面看，我国民事诉讼法的诉讼代表人制度可以为委托代理关系下的受托管理人的诉讼担当开辟通道。但因诉讼代表人制度的自然人范畴限制，又使受托管理人行使诉权存在诉讼法障碍。

（2）以受托管理人意定的诉讼担当为主，辅之债券持有人的独立起诉。《会议纪要》第六条规定，债券持有人可以自行或者共同提起诉讼。在债券持有人会议决议授权受托管理人或者推选代表人代表部分债券持有人主张权利的情况下，其他债券持有人另行单独或者共同提起、参加民事诉讼，或者申请发行人破产重整、破产清算的，人民法院应当依法予以受理。实践中，存在以下几种情形：

一是债券持有人会议决议在授权受托管理人行使诉权的同时，也明确持有人可以单独以自己名义行使诉讼权利。针对这类约定，需要明确，若持有人单独提起诉讼有通知受托管理人的义务，诉权可以并行，但是在这类并行债券违约诉讼中，对诉请的实体裁判，则要注意并行案件的协调，尤其是对担保权利的行使的比例判定。

二是有条件允许持有人单独行使诉权的情形。《会议纪要》第六条第二款规定的情形，债券持有人会议以受托管理人怠于行使职责为由作出自行主张权利的有效决议后，债券持有人根据决议单独、共同或者代表其他债券持有人向人民法院提起诉讼、申请发行人破产重整或者破产清算的，人民法院应当依法予以受理。即在一般情形下，受托管理人依持有人会议授权或者受托管理协议及募集说明书等文件之约定，统一代理持有人行使诉请，但是在出现特别情形下，如受托管理人怠于履行职责，不积极行使诉权，则持有人可以自己名义起诉。

有条件允许持有人单独行使诉权的情形如下：首先，委托人（持有人）的多数决比例，具体应计算债券（资管计划）的持有份额，以三分之二持有份额多数决定债券纠纷诉讼启动程序要件。如果存在交叉违约情形中，债券发行不同批次的持有人应以其在本期债券中的持有份额统计；其次，必须是存在涉及持有人根本利益之状况，持有人具有有别于受托管理人之诉讼行动的特别利益诉讼请求的情况，如受托管理怠于诉讼，影响持有人公平受偿，道德风险等。权利行使通知程序，持有人必须及时通知受托管理人其即将采取的诉讼行动，与受托管理人主导之诉讼程序的协调。在管辖方面，应明确同一法院管辖原则，鉴于债券之财产特定性以及持有人团体之债券利益的同一性，在债券纠纷进入司法程序时，应考虑集中司法处分原则。可借鉴破产案件的受理法院规则，在受托管理人之诉后，持有人再诉应由受托管理人之诉法院集中受理。同时明确委托人（持有人）提起独立诉讼的时间段，在受托人诉讼的一审庭审结束前。

（3）对因发行人等另行承诺而引发的持有人诉讼与受托人诉讼的冲突，司法审判应注重衡量同期债券持有人是否公平受偿。显然两条诉讼线是不同债券持有人分别诉请要求偿付持有债券，但依据的法律关系不同，一方是依据募集文件约定，另一方是依据发行人的另行承诺，从法律程序看，两类诉讼并不冲突。

因发行人等另行承诺而引发的持有人诉讼与受托人诉讼的冲突的司法考量：

从实体法律方面看，两条诉讼线均指向了同期债券的兑付。从同期债券持有人公平受偿的角度看，要着重考量其诉请要求债券兑付/回购的时间、利息/违约金的计算方法、有无担保等额外的增信措施等，持有人依据另行承诺是否获得优于同期其他债券持有人依据募集说明书等文件的额外收益。

从程序方面核实，同期持有人通过仲裁等获得的清偿情况。若仲裁裁决已经确认的同期其他持有人获得债券兑付清偿的收益并未明显有别于持有人依据另行承诺的诉请收益，也可以作为裁量同期债券持有人公平受偿的依据。

3. 债券持有人会议制度与受托管理人诉讼主体资格的协调问题。2019 年修订后的《证券法》虽已明确了受托管理人基于持有人的委托，可以在债券违约时行使诉讼权利，但从立法层面未明确授予各类证券投资基金管理人、投资顾问在直接融资交易产品等资管计划中的诉讼主体资格。而实践中，资管计划的管理人也是通过契约方式明确其受托管理职责，包括发生兑付纠纷时，以自己名义代替投资人行使诉讼权利。《会议纪要》第七条规定了资产计划管理人的诉讼地位。通过各类资产管理产品投资债券的，资产管理产品的管理人根据相关规定或者资产管理文件的约定以自己的名义提起诉讼的，人民法院应当依法予以受理。

从金融业务实践看，若认可债券的特殊目的载体（SPV）的组织性质，即债券以资管计划的载体出现，该特殊目的载体（公司/契约/合伙）可以成立为一种独立的诉讼主体，只不过对该"其他组织"的诉讼代表人的确定存在争论。这其实是对公司债券这一直接金融活动的理解误区。如果承认了债券资产之特定性，受托管理人无论从信托关系角度，还是委托代理角度，抑或是从法定名义所有权人角度、债券（资管计划）合约的意定代理角度，受托管理人均可称为债券的诉讼代表人。因此，《会议纪要》第七条对资管计划管理人的诉讼主体资格的确认，是司法实践对金融交易结构的法律解读，是对《证券法》第九十二条规定的适用空间的进一步明确。

（1）受托管理人一般均为"持牌机构"。从世界金融监管范围看，持牌的受托管理人一般都是以机构的形式存在，包括实际履行受托管理人职责的投资顾问，均以机构形式存在。以组织体形式存在，并不能成为否认受托管理人具备诉讼担当的理由。组织成为诉讼主体，员工可以作为委托诉讼代表人参加诉讼。受托管理人基于信义义务，直接以自己名义提起诉讼，其作为组织性的法律拟制主体的诉讼资格应予以承认。或者受托管理人基于债券持有人会议授权，行使持有人的诉讼权利。其中的法律依据可见《民事诉讼法》规定的，对于个体工商户（有无商号）、个人合伙作为诉讼主体时，可以将合伙事务执行人，实际经营者作为诉讼代表人。受托管理人是债券（资管计划，特定目的载体）的实际事务执行人，因此，其从持有人会议决议获得授权，具有法理基础。若因《民事诉讼法》第五十一条规定的，"公民、法人和其他组织可以作为民事诉讼的当事人。法人由其法定代表人进行诉讼。其他组织由其主要负责人进行诉讼"，而担心债券持有人会议被认定为"其他组织"，而受托管理人不是自然人，不能作为该会议的主要负责人，进而疑虑受托管理人的诉讼资格，实为一种逻辑错乱。因为债券持有人会议的授权，将受托管理人的对债券运作管理的职责范围延伸至纠纷发生后的特别代理之范畴，具有合同依据。

（2）明确债券持有人会议作为债券持有人的代理决策的权力组织。《公司债券发行与交易管理办法》第六十二条规定，发行公司债券，应当在债券募集说明书中约定债券持有人会议规则，债券持有人会议规则应当公平、合理。如同股东大会（股东会）作为公司的权力机构一样，其有权对涉及债券（资管计划）的维系运作作出重要决策。尤其是在我国信托法没有规定信托财产双重所有权制度的情况下，将债券持有人会议作为债券特定目的载体的代理决策权力机构，以债券持有人会议的委托授权，受托管理人代表全体债券持有人利益而行使诉讼权利，理顺受托管理人的诉讼主体资格与债券持有人会议的关系。

（3）在不同法律属性中，债券持有人会议的团体性质、法律属性应有不同解释。

在委托代理关系中，债券持有人会议应视作持有人的代理机构，是持有人的集体行动机制，如果持有人会议通过了授权受托管理人的诉讼权利，但同时又在特别条件下允许持有人独立采取诉讼行动，其本质是为了防范受托管理人的道德风险，同时弥补受托管理人诉讼的不足，考虑持有人独立诉讼的效率及特殊利益诉求。因此，在委托代理关系项下，受托管理人与债券持有人会议的诉讼资格并不矛盾，是授权关系。但同时存在与持有人独立诉讼的协调。

在信托关系中，可能存在的持有人会议作为持有人集体行动机构的情况，也有可能持有人并未建立这种集体行动机制，而受托人的诉讼担当系基于法定，而非持有人会议的授权，或者持有人的授权。那么在此种债券架构中，如果赋予持有人会议代表持有人提起诉讼，会导致诉讼程序重叠，这也正是英国法"不起诉原则"的初衷所在。

因此，如前文所述，受托管理人可以与持有人诉讼并存，但是不建议受托人与持有人会议独立诉讼并存。

在司法实践中，焦点问题之一便是对债券违约主张诉权的不同主体的权利来源，权利协调及诉权行使必要条件的审查和把握。对债券受托管理人的诉讼担当的探讨离不开对其法律关系性质的探究，不论是"信托说"抑或"委托代理说"，受托管理人均具有诉的利益，其诉讼担当具备审判性基础。司法审判在充分尊重金融市场发展客观逻辑的前提下，司法智慧应有理有力地回应金融市场健康发展的迫切需求。

注册制下证券虚假陈述中介机构民事责任边界研究

——以120份裁判文书和60份行政处罚为样本

郑博涵　张智潇[*]

摘要：近年来，随着注册制改革日趋深入，中介机构"看门人"作用得到强化，证券市场责任追究机制发生转变，更加注重民事责任运用。在相关司法解释和业务规则出台的背景下，我国证券虚假陈述案件数量进一步增长，中介机构责任边界问题受到业内关注。本文首先对虚假陈述案件总况进行梳理，并分析新《证券法》及后《九民纪要》时代各中介机构履责风险。其次对虚假陈述中介机构民事责任划分及归责原则进行分析，指出应按照责任主体区分发行人与相关中介机构虚假陈述民事责任，中介机构应在审慎履职条件下勤勉尽责地提供专业化服务，进而分析了各中介机构间责任划分的法理基础及考量要素。最后分析中介机构虚假陈述民事责任的构成要件及归责原则，构建"先行赔付+按比例连带责任"责任承担新模式，厘清"重大性"司法认定与行政处罚的关系，从中介机构是否勤勉尽责地审查重点等四方面，绘制压实中介机构"看门人"责任的具体路径。

关键词：中介机构　证券虚假陈述　注册制　行政监管　司法联动

随着我国资本市场改革的不断深化，保荐承销机构、会计师事务所、律师事务所等中介机构作为证券市场"看门人"的作用日益凸显，责任不断被压实。但回顾证券虚假陈述案件中中介机构责任的问题，并未充分考虑其提供证券相关服务的特殊性。如片面理解法律规则，很可能导致证券发行上市的固有风险被转移到中介机构身上，使其承担变相"刚兑"责任，这不利于投资者风险自担理念的树立，甚至因保荐收益与业务风险严重失衡而阻碍该行业发展，最终将背离注册制改革初衷。故厘清中介机构责任特别是民事责任边界迫在眉睫。为促进市场公平公正，真正阻却违法行为，前提仍是理顺各主体责任边界，在出现虚假陈述纠纷时对应追责，同时调动各主体的积极性，激发社会主义资本市场活力，为注册制改革增添内生动力。

---

[*] 郑博涵，天津市南开区人民法院法官、天津市司法案例研究中心研究员；张智潇，中国证券监督委员会天津监管局干部。

一、"虚假陈述"案件审理情况及中介机构风险梳理

近年来,随着注册制改革日趋深入,证券发行审核从核准制到注册制,从实质审核转向更加全面的信息披露,中介机构①"看门人"作用得到强化,证券市场责任追究机制发生转变,更加注重民事责任运用,在相关司法解释和业务规则出台的背景下,我国证券虚假陈述案件数量进一步增长,中介机构责任追究引发的争议频发,并逐渐受到业内关注,成为值得探讨的法律问题。但由于此类案件复杂,实践中常出现因果关系认定、责任承担方式等认定难题②,凸显问题越来越多,司法的态度在一定程度上关系着注册制改革的深入推进。故本文以涉及中介机构虚假陈述案件切入,以审判实践为分析主线,以探究背后法理。

(一)虚假陈述案件总况③

1. 案件数量逐年增加但增速下降。2017—2020年,涉及虚假陈述的一审案件5.05万件,呈逐年上升态势,从2017年6233件,增长至2020年17770件,增幅185.10%(见图1)。通过结合Alpha系统检索分析,2020年是新证券法实施后的元年,上网裁判文书总量9622份,较2019年1.2万件下降超20%,该现象出现系多重因素所致。一是2020年1月新冠肺炎疫情在一定程

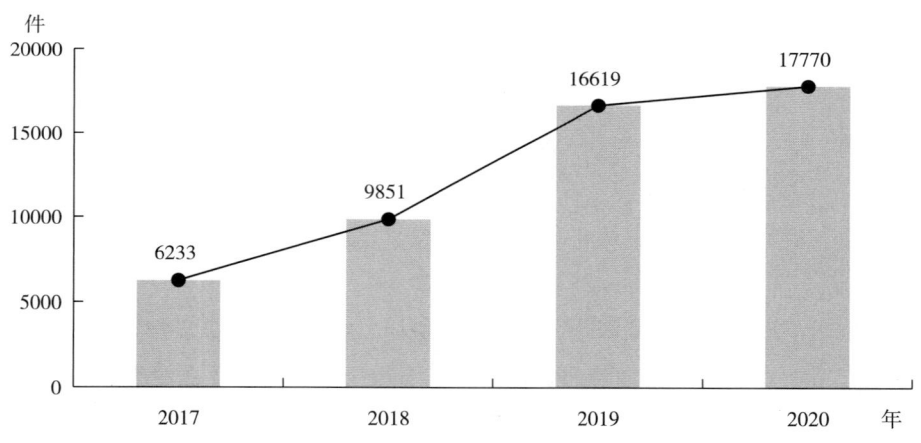

图1 案件数量统计

---

① 本文中的中介机构指为证券发行、交易提供服务的各类机构,包括证券公司及《中华人民共和国证券法》第一百六十条规定的证券服务机构。
② 李国光:《最高人民法院关于审理证券市场虚假陈述案件司法解释的理解与适用》,人民法院出版社2015年版,第56-57页。
③ 结合最高人民法院司法大数据平台、中国裁判文书网、法信、Alpha系统等搜索用具,将时间选取2017年1月1日至2021年6月1日,案由设置为证券虚假陈述组合检索,随机抽取120件案件,得到裁判文书样本。

度上影响了立案和审判节奏;二是随着代表人诉讼的实施,以往"一案一立"逐步转变为代表人诉讼,原来需立上千件案件,如今只需一份判决书,其余均出裁定书即能处理,导致法院作出的判决书减少。可以预见,随着经济生活恢复以及相关立法的完善,虚假陈述案件数量仍将保持上升趋势。

案件地域分布主要集中在上海、江苏和广东,案件量分别达1.13万件、7603件和5066件。

随机选取120件案件作为分析样本,49件案件上诉,上诉率达40.83%,6件申请再审,再审率5%。可见该类纠纷涉及多方利益,事实难以查清,法律关系复杂,各方争议大,法律空白多。

2. 适用前置程序仍为主流且以行政处罚为主。在对虚假陈述案件民事赔偿案件的审理中,投资者可提起赔偿诉请的前提有二:一是行为人受到行政处罚,二是行为人受到刑事处罚。在诉讼实践中,因行政处罚远高于刑事处罚数量,故投资者依据行政处罚提起民事赔偿的案件数量更多。绝大多数案件是在行政前置程序后提起的诉讼,即由证监会及其派出机构或者财政部等机构对上市公司相关行为作出处罚后,投资者对此提起的民事赔偿。在120件案件中,受到刑事处罚作为前置程序的共7件,占总数的5.83%,受到行政处罚作为前置程序的共112件,占比93.33%,其中由证监会及其派出机构作出的行政处罚共104件,占比86.67%;由财政部及其驻各省财政监察专员办公室作出的行政处罚共8件,占比6.67%。仅有1件未经刑事或行政前置程序,未被法院裁定驳回起诉,而直接判令中介机构担责,占0.83%(见图2)。

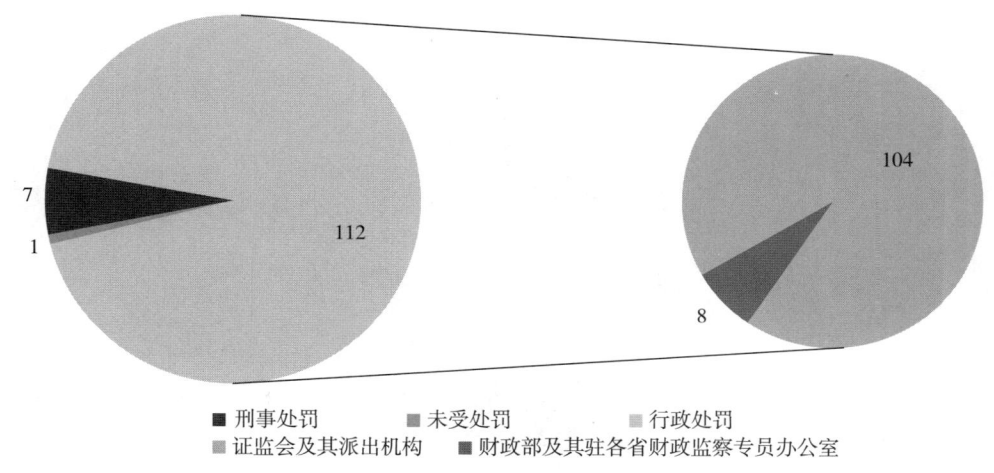

图2 前置程序处罚类别

3. 虚假陈述行为类型众多且表现形式多样。被行政处罚的证券虚假陈述的处罚原因并非无规律可循,有多发易发的特点,对此应引起监管层的注意。在同一案件中,被告被行政处罚的行为常不止一种，一案中甚至多达数种。笔者对 119 起案件所涉及的行政或刑事处罚行为进行归类分析，发现共涉及 326 种行为，多发易发行为常集中在虚增利润、财务报告虚假记载、关联方和关联交易未披露、重大遗漏、重大担保和损失未披露、定期报告等方面，如表 1 和图 3 所示。

表 1 行政或刑事处罚的主要类别及数量 单位：种

类别		数量
关联交易	与关联自然人	5
	与关联公司	40
重大担保未披露		32
财务报告虚假记载		50
虚增利润		46
重大遗漏		44
定期报告问题		54
其他		55
行为总数		326
平均数		2.72

注：平均数指每起案件涉及的主要处罚类别的行为数量。

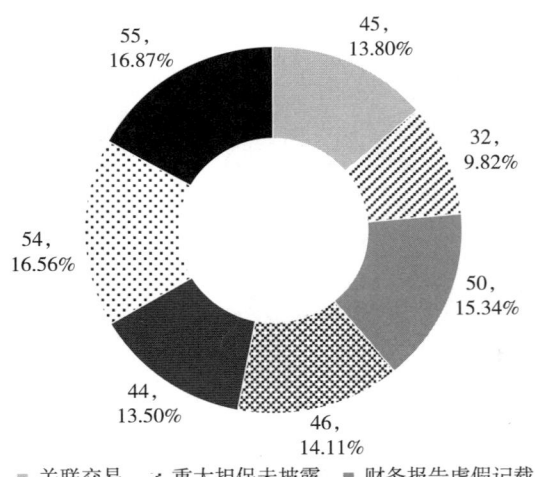

图 3 前置程序处罚类别

(二) 新《证券法》及后《九民纪要》① 时代中介机构履责风险分析

通过对 120 份裁判文书和 60 份中国证监会及其派出机构作出的行政处罚决定书②进行梳理分析,发现中介机构履责风险主要来源于以下几个方面:

1. 证券公司: 牵头人首责举证责任繁重。

(1) 保荐人被列为共同被告的案件增多。回顾十余年案例,将近 20 家上市公司被判令虚假陈述民事赔偿责任后,投资者再向保荐人主张民事赔偿责任。但 2020 年最新修订《中华人民共和国证券法》(以下简称新《证券法》) 及《全国法院审理债券纠纷案件座谈会纪要》实施以来,随着债券虚假陈述案件前置程序的取消,压实加重中介机构责任的政策落地,越来越多的投资者在立案时即将以券商等中介机构与上市公司一同列为共同被告。

以中安科案③为例,招商证券未受到行政处罚,却已被判令承担连带责任。因券商在保荐、承销、财务顾问、持续督导等方面承担全面核查职责,除上市公司因日常信息披露违规外,券商履责情形还涉及定向发行、收购、重大资产重组等重大事项及其他证券公开事项,而保荐人作为在上述业务中均牵头人,法律风险显著提高。

(2) 保荐人举证责任加重。法律规定券商归责原则为过错推定,然而在以往案件中,原则上只要券商未受到行政或刑事处罚就可证明其无过错。④ 但在新《证券法》实施后,券商应主动举证其已全面履行勤勉尽责义务。如国信证券在华泽钴镍案中向法院提交了履行持续督导及审慎核查义务的证据。二审法院对上述证据采信后,仍认定国信证券对侵权行为存在过错,判决承担 100% 的连带责任。⑤ 在如招商证券在中安科案二审中未举证其无过错,被判决对投资者损失承担部分连带赔偿责任。

(3) 判决按比例承担连带责任但尺度未统一。《九民纪要》指出"责任承担与侵权行为及其主观过错程度相匹配",而审判实践中未统一标准,有的法院细分券商与其他中介机构的过错,进而判决对部分损失承担连带责任;而有的法院判决券商对全部损失承担连带责任,如在华泽钴镍案二审法院判决券商和会计师事务所均承担 100% 的连带赔偿责任。同时有的法院细化中介

---

① 第九次《全国法院民商事审判工作会议纪要》第 6 章第 79 条至第 85 条专章对证券虚假陈述案件审理几个焦点问题进行了指引。

② 通过中国证券监督管理委员会官网,搜索"证券期货监督管理信息公开目录/按体裁文种查看/行政处罚决定"得到初步样本,并结合易董平台公开数据完善。本文所称的行政处罚决定包含 2010 年 1 月 1 日至 2021 年 6 月 1 日,证监会及其派出机构、财政部及各地专员办给予的行政处罚,随机抽取 60 份组成样本。

③ 详见上海市高级人民法院(2020)沪民终 666 号民事判决书。

④ 参见苏维华:《〈关于审理证券市场虚假陈述引发的民事赔偿案件的若干规定〉有待完善的几个问题》,载《山东审判》2015 年第 1 期。

⑤ 详见四川省高级人民法院(2020)川民终 293 号民事判决书。

机构责任承担的界限及方式,如在中安科案①二审法院判决招商证券在25%范围内承担连带责任,瑞华会计师事务所在15%范围内承担连带责任。再如华泽钴镍案一审法院判决国信证券在40%范围内承担连带责任,瑞华会计师事务所在60%范围内承担连带责任②,出现保荐人责任与会计师事务所倒挂情形。

2. 会计师事务所:无保留意见的审计报告成为担责的重灾区。上市公司虚假陈述行为主要表现在财务造假,包括虚增利润、虚构收入、隐瞒亏损等,而作为审计机构的会计师事务所,其职责为从专业角度审核财务真实性,并出具审计报告。然而一旦认定上市公司存在财务造假,会计师事务所即被认定为未尽勤勉职责。如在华泽钴镍案件中,一审法院认为作为审计机构的瑞华会计师事务所对财务造假的勤勉尽责义务比券商更高,其出具的审计结论对投资者影响深远。《最高人民法院关于审理证券市场因虚假陈述引发的民事赔偿案件的若干规定》(以下简称《虚假陈述规定》)规定专业中介服务机构及其直接责任人员就其负有责任的部分承担赔偿责任。《最高人民法院关于审理涉及会计师事务所在审计业务活动中民事侵权赔偿案件的若干规定》规定法院应根据其过失大小确定会计师事务所赔偿责任。然在大智慧案③中,法院未采信会计师事务所抗辩,仍判决承担连带责任。

3. 律师事务所:行政和司法层面均扩展律所需承担注意义务的范围。在五洋债案④中,法院认定锦天城律师事务所未勤勉尽责,存在过错主要依据其未关注核查相关事项、尽调不到位、未发现法律风险,被判令连带责任。在欣泰电器案⑤中,法院认定东易律师事务所勤勉尽责,存在过错主要依据其对访谈记录未履行一般的注意义务,未审慎履行核查验证义务。从证监会及其派出机构作出的行政处罚来看,证监部门对于律所注意义务的范围也逐步扩展。

4. 评估机构:重大资产重组业务被判赔承担责任的风险巨大。因资产评估报告对上市公司的资产价值、定价及盈利预测有着重要影响,系重大资产重组的核心文件,故评估机构承担着确保文件能够真实、准确、完整地反映重大资产重组客观事实的责任。银信评估在中安科案中被证监会认定为评估假设不合理,收益预测值和评估值严重虚增,致使评估值不真实,进而作出行政处罚。银信评估在保千里案⑥中未对销售预测的意向协议予以适当关注并实施有效评估,导致评估值高估,对投资者造成误导,被法院判令对保千里公司赔偿原告损失40%的范围内承担连带责任。

---

① 详见上海市高级人民法院(2020)沪民终666号民事判决书。
② 详见四川省成都市中级人民法院(2019)川01民初582号民事判决书。
③ 详见上海市高级人民法院(2020)沪民终200号民事判决书。
④ 详见浙江省杭州市人民法院(2020)浙01民初1691号民事判决书。
⑤ 详见辽宁省高级人民法院(2018)辽民终790号民事判决书。
⑥ 详见广东省高级人民法院(2018)粤民终439号民事判决书。

二、虚假陈述中各主体间民事赔偿责任的划分

注册制下证券发行、交易已完成了一条行政权力后移的过程,从政府部门"定品质、定价格、定速度"演化到专业监管机构强化相关主体信息披露责任,运用监管手段"宽进严管",其目标是实现资本市场的法治化与市场化。具体步骤有四:一是落实发行人及"关键少数"信息披露首要责任。二是压实中介机构"看门人"作用,强调"归位尽责"。三是明确监管机构角色定位,加强企业上市后的持续监管。四是强化投资者保护,创设"先行赔付"制度和证券诉讼代表人制度。但现行法律规定未对如何划分发行人与中介机构间民事责任作出明确指引。

(一)区分发行人与中介机构虚假陈述民事责任

控股股东、实控人等相关主体比中介机构更具赔偿能力,原《证券法》对上述相关主体民事追责作出规定,但审判实践中判令其承担民事责任的案例几乎没有。但鉴于控股股东、实控人对发行人或上市公司拥有控制权,掌握着发行人或上市公司全部信息,并且在中介机构尽职调查和制作发行文件过程中发挥决定作用,一旦因其原因造成中介机构履职不当,理应承担比中介机构更重的法律责任。

此外,因在尽调过程中,中介机构主要信息来源于发行人"董监高"、控股股东及实控人,但因其与公司存在利害关系,其提供的信息常需中介机构通过第三方加以印证,囿于调查手段的局限性,中介机构很可能已穷尽所有手段,仍无法获得真实准确信息。① 即使适用过错推定,如贸然判决发行人与中介机构承担连带责任,则有违实质公平。

(二)中介机构应在审慎履职条件下勤勉尽责地提供专业化服务

当前判令中介机构承担责任主要源于以下两方面:

1. 主观过错方面。新旧《证券法》均对中介机构虚假陈述设定为严格责任,即如其不能证明无过错,即要与发行人承担连带责任。故法律条文并未在中介机构主观方面区分故意、重大过失、一般过失、轻微过失。对此,经统计部分中介机构在虚假陈述案件中受到处罚的原因,如表2所示发现几乎均为未勤勉尽责,即"过失"状态,而非"故意"。

表2 中介机构在虚假陈述案件中受到行政处罚的原因

序号	案件名称	处罚机关	被处罚机构	日期	处罚原因
1	康美药业财务造假案	中国证监会	广东正中珠江会计师事务所	2021.2	出具的2016—2018年年度审计报告存在虚假记载,审计证据不充分,审计程序缺陷,工作底稿不规范,未保持合理职业怀疑

---

① 参见缪因知:《论证监会信息披露规则的不足》,载《法治研究》2016年第2期。

续表

序号	案件名称	处罚机关	被处罚机构	日期	处罚原因
2	风华高科虚假陈述案	中国证监会广东监管局	立信会计师事务所	2020.12	立信所在风华高科 2016 年报审计中，对应收账款转让事项、理财产品及投资顾问费未保持合理的职业怀疑
3	粤传媒虚增利润案	中国证监会	北京中企华资产评估有限责任公司	2019.5	中企华对重要指标分析不完整，评估程序不规范，工作底稿缺失，企业价值评估不规范，评估报告存在重大错误，项目评估缺少依据
4	雅百特财务造假案	中国证监会	众华会计师事务所	2019.5	众华所缺少应有的职业审慎及职业怀疑，上述应对措施存在获取审计证据不完整、执行审计程序不到位的情况，未做到勤勉尽责
5	欣泰电气保荐书等虚假记载案	中国证监会	兴业证券	2016.7	兴业证券未对应收账款情况进行审慎核查，出具的保荐书存在虚假记载，未核查募集文件的真实性、准确性

故有理由认为中介机构因故意主动参与虚假陈述较少，而对未勤勉尽责的过失情况较多。因我国对中介机构信息披露层面的执业规则多且过于细化，易使其"只见树木不见森林"，过分专注于细节或材料收集整理，而疏于整体把握，缺少分析判断。与之对比，美国信息披露规则过于原则，不易让中介机构把握，美国证券交易委员会也尝试制定细化解释，指导中介机构信披实务。① 故应结合二者优点，强调规则原则性的同时给予中介机构一定主动权，以满足中介机构尽职调查过程中专业判断和综合分析双重要求。

2. 民事责任的形态方面。法律规则倾向于只要认定中介机构未尽勤勉职责即对虚假陈述承担连带责任。其利于保护投资者利益、减少司法裁量权，便于司法实操，是部分国家处理各责任主体在虚假陈述中关系的基本规则。但同样弊端明显，0 或 100% 的责任承担方式易造成各责任主体间过错与责任承担不匹配。对此，美国《证券私人诉讼改革法案》（PSLRA）已对连带责任

---

① 参见赵英杰、杨卓：《美国证券发行承销商法律责任研究——以承销商职责界定和判断其是否尽职为视角》，载《证券法苑》2016 年第 1 期。

加以限制，明确除被告故意违反法律外，应按照其过错程度承担对应比例的按份责任。①

我国也可借鉴成熟证券市场规则，构建精细化责任承担模式，增加中介机构履职瑕疵免责情形；在新《证券法》严格连带责任短期内难以改变的现实状况下，虽判决中介机构同其他责任主体均承担 100% 连带责任，但在判决书中明确中介机构同其他责任主体各自追偿比例；或者更进一步，探索根据各责任主体在虚假陈述中的过错程度，按比例承担连带责任；以及规定中介机构在一般过失下承担补充赔偿责任；等等②。

（三）中介机构间虚假陈述民事责任划分

应在侵权法框架下划分中介机构虚假陈述民事责任，现行法已作出规定，行政处罚案例也可提供参考，但可提炼出的裁判规则较少。

1. 中介机构间责任划分的法理基础与制度依据。对外承担责任层面，新《证券法》第八十五条及最高人民法院《虚假陈述司法解释》规定承担严格连带责任，实践中大多数法院遵循此规则。

对内责任追偿层面，如中介机构被判令承担连带责任，可依据《中华人民共和国民法典》（以下简称《民法典》）向相关责任主体追偿。至于追偿比例，一是考虑各自过错程度，二是考虑对虚假陈述贡献的原因力大小。

依据以上法理，判断各中介机构注意义务及履职范围，需以现行注册制下法律法规对各中介机构要求为核心依据，包括履职范围和要求两大方面：

一是履职范围方面。保荐人总揽全局全面履职，负责召集、协调会计师事务所、律师事务所等开展工作。其他中介机构负责专业领域，聚焦于各自专业所及的财务、法律方面。

二是履职要求方面，应区分专业事项与非专业事项，各自承担不同程度的勤勉注意义务。至于何谓勤勉注意，除履职范围合规性外，还包括审慎性充分性的要求。③ 换而言之，中介机构应对各自专业领域尽到特别注意义务，对非专业领域仅承担一般注意义务。中介机构承担责任，基础是其履职过程中担任的角色和专业能力。即保荐人应对项目所有事项秉持较高注意义务，起到总揽全局的作用，但对于其他中介机构出具的专业意见，应允许保荐人"合理信赖"，除运用职业判断进行分析后存在重大异常、前后重大矛盾，或与保荐机构获得信息存在重大差异时才

---

① 参见郭雳：《证券市场中介机构的法律职责配置》，载《南京农业大学学报》2011 年第 1 期。
② 详见广东省深圳市中级人民法院（2018）粤 03 民初 3866、3867、3869 号民事判决书。
③ 参见中国证券监督管理委员会行政处罚委员会编：《证券期货行政处罚案例解析》（第二辑），法律出版社 2019 年版，第 235 页。

履行调查复核、核查验证义务。① 其他中介机构应对出具的专业意见负责,对保荐人提出的疑义,应保持专业独立性,按业务规则和行业自律规范作出专业判断。②

2. 应兼顾监管部门和专业机构意见准确划分各中介机构责任比例。有行政处罚的情况下,监管部门作出的行政处罚代表专业且权威的评判,且作出处罚时监管部门已综合考量了各中介机构的职责定位,并兼顾中介机构获取的收入,最终作出处罚结果是相对公允的。③ 故在民事责任承担比例的划分上,司法机关应兼顾监管部门的专业判断,参考行政处罚决定对于不同中介机构的处罚情况,如罚款的金额等,判令各中介机构承担民事责任的具体比例。

无行政处罚或司法判断与行政处罚评价不一致的情况下,法院应基于各中介机构的职责边界,审慎确定民事责任承担比例。在复杂案件中,法院可参考第三方专业机构、专家证人意见,明确各中介机构职责边界及各自在主观过错程度和对虚假陈述原因力大小。

三、监管与司法联动:压实中介机构"看门人"责任的具体路径

注册制背景下,需明确中介机构"看门人"职责定位,合理划分证券发行中涉及发行人、保荐机构、证券服务机构等多主体间的责任。连通监管与裁判,使行政与司法在资本市场"强监管"方面形成默契,以倒逼中介机构各司其职、各负其责、相互制约,这也是注册制改革归位尽责的应有之义。故如何确定中介机构虚假陈述民事责任的构成要件及归责原则,厘清行政处罚与重大性认定的关系,准确把握勤勉尽职的审查要点,对压实中介机构"看门人"责任重大。

(一)中介机构虚假陈述民事责任的构成要件及归责原则

1. 虚假陈述侵权责任的构成要件。从《虚假陈述规定》的表述可知虚假陈述行为属侵权行为。中介机构职责为对 IPO、重大资产重组等提供中介服务,根据中介机构虚假陈述的具体行为可知,中介机构若存在虚假陈述,可能单独对市场构成虚假陈述而单独作为民事主体,但更多的情况是参与发行人或上市公司虚假陈述的行为,此种情形下构成共同侵权。《虚假陈述规定》第

---

① 中国证监会《证券发行上市保荐业务管理办法》第二十二条:"对发行人申请文件、证券发行募集文件中有证券服务机构及其签字人员出具专业意见的内容,保荐机构可以合理信赖,对相关内容应当保持职业怀疑、运用职业判断进行分析,存在重大异常、前后重大矛盾,或者与保荐机构获得的信息存在重大差异的,保荐机构应当对有关事项进行调查、复核,并可聘请其他证券服务机构提供专业服务。"

② 中国证监会《证券发行上市保荐业务管理办法》第六十一条:"证券服务机构及其签字人员应当严格按照依法制定的业务规则和行业自律规范,审慎履行职责,作出专业判断与认定,对保荐机构提出的疑义或者意见,应当保持专业独立性,进行审慎的复核判断,并向保荐机构、发行人及时发表意见。证券服务机构应当建立并保持有效的质量控制体系,保护投资者合法权益。证券服务机构应当妥善保存客户委托文件、核查和验证资料、工作底稿以及与质量控制、内部管理、业务经营有关的信息和资料。"

③ 参见黄辉:《中国证券虚假陈述民事赔偿制度:实证分析与政策建议》,载《证券法苑》2019 年第 3 期。

二十七条规定中介机构知道或者应当知道发行人或上市公司虚假陈述，而不纠正或者未出具保留意见的，构成共同侵权，承担连带责任。结合《虚假陈述规定》第十七条可知虚假陈述侵权责任构成要件有六项（见图4），此六项构成要件是判断责任承担的关键要素。

中介机构证券虚假陈述侵权责任构成要件
1.【行为要件】
加害人（上市公司或拟上市公司或中介机构自身）存在虚假陈述行为且具有信息披露义务

2.【主观过错要件】
中介机构主观存在过错

3.【交易行为因果关系要件】
虚假陈述行为发生在证券发行或者交易过程中

4.【损失结果因果关系要件】
加害人的虚假陈述行为与受害人的损失之间存在因果关系

5.【重大性要件】
虚假陈述行为具有重大性

6.【勤勉尽责要件】
中介机构未勤勉尽责

图4 中介机构证券虚假陈述侵权责任构成要件

2. 中介机构虚假陈述归责原则。不同于虚假陈述中发行人或上市公司归责原则的无过错责任，提供专业服务的会计师事务所、律师事务所、证券投资咨询公司、资产评估公司、资信评级公司、财务顾问公司等证券服务机构的归责原则为过错推定原则。[①] 同时《虚假陈述规定》第二十四条规定，中介机构虚假陈述应就其负有责任的部分承担赔偿责任，但有证据证明无过错的应免责。故对中介机构归责原则为过错推定，即中介机构在其专业领域内存在故意或重大过失，未勤勉尽职违反执业规则才会被追责。具有专业知识的中介机构作出专业判断有助于投资者科学决策。然而，中介机构出具报告是对发行人披露信息的核查验证，如其已按执业规则勤勉尽责核查后仍未发现问题，不能认定其存在重大过失，因中介机构无法做到保证核查事项绝对不存在任何问题。[②] 从成熟证券市场的经验看，允许中介机构无过错时免除赔偿责任是大多数国家的通行规则。

虽《九民纪要》指出虚假陈述已被监管部门行政处罚的，应认为具有"重大性"，从上述内

[①] 《最高人民法院关于审理证券市场因虚假陈述引发的民事赔偿案件的若干规定》第二十三条规定，证券承销商、证券上市推荐人对虚假陈述给投资人造成的损失承担赔偿责任。但有证据证明无过错的，应予免责。负有责任的董事、监事和经理等高级管理人员对证券承销商、证券上市推荐人承担的赔偿责任负连带责任。其免责事由由同前款规定。

[②] 参见莫壮弥：《试析违反权益披露义务的法律责任》，载《金融法苑（2016年总第九十三辑）》，中国金融出版社2016年版。

容只能得出违规信息披露行为已受行政处罚，只能作为认定"重大性"的充分条件，而不能直接等同于认定构成民事责任，因为民事责任构成要件与行政责任认定不同，审查标准也有差异，故不宜基于行政处罚直接推定中介机构具有"主观过错"。

3. 把握中介机构虚假陈述行政责任与民事责任的对应制约关系。从实践看，认定中介机构民事责任逐渐脱离行政处罚。通过对比新《证券法》《上市公司信息披露管理办法》《虚假陈述规定》中虚假陈述民事责任构成要件与违反信披行政责任构成要件规定，可发现二者有对应制约关系①（见表3、图5）：

表3 中介机构虚假陈述行政责任与民事责任的对应制约关系

责任主体	行政责任	民事责任	对应关系
发行人上市公司	《证券法》第一百七十九条和《上市公司信息披露管理办法》第五十四条规定发行人或上市公司未按照规定报送有关报告或者履行信息披露义务，报送的报告或者披露的信息有虚假记载、误导性陈述或者重大遗漏的，应受行政处罚	《证券法》第八十五条规定发行人或上市公司对其虚假陈述给投资者造成的损失承担民事赔偿责任。（过错责任）《虚假陈述规定》第十八条规定了虚假陈述与损害结果之间拟制因果关系	发行人或上市公司因信息披露违法行为受到行政处罚，基本等同于其要对行政处罚决定书认定的虚假陈述行为给投资者造成的损失承担民事责任
保荐人承销商	《证券法》第一百八十二条规定，保荐人出具有虚假记载、误导性陈述或者重大遗漏的保荐书，或者不履行其他法定职责的，应受到行政处罚。《证券法》第一百八十四条规定，承销商因未尽审核义务应行政处罚	《虚假陈述规定》第二十三条规定，承销商、证券上市推荐人对虚假陈述给投资人造成的损失承担赔偿责任。但有证据证明无过错的，应予免责。（过错推定）	保荐人因未勤勉尽责而受到行政处罚，则该行政处罚很可能意味着保荐人要与发行人、上市公司承担连带赔偿责任。承销商因未尽审核义务而受到行政处罚，则该行政处罚意味着承销商未勤勉尽责、存在过错，很可能要对发行人或上市公司的虚假陈述行为承担连带赔偿责任

---

① 参见刘凌云等：《关于证券中介机构证券虚假陈述民事责任规则的几点辨析意见》，载微信公众号"金杜研究院"，2021年4月23日。

续表

责任主体	行政责任	民事责任	对应关系
证券服务机构	《证券法》第二百一十三条规定，证券服务机构未勤勉尽责，所制作、出具的文件有虚假记载、误导性陈述或者重大遗漏的，应受行政处罚。《上市公司信息披露管理办法》第五十五条规定，信息披露义务人违反法律、行政法规和证监会规定的，可以采取责令改正、监管谈话、出具警示函、责令公开说明、责令定期报告等监管措施	《虚假陈述规定》第二十四条规定，专业中介服务机构及其直接责任人违反《证券法》第一百六十一条和第二百零二条的规定虚假陈述，给投资人造成损失的，就其负有责任的部分承担赔偿责任。但有证据证明无过错的，应予免责	证券服务机构只有在未勤勉尽责，且制作、出具的文件存在虚假陈述的情况下才应被行政处罚。如证券服务机构只是未勤勉尽责，或者制作、出具的文件不存在虚假陈述，通常只应被采取行政监管措施。结合前述对证券服务机构连带责任构成要件的分析，在发行人、上市公司虚假陈述的基础上，（1）如果证券服务机构只是不勤勉尽责，只应被采取行政监管措施，无须承担民事连带责任；（2）如果证券服务机构既不勤勉尽责，出具的文件又存在虚假陈述，那么其应受行政处罚，且原则上需承担民事连带责任；（3）如证券服务机构已勤勉尽责，但制作、出具的文件仍存在虚假陈述，其不应受行政处罚，也不应承担民事连带责任

（二）构建"先行赔付+按比例连带责任"责任承担新模式

赔偿损失是虚假陈述民事责任承担的主要方式。但赔偿范围与损失计算是虚假陈述案件审理的难题，涉及因果关系、排除系统性风险、计算投资差额损失等问题。鉴于本文系探讨中介机构虚假陈述责任承担问题，故对上述共性问题不予展开。本部分仅就中介机构先行赔付问题及赔付后追偿与责任分担进行探讨。

1. 依托行政监管部门充分先行赔付的优势作用。先行赔付制度设立的目的是保障中小投资者因虚假陈述而造成的损失，避免因漫长繁复的司法程序延误合法诉求实现，故对发行人违规行为，由保荐人基于事先自律承诺对投资者先行赔付。[①] 该赔付先于其他责任主体，先于法院判

[①] 参见林郁馨：《投资人保护中心与证券团体诉讼实证研究》，载《月旦法学杂志》2014年第6期。

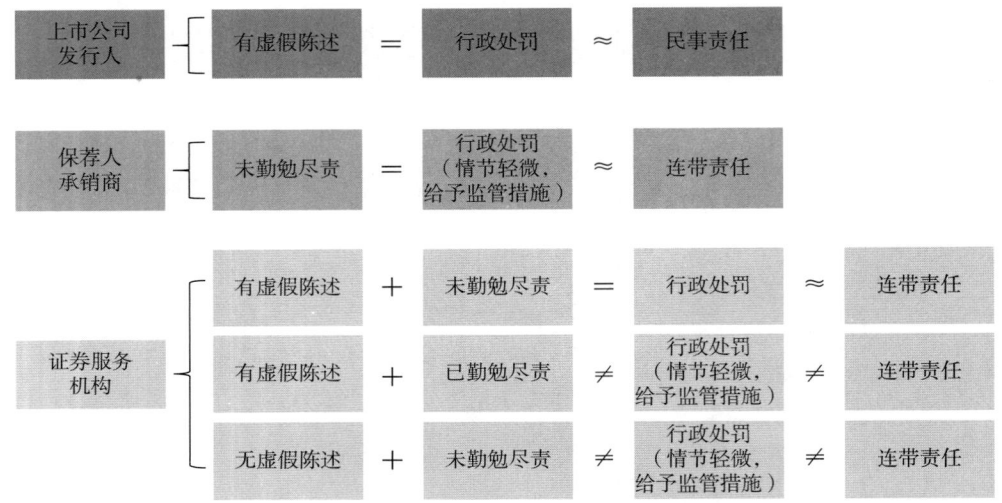

图 5 中介机构虚假陈述民事责任与行政责任对应关系

决,赔付后取得向发行人、上市公司或其他责任主体追偿的权利。截至 2020 年,我国资本市场关于先行赔付的案例共计 3 起:2013 年的万福生科案、2014 年的海联讯案及 2017 年的欣泰电气案。2013 年 5 月,平安证券作为万福生科的保荐机构和主承销商,出资 3 亿元设立"万福生科虚假陈述事件投资者利益补偿专项基金",委托中国证券投资者保护基金有限责任公司作为基金管理人,通过线上线下两种方式与适格投资者和解,最终受偿投资者占比达到 95% 以上,补偿金额达到 99% 以上。后续的海联讯案和欣泰电气案分别由控股股东、保荐机构及主承销商出资设立专项基金,均实现了较好的效果,保护了投资者合法权益。如投资者不接受和解方案,可再向法院起诉,请求虚假陈述责任方赔偿。

2019 年末,新《证券法》增设"投资者保护"专章,于第九十三条明文规定了先行赔付制度,发行人因虚假陈述给投资者造成损失的,发行人的控股股东、实际控制人、相关的证券公司可以委托投资者保护机构,就赔偿事宜与受到损失的投资者达成协议,予以先行赔付。先行赔付后,可以依法向发行人以及其他连带责任人追偿。

2. 运用两步法划分先行赔付后各中介机构的担责比例。总体而言,各责任主体内部责任划分是法官自由裁量的范畴。为避免自由裁量权的无限放大,应形成相对明确的审判思路和裁判标准,明晰各中介机构各自赔偿责任。通过数据检索,判令中介机构担责法律依据如表 4 所示。

表4 判令中介机构担责的法律依据

法律依据		法律规定
《证券法》	第二十九条	证券公司承销证券,应当对公开发行募集文件的真实性、准确性、完整性进行核查。发现有虚假记载、误导性陈述或者重大遗漏的,不得进行销售活动;已经销售的,必须立即停止销售活动,并采取纠正措施。 证券公司承销证券,不得有下列行为: (一) 进行虚假的或者误导投资者的广告宣传或者其他宣传推介活动; …… 证券公司有前款所列行为,给其他证券承销机构或者投资者造成损失的,应当依法承担赔偿责任。
	第一百六十三条	证券服务机构为证券的发行、上市、交易等证券业务活动制作、出具审计报告及其他鉴证报告、资产评估报告、财务顾问报告、资信评级报告或者法律意见书等文件,应当勤勉尽责,对所依据的文件资料内容的真实性、准确性、完整性进行核查和验证。其制作、出具的文件有虚假记载、误导性陈述或重大遗漏,给他人造成损失的,应当与委托人承担连带赔偿责任,但是能够证明自己没有过错的除外。
《最高人民法院关于审理证券市场因虚假陈述引发的民事赔偿案件的若干规定》	第二十三条	证券承销商、证券上市推荐人对虚假陈述给投资人造成的损失承担赔偿责任。但有证据证明无过错的,应予免责。
	第二十四条	专业中介服务机构及其直接责任人违反证券法第一百六十一条和第二百零二条的规定虚假陈述,给投资人造成损失的,就其负有责任的部分承担赔偿责任。但有证据证明无过错的,应予免责。
	第二十七条	证券承销商、证券上市推荐人或者专业中介服务机构,知道或者应当知道发行人或者上市公司虚假陈述,而不予纠正或者不出具保留意见的,构成共同侵权,对投资人的损失承担连带责任。
	第二十八条	发行人、上市公司、证券承销商、证券上市推荐人负有责任的董事、监事和经理等高级管理人员有下列情形之一的,应当认定为共同虚假陈述,分别与发行人、上市公司、证券承销商、证券上市推荐人对投资人的损失承担连带责任: (一) 参与虚假陈述的; (二) 知道或者应当知道虚假陈述而未明确表示反对的; (三) 其他应当负有责任的情形。
《民法典》	第一百七十八条	连带责任人的责任份额根据各自责任大小确定;难以确定责任大小的,平均承担责任。实际承担责任超过自己责任份额的连带责任人,有权向其他连带责任人追偿。
	第一千一百六十八条	二人以上共同实施侵权行为,造成他人损害的,应当承担连带责任。

然而现行规定较原则,在中介机构先行赔付后,划分各责任主体间责任比例,一般是依据过错大小、原因力远近等因素认定各连带方责任比例,实现内部分责。具体适用两步法。

第一步:认定主观过错,根据过错推定归责原则,适用举证责任倒置,即由中介机构举证,是否与发行人或上市公司之间存在串通、是否尽到审慎注意义务、是否勤勉尽责等,从而由法院认定中介机构是否存在主观上的故意或重大过失,还是存在一般过失。①

第二步:认定行为原因力远近,根据中介机构提供的相关文件构成虚假记载、误导性陈述、重大遗漏的虚假程度,及在 IPO 申报或交易中的重要性等,判断中介机构虚假陈述行为在整体虚假陈述侵权行为中的作用力。

3. 确立追"首恶"责任承担顺序及按比例连带原则。由于新《证券法》未明确中介机构承担连带责任的主观要件,故有的法院直接将受到行政处罚等同于中介机构知道或应当知道虚假陈述行为而不纠正,进而判决中介机构与上市公司构成共同侵权,承担完全连带责任。此等责任认定方式将导致中介机构承担过重的连带责任。将中介机构执业不严谨的行为等同于串通虚假陈述行为,将导致证券服务行业执业时的重大风险,从长远看不利于注册制改革。

2021 年 5 月 21 日,ST 中安发布公告,称上海高院对 ST 中安投资者的索赔案作出终审判决,维持中安科向投资者支付投资差额损失,维持中安消对中安科应履行的赔偿义务承担全额连带责任。同时,上海高院部分改判,此节改判引发关注。上海高院将招商证券及瑞华会计师事务所承担全额连带责任改判为按比例连带责任,分别为 25%、15%。该案是我国股票市场首次判决虚假陈述责任方承担按比例连带责任,很好地贯彻了《民法典》第一百七十八条"连带责任人的责任份额根据各自责任大小确定"的法律规定,遵循"过罚相称"原则,并未过分放大中介机构责任,体现出"追首恶"的裁判理念。此种判决方式,精细化处理担责范围,防止一方承担全责后,相互追偿问题的出现,同时投资者在申请执行判决时预先设计了指向性限制,且判决按比例连带,可在相当程度消减新《证券法》未区分主观过错判决完全连带责任的不利影响。

在注册制背景下,中介机构特别是保荐人须明确"看门人"职责定位,立足本位,同时服务好投资方与融资方,此乃检验保荐人专业能力的重要标准。而证券发行上市涉及发行人、保荐人、会计师事务所、律师事务所等多方主体,合理划分各自责任应为归位尽责的应有之义,监管层和司法界需厘清各方主体责任边界,准确划分各自责任,倒逼中介机构形成各司其职、各负其责、相互制约的投融资新机制。故证券市场需确立追"首恶"的民事赔偿责任分配机制及民事责任承担顺序。新《证券法》第一百六十三条规定控股股东、实控人、董监高、保荐人和其他

---

① 参见郭雳:《证券欺诈法律责任的边界:新近美国最高法院虚假陈述判例研究》,载《中外法学》2010 年第 4 期。

中介机构均承担连带赔偿责任，但各主体导致虚假陈述的责任程度不同，发行人是信披的第一责任人，作为"内部人"的控股股东、实控人、董监高对虚假陈述有"首恶"责任。若不区分连带责任顺序，将导致责任混同，使主次责任不分，将使追责逻辑不清。实践中，投资者将所有责任方均列为被告，积极向经济能力较强的中介机构求偿，如贸然判决全额连带责任将导致实际承责与行为及过错程度错配。即使赋予中介机构另案追偿权，大部分发行人或上市公司早已经济恶化，即使判决追偿，也多会流于程序空转，最终使"追首恶"的目的落空。

判断中介机构是否应对上市公司虚假陈述行为造成的损失承担全部连带责任，关键是判断该机构是否对虚假陈述行为"知道或应当知道"；如是则为"故意"，构成共同侵权，对全部损失承担连带责任，此乃法定责任，不因任何情形而改变，此为适用《虚假陈述规定》第二十七条的唯一情形。如否则为"过失"，无论过失程度，皆应根据具体的过错比例承担"按比例连带责任"，其中重大过失的按比例连带责任可达100%，此时援引的法律依据为《民法典》第一百七十八条。另外，原则上其他中介机构担责比例不应超过作为保荐人的券商担责比例，并根据不同行为的原因力，准确认定各中介机构责任，衡平各方法益，避免非"首恶"承担"首责"，具体应考察投资者等对特定虚假陈述有无信赖基础，根据主观过错状态合理确定完全连带责任和按比例连带责任模式，将收费标准和赔偿责任挂钩等（见图6）。

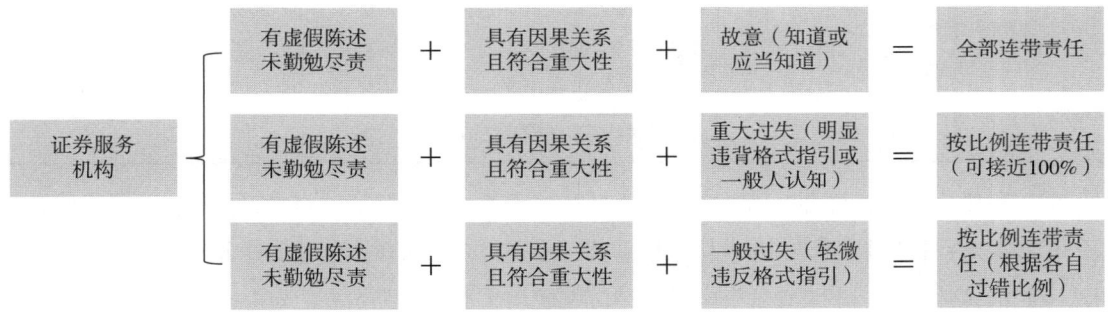

注：原则上其他中介机构担责比例不应超过作为保荐人的券商担责比例。

图6 中介机构虚假陈述主观过错与担责对应关系

（三）"重大性"司法认定与行政处罚的关系

1. 不宜以未经"前置程序"裁驳投资者起诉。《虚假陈述规定》确立了证券赔偿诉讼需经过前置程序，即投资者欲起诉虚假陈述案件时，除满足《民事诉讼法》规定的起诉条件外，还需提交行政机关作出的行政处罚决定或法院刑事裁判文书。该前置程序历经十余年，对解决原告举证难、避免滥诉等方面发挥了积极作用，但也因限制诉权饱受诟病。回顾最高人民法院关于证券虚假陈述前置程序存留上态度上的变化（见表5），可推知证券虚假陈述民事赔偿诉讼前置程序废除已渐成现实。现已实现了债券虚假陈述前置程序的直接废除。未受行政处罚的中安科案件的判决，也可推知股票虚假陈述前置程序的废除已是大势所趋。故不宜以未经"前置程序"裁驳投资者起诉。

表5　最高人民法院关于证券虚假陈述前置程序存留上态度

法律依据	时间	法律规定
《关于当前商事审判工作中的若干具体问题》	2015年12月24日	因虚假陈述、内幕交易和市场操纵行为引发的民事赔偿案件，立案受理时不再以监管部门的行政处罚和生效的刑事判决认定为前置条件
《全国法院审理债券纠纷案件座谈会纪要》	2020年7月15日	欺诈发行、虚假陈述案件的受理。债券持有人、债券投资者以自己受到欺诈发行、虚假陈述侵害为由，对欺诈发行、虚假陈述行为人提起的民事赔偿诉讼，符合《民事诉讼法》第一百一十九条规定的，人民法院应当予以受理。欺诈发行、虚假陈述行为人以债券持有人、债券投资者主张的欺诈发行、虚假陈述行为未经有关机关行政处罚或者生效刑事裁判文书认定为由请求不予受理或者驳回起诉的，人民法院不予支持
《关于证券纠纷代表人诉讼若干问题的规定》	2020年7月30日	适用普通代表人诉讼程序进行审理时，原告可以提交有关行政处罚决定、刑事裁判文书、被告自认材料、证券交易所和国务院批准的其他全国性证券交易场所等给予的纪律处分或者采取的自律管理措施等证明证券侵权事实的初步证据

前置程序取消后，势必对司法审判诸多环节造成重大影响。从审判实践出发，前置程序取消后的司法应对，特别是针对中介机构，如未获行政处罚，如何在认定重大性方面实现行政执法与司法审判的良性协同，事关我国资本市场健康发展与法治化系统生态的建立。①

2. 行政处罚仅为认定"重大性"的充分非必要条件。"重大性"指可能对投资者决策产生重要影响的信息。《九民纪要》第八十五条对"重大性"作出规定，虚假陈述已被监管部门行政处罚的，应认为是具有"重大性"的违法行为。如一方抗辩处罚决定行为不具有"重大性"，法院不予支持。但《九民纪要》仅从正面论述，具有行政处罚可被认定为具有"重大性"。但并不意味未受到行政处罚则不具有"重大性"。中安科案中，上海高院在中介机构未被行政处罚的情况下判决承担责任，意义重大，从司法认定上压实了中介机构"看门人"勤勉尽责义务，也预示法院在虚假陈述案件中裁判功能的转变。上海经验表明应结合个案判断行为是否具有"重大

---

① 参见萧鑫：《证券做市交易与市场操纵的界分》，载《比较法研究》2019年第1期。

性",而非反向套用《九民纪要》对"重大性"认定的充分条件,在没有行政处罚时作出否定"重大性"的判决(见图7)。

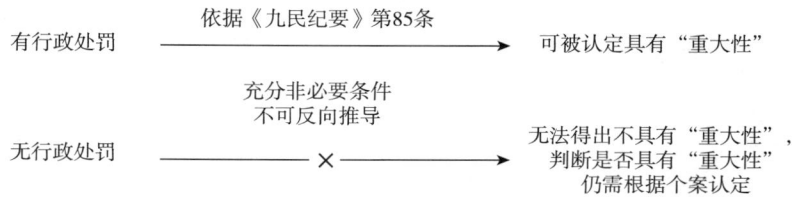

图7 行政处罚与"重大性"认定的关系

(四)对中介机构是否勤勉尽责的审查重点

1. 过错推定原则在勤勉尽责审查中的具体运用。经对中介机构行政处罚案件梳理后可知,其违法行为大部分为"未勤勉尽责"。新《证券法》里有四处"勤勉尽责"表述,三处为规范中介机构。勤勉尽责标准适用的即过错推定,具体适用时可通过举证责任倒置,由中介机构举证证明其无过错而免责。分析前述60份给予中介机构行政处罚案件①时,中介机构"未勤勉尽责"主要表现为未严格遵守执业规范要求。具体表现为以下几项(见图8)。

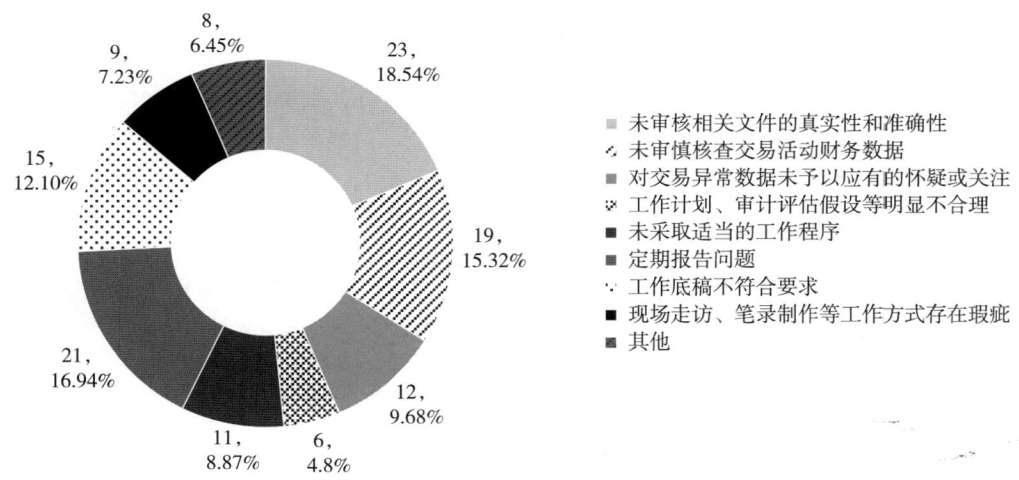

图8 行政处罚中中介机构"未勤勉尽责"的表现形式

行政处罚实务中中介机构一般会在听证程序中申辩或提出行政复议,主张其无过错。其理由具体表现为图9所示几项内容。

---

① 存在一个行政处罚中有一个以上违反执业要求规范的行为,图6同。

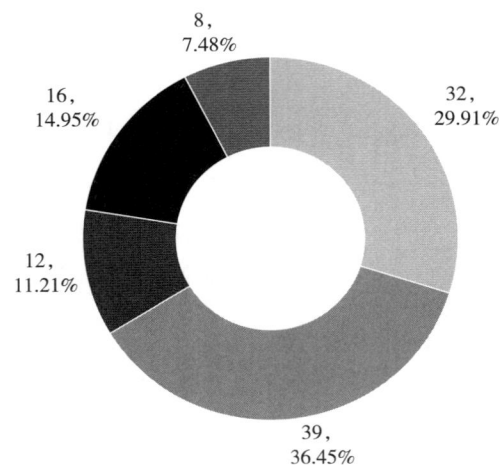

图 9　中介机构听证申辩或行政复议主要理由

对上述申辩或复议申请理由,行政监管部门通常认为:中介机构应对出具的专业意见并非履行一般注意义务,而是履行特别注意义务;在履职过程中,中介机构应全面收集查验材料,独立审慎发表专业意见;在核查验证不充分或调取资料不完整的情况下,即使发行人故意隐瞒,也不能作为中介机构免责的事由;援引其他中介机构资料时,对其他专业机构出具的报告无独立核查义务,但需要履行普通人的一般注意义务;应按程序充分认真地制作审核底稿,未履行专业注意义务的,应承担责任。

民事审判中也应按照上述标准认定中介机构是否"勤勉尽责",以保持行政监管与司法裁判的协调统一,如中介机构主张上述免除责任,需证明已完全履行执业规则,尽到特殊注意义务,且无故意或重大过失。否则,即应推定该中介机构存在过错,应承担赔偿责任。对中介机构是否勤勉尽责,法院审查重点如表6所示。

表 6　法院对中介机构是否勤勉尽责的审查重点

中介机构抗辩理由	民事案件审理重点
发行人故意隐瞒有关事实或与相关企业串通舞弊,其已经履行了一般的注意义务	中介机构应对其出具的意见履行专业人士特别的注意义务,而非一般注意义务
工作底稿完备,也进行了现场走访核查,通过正常的工作方式难以发现虚假陈述行为	在履行职务过程中,中介机构应全面收集并查验相关材料,审慎而独立地发表意见
已经采取了必要的、适当的审计程序,尽到了勤勉尽责的义务	调取的资料是否完整、核查验证是否充分,如答案均为否,则未尽到勤勉尽责义务

续表

中介机构抗辩理由	民事案件审理重点
误信其他中介机构出具的专业意见	援引其他证券中介机构的资料时,对同时为发行人服务的专业人士出具的报告或文件没有独立调查的义务,但需要履行普通人的一般注意义务
工作底稿的瑕疵或疏忽,但不属于应当承担的法律责任的情形	应当按程序充分、认真、细致地制作与审核工作底稿,未履行应有的专业注意义务即应承担责任

2. 应结合监管部门规范性文件实质审查中介机构是否尽到勤勉尽责义务。新《证券法》第十条、第一百三十条、第一百四十二条、第一百六十条、第一百六十三条均规定中介机构应勤勉尽责,其为中介机构通用行为准则,通过对行政处罚和判决的梳理,上述条文也为对中介机构处罚或判决承担责任时高频援引条款,可见勤勉尽责义务的认定是对中介机构定责的关键环节。

鉴于前置程序取消已大势所趋,此背景下,将有越来越多未受到行政处罚的案件直接进入诉讼程序,这就需要一方面由中介机构努力举证已勤勉尽责,另一方面应加强与监管部门的沟通协调,由法院将证监会及其他部门规范性文件列入参考范围,审查中介机构提供证据是否符合相关规范性文件的要求,进而评判中介机构是否需要担责。

以上市公司收购中财务顾问机构是否勤勉尽责的认定为例(见表7),为规范上市公司收购程序及权益变动中的信息披露行为,证监会发布公开发行证券的公司信息披露内容与格式准则第15号、第16号、第17号,分别就权益变动、上市公司收购、要约收购等信息披露进行了格式指引,独立财务顾问须按照《格式指引》及《上市公司收购管理办法》严格履行勤勉尽责义务,规范信息披露。

表7 法院对上市公司收购中财务顾问机构是否勤勉尽责的审查重点

勤勉尽责义务类型	审理重点	依据援引
一般勤勉尽责义务	1. 是否遵守行业规范和职业道德,保持独立性,保证其所制作、出具文件的真实性、准确性和完整性	《证券法》
	2. 是否教唆、协助或者伙同委托人编制或披露存在虚假记载、误导性陈述或者重大遗漏的报告、公告文件	
	3. 是否从事不正当竞争,是否利用上市公司的收购谋取不正当利益	

续表

勤勉尽责义务类型	审理重点	依据援引
特别勤勉尽责义务	1. 是否审慎判断相关收购是否存在收购人利用上市公司的收购损害被收购公司及其股东合法权益的情况	《公开发行证券的公司信息披露内容与格式准则》《上市公司收购管理办法》
	2. 是否确保按照规定履行尽职调查义务,是否有充分理由确信所发表的专业意见与收购人公告文件的内容不存在实质性差异	
	3. 是否保还已对收购人公告文件进行核查,是否有充分理由确信公告文件的内容与格式符合规定,是否对收购人是否符合本办法的规定及申报文件内容的真实性、准确性、完整性进行充分核查和验证,是否对收购事项客观、公正地发表专业意见	
	4. 是否在信息披露义务人披露的详式权益变动报告书、上市公司收购报告书或要约收购报告书中签字、盖章、签注日期,声明其已履行勤勉尽责义务,并对信息披露义务人的权益变动报告书的内容已进行核查和验证,是否未发现虚假记载、误导性陈述或者重大遗漏	
	5. 是否有充分理由确信本次收购符合法律、行政法规和中国证监会的规定,是否有充分理由确信收购人披露的信息真实、准确、完整,是否不存在虚假记载、误导性陈述和重大遗漏	
	6. 是否确保就本次收购所出具的专业意见已提交其内核机构审查,并获得通过	
	7. 是否在担任财务顾问期间,应采取严格的保密措施,并严格执行内部防火墙制度	
	8. 是否在履行督导职责之前,确保与收购人订立持续督导协议,并保证持续督导	
	9. 虽财务顾问为履行职责聘请其他专业机构协助其对收购人进行核查,但是否对收购人提供的资料和披露的信息进行独立判断	

3. 通过工作底稿的完整性和真实性两方面系统还原勤勉尽责程度。底稿完整性是勤勉尽责的基础,在监管部门处罚认定中,工作底稿为勤勉尽责程度的重要依据,如不完整反映中介机构工作开展不到位、尽职调查不全面、意见发表依据不充分,此也为认定中介机构责任的证据。故审查工作底稿完整性是法院认定中介机构是否勤勉尽责的重要依据。[①]

[①] 参见邢会强:《证券法学》,中国人民大学出版社2019年版,第123页。

工作底稿形成过程客观记录了中介机构工作实施过程，无底稿定是未勤勉尽责，[1] 但有底稿也不一定勤勉尽责，故法院也要着重审查底稿的真实性。实践中，中介机构不应对原底稿进行替换，以保证真实性，如法院在审理时发现底稿已被替换，可推定中介机构未勤勉尽责。同时法院可通过发票、函证、入库单等抽查部分底稿，复核底稿真实性（见表8）。

表8 认定工作底稿存在问题案件的审查内容

中介机构	审查内容
立信会计师事务所	因审计底稿中的记录与调查结果不符，被认定为虚构与前任注册会计师沟通审计程序，且以虚构底稿记录为由对当事人申辩意见不予采纳
瑞华会计师事务所	因底稿中缺乏相应内容，对当事人意见不予采纳
广东君信律师事务所	因工作底稿未收集目标公司的注册信息，被认定未对目标公司进行充分核查
瑞华会计师事务所	因工作底稿记录与实际情况不符，被认定未实施有效方抽盘程序，且以审计底稿为依据，对当事人申辩意见不予采纳
辽宁元正资产评估有限公司	因缺少底稿记录被认定评估依据不充分，评估程序不到位，且以底稿为依据，对当事人申辩意见不予采纳
利安达会计师事务所	以底稿内容为证据被认定为审计程序不到位，且以底稿为依据，对当事人的申辩意见不予采纳
中联资产评估集团有限公司	因内底稿中缺少相应内容被认定评估程序不到位，评估假设不合理，以预先设定的价值为评估结论

四、结语

现代金融的核心和基石是资本市场，资本市场的长足发展，对提升我国全球资源配置能力具有重要意义。证券市场高质量发展需要勤勉尽责且高度专业化的中介服务，更需要金融监管与司法审判合力推动，以规范市场行为，规制市场秩序，故需统筹做好资本市场改革发展和稳定重点工作，树立正确监管和裁判导向，完善中介机构参与证券业务活动的制度规则，细化工作标准及流程，厘清各主体责任边界，推动按照"责任承担与过错相结合"原则合理界定中介机构在虚假陈述民事赔偿案件中的担责范围及担责方式，让"看门人"尽责，让"睡觉者"担责，努力形成各司其职、各负其责、相互制约的机制，有效化解注册制改革中积聚的法律风险，激发各方活力，引导中介机构承担"发行前台"的工作，利用资本市场枢纽功能充分发挥注册制优势，为打造世界一流证券市场提供法治支撑。

---

[1] 参见齐斌：《证券市场信息披露法律监管》，法律出版社2020年版，第137页。

虚假陈述重大性的司法认定

■ 严加武　陆文川*

摘要：重大性要求起源于普通法中的欺诈，归属于证券欺诈的行为要件。虚假陈述案件的审理中，法院是否独立审查重大性要件，以及如何把握重大性审理的裁判规则，属于目前的司法难题。本文结合广东省法院的审判实际和案例统计，分析既有司法实践，并指出司法对重大性的独立审查兼具法理和现实的双重定位。司法实践中的重大性认定无疑是场景式的，本文拟为重大性的认定探索一般性的裁判规则，即应当采理性投资者标准，制定定量因素优先、定性因素兜底、价格波动作为事实推定的统一裁判规则，建立自愿性信息等区分审查标准，并对最新司法解释中的重大性相关规定进行评析。

关键词：虚假陈述　民事诉讼　重大性

一、问题的提出：虚假陈述重大性司法认定的既有实践

（一）重大性司法独立审查[①]的普遍缺失和逐步改进

基于大陆法系司法对行政行为审查的谦抑性和证券监管的专业性和复杂性，过去我国法院长期通过前置程序的方式搁置了重大性审查的问题。2003年《〈最高人民法院关于审理证券市场因虚假陈述引发的民事赔偿案件的若干规定〉理解与适用》指出："人民法院受理民事赔偿案件之前，虚假陈述所涉及的信息的重大性应该已经在前置程序中得到了解决，在民事案件中审理不涉及而当然认定。" 2015年立案登记制改革后，最高院2019年发布的《全国法院民商事审判工作会议纪要》（以下简称《九民纪要》），明确将行政处罚作为构成"重大性"的充分非必要

---

* 严加武，广东省高级人民法院民二庭庭长，二级高级法官；陆文川，广东省高级人民法院民二庭，法官助理。

① 对重大性的独立审查，具有两方面含义：一是在具备行政处罚的情况下，法院能否通过独立审查否认民事诉讼中虚假陈述的重大性；二是在不具备行政处罚的情况下，法院能否通过独立审查认定虚假陈述的重大性。

条件。①《九民纪要》把行政处罚作为构成重大性要件情形之一，行政处罚从起诉的程序性条件变成了充分但不必要的实体要件。

受到行政处罚前置程序的影响，对于重大性抗辩，大部分判决并未体现出独立审查的裁判思路。通过中国裁判文书网检索 2007—2020 年虚假陈述诉讼的相关 54 起案件，本文发现仅有少数案件，法院对于重大性抗辩进行了相对独立的审查。大部分裁判依据相关行政处罚决定书认定重大性，并辅以"重大事件""影响投资者购买意愿""对股票价格/成交量产生较大影响"等泛泛说理。保千里案中②，在重大资产重组事件中，保千里电子公司向银信评估公司提供了虚假协议致使拟注入资产评估值虚增了 9.84%，并对外进行公告，受到了证监会的行政处罚。保千里抗辩，披露违法行为本身不具有重大性，评估值相差 2 亿元，并未影响对赌中公司业绩承诺的实现和公司整体财务状况，不影响投资者的投资决策，对证券市场价格也未影响。影响投资者判断的是中达股份公司进行重大资产重组该信息本身，一审深圳中院和二审广东高院均未认可该抗辩，指出："虚构协议行为构成《证券法》第六十三条、第六十八条规定的所披露信息有虚假记载的违法行为，并受到证监会（2017）78 号《行政处罚决定书》的行政处罚，构成证券虚假陈述。"大连大福案中③，被告未及时披露对外担保和诉讼受到大连证监局的行政处罚，被告在民事诉讼中以揭露日后股价并未异常波动进行抗辩，法院并未对波动情况和定量进行审查，而是转向论证对外担保和重大诉讼属于法律规定的信息披露重大事宜且具有行政处罚决定书为理由，从而认定具有重大性。

2003 年至 2021 年，仅有 10 例案件经法院独立审查后因不具有重大性而驳回，④ 被驳回的案件中，法院对于否决重大性的存在四种裁判类型（见表 1）：一是被非证券监管部门进行行政处罚，且市场影响不大，如华闻传媒案、湖南投资案、香江控股案。二是披露格式错误，且市场影响不大，如江苏友利案。三是量化指标不满足且市场影响不大，如深圳能源集团案、尔康制药案、珠海中富案。尔康制药案⑤较为特殊，这是最高人民法院在《九民纪要》后对虚假陈述基于

---

① 《九民纪要》第 85 条：审判实践中，部分人民法院对重大性要件和信赖要件存在着混淆认识，以行政处罚认定的信息披露违法行为对投资者的交易决定没有影响为由否定违法行为的重大性，应当引起注意。重大性是指可能对投资者进行投资决策具有重要影响的信息，虚假陈述已经被监管部门行政处罚的，应当认为是具有重大性的违法行为。在案件审理过程中，对于一方提出的监管部门作出处罚决定的行为不具有重大性的抗辩，人民法院不予支持，同时应当向其释明，该抗辩并非民商事案件的审理范围，应当通过行政复议、行政诉讼加以解决。

② 参见中车金证投资有限公司诉江苏保千里视像科技集团股份有限公司证券虚假陈述责任纠纷案，广东省高级人民法院（2019）粤民终 2080 号民事判决书。

③ 参见李洋诉大连大福控股股份有限公司证券虚假陈述责任纠纷案，辽宁省大连市中级人民法院（2019）辽 02 民初 762 号民事判决书。

④ 统计时间为 2003 年至 2021 年 4 月。

⑤ 参见陶然诉湖南尔康制药股份有限公司证券虚假陈述责任纠纷案，最高人民法院（2021）最高法民申 102 号民事裁定书。

重大性要件的首次驳回。最高人民法院认为，尔康制药公司 2015 年年报中虚增营业收入和虚增净利润，分别占当期合并报表披露营业收入和披露净利润的 1.03% 和 2.62%，该增长率同比仅增长了 1.3 个和 5.5 个百分点，没有对公司业绩和重要财务指标产生实质影响。此外，2015 年年报公布前的两个多月（自 2016 年 1 月 29 日至 2016 年 4 月 5 日），尔康制药公司的股价涨幅为22.26%，而该公司股票在 2015 年年报公布后仅上涨了 2.99%，且卖出金额大于买入金额。四是事件性质特殊且对价格影响不大，如珠海中富案涉及。珠海中院认为，阶段性净利润仅仅是影响评估价值的小部分因素，并未对本次收购方案产生重大影响，并不能对股票市场产生实质性影响。

表 1 法院判定不具有重大性而被驳回的案件

被驳回案件	驳回要素		
华闻传媒案、湖南投资案、香江控股案	非证券监管部门的行政处罚	整体财务指标未受影响	市场影响不大
江苏友利案	披露格式错误	—	市场影响不大
深圳能源集团案、尔康制药案	量化指标不满足	—	市场影响不大
珠海中富案	阶段性净利润未对整体收购方案产生影响	—	市场影响不大

未驳回的案件中，近年来，有部分法院在具备行政处罚的前提下，作出了相对精细化的审查，尝试从量化指标、定性因素和股价异常波动等角度审查，独立认定重大性。方正科技案中[1]，定量上，上海金融法院认定方正科技未披露的关联交易的规模占上一年度净资产比例较大；定性上，涉及主营业务，违反会计处理程序，且主观应知控股股东和经销商的关联关系。超华科技案[2]中，虽有行政处罚作为依据，广东高院指出，定量上，超华科技虚增利润总额占当期利润总额的 28.01%，虚增净利润占当期合并净利润的 23.71%，股价波动上，涨幅达 42.43%，远超同期深圳综指涨幅 26.81%，从而认定具有重大性。

近年来，司法裁判中越来越体现出独立审查和综合权衡的思路。例如，广州中院的法官认为，不能单纯从行政处罚角度等同于虚假陈述的重大性，而判断信息重大性的精要在于综合判断多种信息，主要是财务数据信息，还应综合该虚假陈述行为对投资者决策和公司的股价走势

---

[1] 参见潘雪芬等四人诉方正科技集团股份有限公司证券虚假陈述责任纠纷案，上海金融法院（2018）沪 74 民初 330 号民事判决书。

[2] 参见梁健锋诉广东超华科技股份有限公司证券虚假陈述责任纠纷案，广东省高级人民法院（2019）粤民终 16 号民事判决书。

等因素一起判断。① 然而，应当如何把握重大性独立审查的裁判尺度、如何构建统一裁判规则、各种裁量要素的关系和权重等，仍亟待解决。

（二）重大性统一裁判规则的空白

既往司法实践对于重大性要件独立审查的普遍缺失，也造成了重大性统一裁判规则的缺失。虚假陈述诉讼中，重大性标准如何界定、重大性审查中如何把握裁量要素和分配举证责任、如何衔接证券欺诈的行政责任和民事赔偿，是虚假陈述民事诉讼审判中必答题，也是虚假陈述审判中的难题。

就重大性标准的认定而言，立法构建了投资者决策标准和可能价格敏感的二元标准，导致学理上的标准之争，②也导致司法的举棋不定。《中华人民共和国证券法》（以下简称《证券法》）第二章"证券发行"第十九条，规定发行阶段采投资者决策标准："充分披露投资者做出价值判断和投资决策所必需的信息"。第五章"信息披露"的第八十条和八十一条，概括定义了持续披露阶段的价格影响标准："发生可能对……股票/债券价格产生较大影响的重大事件"。此外，《证券法》列举规定了重大事件，极少数地制定了量化指标，大部分列举项陷入了"重大"一词的循环定义中。

就具体的裁量要素而言，如上所述，近年来的司法裁判中逐步体现了一些裁量要素，如量化指标对整体财务的影响、市场影响大小、格式错误还是内容错误、是否证券监管部门处罚、是否违反会计处理规则等要素。然，如何在重大性要件审查中衔接行政处罚、何种要素应当纳入重大

---

① 参见龚连娣、谢春晖：《证券虚假陈述纠纷中信息重大性的认定》，载《人民司法》2014年第12期。

② 学理对于重大性标准争议已久。（1）坚持理性投资者标准的观点认为，理性投资者决策标准能够包含价格影响性标准，更体现出能保护弱势投资者的价值趋向，更能适应我国证券市场历史较短、法律监管不完善以及自律组织发展不成熟的现状。参见胡光志：《内幕交易及其法律控制研究》，法律出版社2002年版，第333页；廖峻、易锦媛：《证券法信息披露制度中的"重大性"标准》，载《当代经理人》2006年第8期；陈雪妹：《我国上市公司信息披露"重大性"标准之厘定》，载《改革与开放》2009年第12期。（2）坚持价格影响标准的观点认为，理性投资者决策标准较为模糊性，打击范围广和操作性差，应该采价格影响标准。参见商浩文：《论内幕交易犯罪中内幕信息的司法认定》，载《河南警察学院学报》2014年第1期。（3）持两种标准调和的观点认为，基于欺诈市场理论，两种标准不是非此即彼的关系，其具有一致性。参见张小宁、解永照：《论内幕信息的重要性特征》，载《武汉公安干部学院学报》2011年第4期；李有星、徐鹏炯：《内幕信息重大性标准探讨》，载《浙江大学学报（人文社会科学版）》2017年第3期。（4）多重标准说认为，应当引入多种标准或多种因素判断，从而解决二选一难题。郭峰认为，依据案情将平行标准、事后判断标准、特定事实自证标准与客观的价格标准结合适用。李君临认为提出了发行人品质不利影响标准，主张其与投资者决策标准、价格影响标准结合适用成为三元标准。徐文鸣、刘圣琦主张应当建立新二元标准，即价格影响标准优先，理性投资者标准兜底。覃宇翔则提出应采用理性投资者决策标准逐一列举重大信息，采用价格波动标准判断未经列举的信息是否具有重大性。参见郭峰：《关于证券欺诈行为的民事责任的调研》，最高人民法院2006年重点调研课题；李君临：《证券市场信息披露重大性标准探析》，载《特区经济》2007年第11期；徐文鸣、刘圣琦：《新〈证券法〉视域下信息披露"重大性"标准研究》，载《证券市场导报》2020年第9期；覃宇翔：《浅议证券法信息披露义务中的"重大性"标准》，载《商业研究》2003年第2期。

性的裁量范围、裁判要素之间的关系如何把握、具备和不具备行政处罚前提的举证责任如何配置、能否区分不同信息进行类型化裁判规则的构建等问题，在当前仍然缺乏统一的裁判指引。

二、司法审查重大性的功能定位

重大性的认定应当重视司法的救济功能和回归法律关系本身，因而重大性的实体审查是不可回避的。司法对重大性实体审查的正当性，以及司法如何对重大性进行审查，根本上取决于其功能定位。本文认为，司法对重大性的独立审查兼具法理和现实的双重定位。

（一）法理定位：投资者补偿和个案公平

不同于依赖证券监管法规的行政处罚，虚假陈述诉讼依赖的是特殊侵权行为规范。从保护法益上看，区别于行政执法的秩序价值，民事诉讼则是基于补偿原则，从而弥补投资者因为虚假陈述行为所造成的损失。从规制手段上看，区别于行政执法的主动出击，民事诉讼奉行不告不理。从重大性判定的侧重点上看，区别于行政处罚的效率性和合规性，[①] 民事诉讼更加强调个案公平。在民事诉讼中的重大性原则上应当更加关注市场影响因素，即投资者对信息披露违法行为的市场反应和实际损失。如对于关联交易和对外担保，事前监管表示了特别关注，虚假陈述诉讼中应当更加注重市场的实际反映进行判定。

（二）现实定位：对行政执法不足的纠偏和弥补

示范判决的实践和中国式集体诉讼制度的建立，行政处罚前置程序的废除，意味着我国群体性证券纠纷诉讼机制的发展已经拉开大幕，私人执法的短板正在努力补齐，法院对重大性的精细化和独立审理具有了很强的现实需求。不同于美国司法通过独立审查抑制滥诉的立场，在民事诉讼不彰的现实背景下，还要强调对行政执法的监督和补足。

民事诉讼和行政执法也存在着互动关系，通过民事诉讼对重大性的独立审理，可以实现对行政执法不足的纠偏和弥补。"行政执法和民事赔偿张弛有度但逻辑上又相互独立存在的法律责任关系，其中也恰恰表现出民事侵权法与监管性的法律背后有不同法益关怀与叙事逻辑。"[②]

在证监会的行政执法中，对于信息披露重大性的执法存在着执法力度不足，任意性执法，证明方法不佳等问题。[③]（1）力度不足。据统计，执法案件涉及的量化指标远高于会计经验法则

[①] 实践中诸多被判罚的信息披露违法行为，违反的是合规性的要求，如交换与买卖承兑汇票、会计利润调整计入等，并不当然涉及证券欺诈。参见汤欣、张然然：《虚假陈述民事诉讼中宜对信息披露"重大性"作细分审查》，载《证券法苑》2020年第1期。

[②] 参见汤欣、张然然：《虚假陈述民事诉讼中宜对信息披露"重大性"作细分审查》，载《证券法苑》2020年第1期。

[③] 笔者曾通过中国证监会官网检索了近三年，2018—2021年的信息披露违规执法案件108件，其中30件与重大性相关。通过对以上案例进行研究分析，总结出近期证监会对于重大性的执法案例体现了以下的特点。

（Rule of Thumb）中5%的标准，更不用提美国证券交易委员会（SEC）执法实践中依据企业规模变动灵活确立的3%～10%的标准。[①]（2）任意性执法。选择的比较会计指标存在着任意性，且缺乏相应的论证。（3）证明方法不佳。对于不满足财务量化标准的案件，重大性论证时，考量何种因素，并不清晰。除了极少数案件，如万家文化案、长春春生案，证监会极少采用价格敏感方法和定性方法进行相关的判定。对不确定信息，未体现清晰的处理思路。

过去普遍将行政处罚作为虚假陈述诉讼的前置程序，证监会的处罚力度也会因此影响民事诉讼中投资者的损害赔偿，司法通过重大性的审查起到给予投资者兜底的补救作用。注册制发展初期，证券欺诈发行严重，对投资者提起证券诉讼的鼓励不仅仅起到补偿作用，更能起到对违规行为和公共执法的司法监督作用，改变目前过于依赖行政监督的现状。

三、重大性的具体认定

（一）重大性认定标准——统一适用理性投资者标准

正如上文而言，立法、理论界、实务界对重大性认定标准都有争议。本文认为，理性投资者决策标准和可能价格影响标准尽管侧重和视角不同，或者说在信息向市场传播的过程中选择的载体不同（分别选择了理性投资者和市场价格），但是其内在是一致的。（1）有效市场和欺诈市场理论论述了价格和投资者决策的互动关系。（2）两个标准并不存在高低差异。标准高低与否，并不取决于概念本身如何表述，而取决于该国证券法对于投资者保护和信息披露成本的平衡。对于弱有效性市场而言，理性投资者这一法律概念的界定囿于加强投资者保护的立法价值，理性投资者标准更低，更接近实际投资者通过证券交易对价格的塑造。（3）都属于法律拟制的主观标准。不论采何种标准，最终还是要落实到具体证明因素上。本文认为，鉴于两个标准具有内在一致性，对于发行和交易阶段的虚假陈述，应当同采理性投资者标准进行审理。

（二）重大性的证明和抗辩规则

在前置程序已经取消和群体性证券纠纷启动的背景下，法院可以通过出台司法解释文件（包括会议纪要、司法解释等）或公报、指导性和典型性案例的方法，强调对重大性的依法独立审查，并明确具体规则的适用情形。

1. 行政处罚作为重大性的推定。鉴于行政执法的经验积累，完全废除行政处罚前置，将给法院工作带来不完全是法律专业的负担和工作量，降低司法效率。本文认为，对重大性进行独立审查，应将行政处罚作为重大性的推定，允许被告进行反驳。即通过推定的方式，将举证责任，尤其是价格波动的专家证据，这一成本较高的证明方法，倒置给更有负担能力的上市公司。无行

[①] See Mark L. Mitchell & Jeffry M. Netter, *The Role of Financial Economics in Securities Fraud Cases: Applications at the Securities and Exchange Commission*, 49 Business Lawyer 545 (1994), pp. 545-590.

政处罚下提起诉讼,原告应当承担相应的举证责任。无行政处罚诉讼所涉及的重大性证明,在中国现已有集体诉讼的情况下,也可以较好地平衡投资者保护和滥诉侵扰的难题。

2. 裁判规则之证明和抗辩要素:定量为先,定性为兜底,客观价格波动进行结合。

(1) 定量因素的优先推定。定量因素,是指依据事项对会计项目(最常见的是总资产、净收入、利润)的占比。如果一个项目对净收入(定义为收入减去费用)的影响低于一定的数字百分比,如5%,那么它就不具有重要性。① 为了加强对特殊事项的监管,世界各交易所已经逐渐发展出针对特殊事项的重大性测试法,如非日常交易、关联交易、重大诉讼或仲裁、担保、大额持股等;对于非特殊事项,仍然适用经验法则的5%标准。在美国的司法实践中,法院通常会优先采用定量方法判定,一些不满足定量方法的虚假陈述将不具有重要性,一些法院通常会拒绝判定低于5%的虚假陈述具有重要性。②

基于规则的可预见性、经济性和有效性,审判中应当优先适用定量因素进行裁量。对特殊事项的监管,适用交易所已经逐渐发展的针对特殊事项的重大性测试标准③(见表2);对于非特殊事项,仍然适用经验法则的5%标准。如果特殊事项通过交易所的重大性测试,则应当推定其具有重大性。如果非特殊事项对净收入(定义为收入减去费用)的影响低于一定的数字百分比,如5%,那么它就不具有重要性。

表2 交易所沪深主板对于特殊事项的重大性测试标准

量化指标	相对值		绝对值
资产总额	交易涉及的资产总额	占经审计总资产的10%(以账面值和评估值较高者为依据)	—
营业收入	交易标的	占经审计营业收入的10%	且绝对金额超过1000万元

① 定量法起源于财务会计领域,20世纪80年代,鉴于司法测试的事后性和缺乏足够的SEC事前指导,公司和审计人员在进行重大性判定时往往使用定量5%的经验法则(Rule of Thumb)。SEC认可了对重大性采取定量方法的经验法则,即使公司以一种违反公认会计准则的方式记录不足5%占比的事件,但根据证券法,它也将不承担任何责任。See kenneth C. Fang & Brad Jacobs, *Clarifying and Protecting Materiality Standards in Financial Statements: A Review of SEC Staff Accounting Bulletin* 99, 55 The Business Lawyer, 2000 (1039), pp. 1039 – 1064.

② In re Kidder Peabody Sec. Litig., 10 F. Supp. 2d 398, 410 (S. D. N. Y. 1998).

③ 在信息披露的日常监管中,交易所针对非日常经营事项的披露进行了较为细致的量化测试指标,满足相关指标即达到事前披露的重大性标准。非日常经营事项具有高度的不可预期性和重大的潜在影响,是交易所信息披露监管的重点关注对象。交易所通过多重量化指标能够增强特殊交易披露监管可操作性和有效性,体现了交易所对不同非日常事项的风险高低和重大性程度的初步预判。交易所目前对于非日常经营性交易设定了10%的相对标准(资产总额,营业收入,净利润)和绝对额的事前信息披露标准,兼顾了保护投资者知情权和降低市值较小企业的信息披露成本。此外,交易所对于担保、关联交易等事项表示出了特别关注,信息披露标准低于5%的经验标准。

续表

量化指标		相对值	绝对值
净利润	交易标的	占经审计净利润的 10%	且绝对金额超过 100 万元
	交易的成交金额	占经审计净利润的 10%	且绝对金额超过 1000 万元
	交易产生的利润	占经审计净利润的 10%	且绝对金额超过 100 万元
关联交易	交易金额	—	自然人绝对金额超过 30 万元，法人超过 300 万元
重大诉讼或仲裁	涉案金额	占经审计净资产的 10%	且绝对金额超过 1000 万元
预计年度经营业绩	净利润	—	为负值/同比变动 50% 以上/扭亏为盈
提供担保	发生即披露	—	—

（2）定性因素的兜底证明。定量因素将不可避免地带来盈利操纵的问题①，会计科目的数量变化并不能完全等同于理性投资者的决策因素。因而，通过考虑可能影响投资者的所有相关因素来评估重要性，能够有效补充定量因素的不足。相比定量测试侧重于禁止可能扭曲公司基本价值的重大误述，定性因素还侧重于禁止可能从操纵盈利造成的市场波动中获益的个人不当得利。

对于没有通过定量测试的事项，此时可以借助定性因素对重大性进行兜底判定。如果法院认定其涉及定性规则所考量的因素，应当进入下一步事件测试法以判断市场影响，从而综合权衡其是否具有重大性。如果法院认定其未涉及定性因素，可以得出其不具有重大性的结论。

由于定性因素具有极大的不确定性，通过一般性规则建立需要考量的因素是十分必要的，但是哪些因素理论上应当纳入考量范围？1999 年，SEC 发布了《第 99 号工作人员会计公告——重要性》，指出重要性概念符合最高法院的定义，公司和审计人员在进行披露时，应当考虑一系列的定量和定性因素作为披露的财务会计标准，定性因素在该报告中得到具体的界定。《第 99 号工作人员会计公告——重要性》② 提出了定量和定性相互结合的认定方法，指出：（1）定量起到推定作用，即满足定量测试的信息推定具有重大性。（2）SEC 可以针对未满足定量的信息依据以下列举的重大性要素进行定性评估，包括：（a）与盈利管理有关因素，包括"虚假陈述是否

---

① 1998 年，SEC 主席莱维特（Arthur Levitt）在纽约大学的演讲中指出，"上市公司正在滥用重大性的概念，他们将会计错误控制在百分比内从而进行盈利操纵"，提议通过废除定量方法，并通过"考虑可能影响投资者的所有相关因素"来评估重要性来打击盈利操纵。See Arthur Levitt, Chairman, Sec. & Exch. Commn., Remarks at the NYU Center for Law and Business, Available：http：//www.sec.gov/news/speech/speecharchive/1998/spch220.txt，visited on August 25, 2021.

② See SEC：Staff Accounting Bulletin：No. 99 - Materiality, https：//www.sec.gov/interps/account/sab99.htm, visited on August 25, 2021.

掩盖了收益或其他趋势的变化""虚假陈述是否掩盖了未能达到分析师对企业的一致预期""虚假陈述是否将亏损变为收入,或将亏损变为收入""是否对注册人的经营或盈利能力有重要作用"。(b) 与管理层的报酬有关因素,包括"虚假陈述是否会增加管理层的报酬——例如,通过满足发放奖金或其他形式的奖励报酬的要求"。(c) 是否涉及估算因素,虚假陈述是由能够精确计量的项目引起的,还是由估算引起的,以及估算的不精确程度①。(d) 与合规有关因素,包括"虚假陈述是否影响注册人遵守监管要求""虚假陈述是否涉及隐瞒非法交易""虚假陈述是否影响注册人遵守贷款合同或其他合同要求"。(e) 禁止任何故意违反公认会计准则的行为。(f) 其他。该公告可能不是灵丹妙药,但它明确提供了一些定性因素,弥补了纯定量未能解决的缺点。通过对理性投资者决策标准下的因素列举,使投资者决策标准获得了一种更加可预期的、确定性的适用方法,同时通过不完全列举也保留了自身作为一个相对抽象方法的弹性优势。② 该公告为定性因素界定提供了有效指引。未来法院可以通过司法解释或者裁判指引不断完善定性因素的相关类型,如盈利管理相关因素、管理层的报酬或者控股股东获利有关因素、估算因素、合规相关因素、是否具有主观故意、是否能够反映出内部控制系统的重大问题等,并且形成具有示范性的司法案例。

(3) 客观价格波动的事实推定。

a. 他山之石:事件测试法在诉讼中的作用。事件测试法是美国证券诉讼中的一种重要专家意见证据,反映了客观股价是否因虚假陈述行为而异常波动。作为一种统计学测量方法,它通过比较公司股价的变化与其在一段时间内的平均回报率或市场平均回报率来衡量股票市场对某一信息的反应。如果公司的股票价格与正常的市场走势出现了统计学意义上的偏离,那么就存在可归因于被测试事件的异常收益。③ 事件测试法证明了欺诈行为和股票价格波动之间的联系,不

---

① 定性考虑因素在 SEC 的报告中并未穷尽,定性本身也不可避免地与定量进行重叠(如盈利和主营业务趋势、管理层获利,以及估算等因素)。

② See John M. Fedders, *Qualitative Materiality: The Birth, Struggles, and Demise of an Unworkable Standard*, 48 Cathy University Law Review 1 (1998), pp. 41 – 91.

③ 事件测试有三个基本步骤:一是确定事件窗口期。事件窗口期是指股票市场获得该事件信息,从而可能影响相关公司股票价格的时期。对于单一突发事件,美国法上专家往往采取交易日到交易日后的第二日,对于持续性事件,则依据交易量和交易价格变化。二是计算事件前后的异常股价表现,采用资产定价模型和行业板块指数计算实际和判断预期收益之间的差额收益率。三是测试异常股价是否具有统计上的显著性,对超额收益进行显著性检验。统计学的显著性检验实际上很好地解决了不同公司重大性标准的差异,不同市值、不同行业、不同交易体量、不同财务状况和治理方式的公司的股价历史波动水平不同,因而事件带来的股价波动对于不同公司的重大性也会因此不同。"对于纽约证券交易所(NYSE)股票市值最大的上市公司的股票,在 5% 的水平上,2.86% 的股价变动可被视为有显著差异。相比之下,对于股票市值最小的纳斯达克公司来说,在 5% 的水平上被认为是显著的必要价格变动是 10.00%。"See Stephen J. Brown, Jerold B. Warner, *Using Daily Stock Returns: The Case of Event Studies*, 14 Journal of Financial Economics 1 (1985), pp. 3 – 31.

仅仅适用于重大性证明,在信赖要件、损失因果关系、损害赔偿等相关争议点中,事件测试法作为专家意见得到了广泛的适用①,已逐渐发展成美国证券欺诈诉讼中的实体要件。

在诉讼中,联邦法院通常采纳包含适当事件测试的专家证词,排除不健全事件测试或者没有事件测试的专家证词。在 In re Seagate Tech. II Sec. Litig. 案中②,被告的专家进行了事件测试,原告没有通过自己的包含事件测试的专家意见进行反对,联邦地区法院作出了支持被告的简易判决。在 DeMarco v. Lehman Bros. 案中,联邦地区法院拒绝对原告进行集体诉讼资格确认,认为原告专家关于重大性的结论"表面上不可靠",在没有事件研究的情况下"明显不相关"。③ 尽管在 Amgen Inc. v. Conn. Ret. Plans & Trust Funds 案中,联邦最高法院对此进行纠正,认为在集体诉讼的资格认证阶段无须进行重大性的证明,重大性问题可以留待实体阶段进行证明。但在随后 2014 年 Halliburton Co. v. Erica P. John Fund, Inc. 案④中,最高法院认为,在资格确认阶段,通过信赖要件,事件测试法起到了避开重大性实体举证的相应的作用。被告可以通过证明违规行为未影响证券价格而反驳原告的起诉请求,至此,事件测试法通过串联重大性、信赖、损失因果关系等要件,在集体诉讼的资格确认阶段几乎成为实体性要件。

事件分析法作为一种统计学方法,较精确客观,容易定分止争。事件测试法几乎发展成了一种美国证券诉讼中实体性要件,这引起了广泛批评⑤。不能将客观事后的价格波动作为实体性要件,是因为事件测试法存在着内在缺陷:不能排除事件窗口期其他新消息和噪声的影响⑥;价格波动反映的只是实际投资者的能力和偏好对信息的反应,不能等同于法律拟制的理性投资者⑦;

---

① See Jill E. Fisch, Jonah B. Gelbach & Jonathan Klick, *The Logic and Limits of Event Studies in Securities Fraud Litigation*, 96 Texas Law Review 553 (2018), pp. 553 – 621.
② See In re Seagate Tech. II Sec. Litig., 843 F. Supp. 1341, 1368 (N. D. Cal. 1994).
③ See DeMarco v. Lehman Bros., 222 F. R. D. 243, 247 – 49 (S. D. N. Y. 2004).
④ See Halliburton Co. v. Erica P. John Fund, Inc., 573 U. S. 258.
⑤ Michael J. Kaufman 认为,事件测试要求与证券欺诈原告根据第七修正案由陪审团审判的权力不相容。第七修正案规定,在普通法的诉讼中,应保留由陪审团审判的权力。由于没有进行事件研究,法院拒绝将证券欺诈案件提交陪审团。本质上,禁止陪审团在没有事件研究的情况下发现重大性、损失因果关系,甚至损害,将使陪审团失去这些事实裁判权。只有在事实没有争议的情况下,重大性才能作为一个法律问题。See Michael J. Kaufman, *Regressing*: *The Troubling Dispositive Role of Event Studies in Securities Fraud Litigation*, 15 Stanford Journal of Business law 183 (2010), pp. 183 – 260.
⑥ HU M, YANG J, *Can Analyst Coverage Reduce The Incidence of Fraud? Evidence From China*, Applied Economics Letters (2014), pp. 605 – 608.
⑦ A. C. Baker, *A Single – firm Event studies*, *Securities fraud*, *and Financial Crisis*: *Problems of Inference*, 68 Stanford Law Review 5 (2016), pp. 1207 – 1261.

无法剥离投资者对市场价格非理性因素的影响①;执法成本和诉讼成本较高②;统计学上的显著性水平与法学意义上的重大性水平不能直接等同③;事件测试的准确性随着样本中公司数量的增加和事件窗口中的天数的减少而变化。④

b. 事件测试法等专家意见作为事实推定。实践中,对于价格异常波动的认定,已经逐步开展采用专家鉴定的方式。广东法院在保千里案件的审理中,委托第三方机构进行股价波动的鉴定。上海金融法院采用了委托第三方进行多因子量化模型核定的方式。《九民纪要》也提出应当充分发挥专家证人的作用。

此外,实际审理中,广东法院也开始结合价格波动对不具备行政处罚的信息披露违规行为,进行审理。威化股份案⑤中,原告提出李建华减持过程中,未披露赣州稀土不具备稀土行业准入条件,具有重大性,误导投资者追涨。鉴于李建华并非该信息披露义务主体,广东高院最终驳回该请求。实际审理过程中,合议庭认为,虽缺乏行政处罚,但赣州稀土不具备稀土行业准入条件,将可能导致重大资产重组失败,有可能构成重大信息。除威化股份的预见可能性,事后股价波动能体现作为投资者决策影响,对认定重大性较为关键。

综上所述,未来就重大性的价格波动测试中,应当立足于已有司法实践,积极吸取美国司法实践经验。一方面,事件测试等专家意见可以起到重要的证明作用,事后价格波动能证明股价波动和欺诈行为的关联性,解决定量和定性因素证明不完全的问题,如不确定信息。另一方面,事件测试法存在天然缺陷,不能单独作为一种重大性的证明方法,仅能对其他因素起到辅助的作用。

---

① See Allen Ferrel & Andrew Roper. , *Price Impact, Materiality, and Halliburton II.* , 93 Washington University Law Review 553 (2015), pp. 553 – 582.

② 以美国 Halliburton v Erica 案为例,在该案中原被告双方均聘请了"专家证人"提供关于证券欺诈的事件分析法分析结果,"专家证人"的数量以及工作量均十分巨大。

③ 统计学 5% 显著性指标具有随意性,难以说明不选择 4.9% 或者 5.1% 的合理性,显著性检验只能体现一种证据说服力,与行政处罚和民事诉讼的界定标准不同。法律上的重大性具有社会政策的内涵,例如将合规信息定性为重大信息。统计学上的重大性内涵不能简单等同于法律规范的重大性内涵。See Jill E. Fisch, Jonah B. Gelbach & Jonathan Klick, *The Logic and Limits of Event Studies in Securities Fraud Litigation*, 96 Texas Law Review 553 (2018), p. 553 – 621; Marianne M. Jennings, Philip M. Recker & Daniel C. Kneer, *A Source of Insecurity: A Discussion and an Empirical Examination of Standards of Disclosure and Levels of Materiality in Financial Statements*, 10 Journal of Corporation Law 639 (1984—1985), pp. 641 – 654.

④ A. C. MacKinlay 发现,检测异常回报的概率(或对该公司的影响股价)的 0.5%、1% 和 2% 分别为 24%、71% 和 100%。但如果样本量增加到 100 家公司,检测到异常回报为 0.5%、1% 和 2% 的概率分别为 71%、94% 和 100%。随着事件窗口周期的增加,事件测试的准确性大大减少。See A. Craig MacKinlay, *Event Studies in Economics and Finance*, 35 Journal of Economic Literature 1 (1997), pp. 13 – 39.

⑤ 参见宋国华诉李建华、丁恩光等人证券虚假陈述纠纷案,广东省高级人民法院 (2019) 粤民终 327 号民事判决书。

本文认为，如该信息已经具备定性因素，事件测试的专家意见应当定位其为一种证据法上的可反驳推定，即事实推定，在证据法上能够导致证明责任的转移。事实推定，是连接基础事实和结论性事实的桥梁与纽带。基础性事实得到举证后，基于事实推定，即可认定结论性事实达到了高度盖然性的界定标准，从而达到证明责任的转移。① 最高人民法院《关于民事诉讼证据的若干规定》第十条区分规定了法律推定和事实推定。② 事实推定的成立需要具备两个要件③，一是高度盖然性的经验法则，二是该经验法则具有程式性，已经形成范例。④ 客观价格波动法，尤其是事件分析法，相较于其他工具在验证步骤上较为严谨，在证明信息违法行为与投资者决策之间的关联时，与其他证明因素结合，已经能够成为一种具有高度盖然性的程式化方法。如信息能够通过该测试，则主张信息具有重大性的一方已经完成了举证责任。如果想要反驳该推定，主张不具有重大性的一方应当证明该重大性测试方法无效。例如，市场无效率、存在某项信息干扰、其他违法行为扰乱了信息等。反之，如果信息未能通过重大性测试，则主张重大性的一方应当证明该重大性测试方法无效。如果事件测试无效的观点得到采纳，则此时可以进入定性因素的考量中。

3. 区分不同信息类型——对于自愿性信息的例外。尽管定量和定性因素是适用最为广泛方法，但是对于自愿性信息披露，为鼓励引导上市公司主动披露，一般采取较为宽松的重大性界定规则。1979 年，SEC 为了鼓励上市公司自愿披露预测性信息，通过 175 规则和 3b-6 规则，发展出了预测性信息披露的安全港原则。1995 年《私人诉讼改革法案》则通过预先警示原则，降低了投资者对预测性信息提起诉讼的披露风险，从而激励上市公司积极披露。⑤ 针对未来可能出现的相关纠纷，最新司法解释已经为自愿性信息披露事项的重大性判定进行了适度放松（见图 1）。

四、余论：走向客观价格波动标准——新司法解释的探索和困境

2022 年 1 月 21 日，最高人民法院发布了《最高人民法院关于审理证券市场虚假陈述侵权民

---

① 参见张云鹏，徐静：《论事实推定的规制路径》，载《当代法学》2007 年第 2 期。
② 法律推定是第三项中的"根据法律规定推定的事实"；事实推定是第四项所指的"根据已知的事实和日常生活经验法则推定出的另一事实"。
③ 参见纪格非：《〈民事诉讼证据规定〉中的推定问题》，载《证据科学》2020 年第 3 期。
④ 参见张卫平著：《民事诉讼法》（第五版），法律出版社，第 154 页。
⑤ 预先警示原则是指预测性信息只要满足以下基本条件，即可以通过重大性审查而驳回不实说明的相关诉讼：一是警示必须是充分的，一般意义上的警示不足以构成充分警示，所有可能影响预测性陈述的重要因素都需要在警示性声明中揭示。二是发行人以及其他有关人士需要善意，合理充分地相信这种预测。三是单纯的吹嘘（Sales Talk），如声称公司的股票是极好的，而非采用百分比的方法对事实进行暗示，则是可不诉的。参见程茂军：《试论上市公司自愿性信息披露的法律规制》，载《证券法苑》2017 年第 2 期。

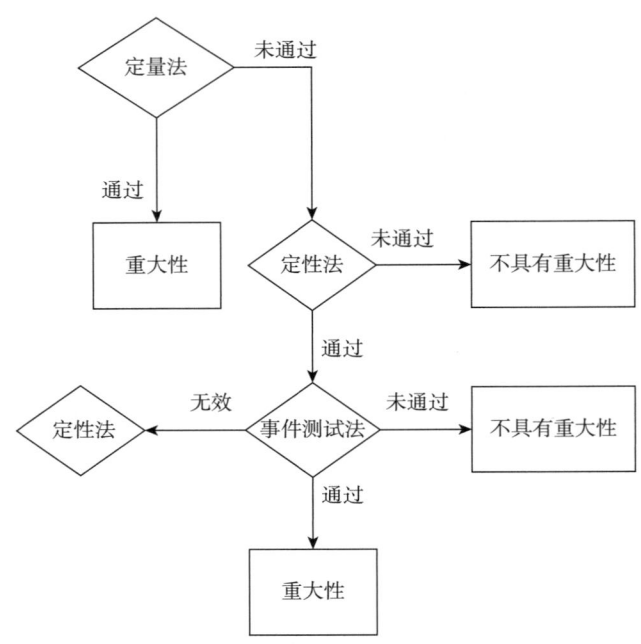

图 1 重大性司法审查裁量思路

事赔偿案件的若干规定》(以下简称《新司法解释》),明确取消了虚假陈述民事赔偿诉讼的前置程序并明确了重大性标准。《新司法解释》第十条①没有继续采用《九民纪要》中的理性投资者标准,而是规定了法律法规推定和客观价格/交易量认定的两种证明路径,实质走向客观价格波动的一元标准,体现了最高人民法院对域外法治的最新借鉴、统一裁判权的持续努力及民事诉讼定位的不懈探索。可以说,法律法规、规章、规范性文件、交易所文件等监管规范中,多少体现了不同披露事项的定量和定性规则。《新司法解释》将监管规范作为重大性推定,无疑体现了对证券监管专业性的尊重和减轻投资者举证责任的审慎。既然监管规范可以作为重大性推定,那么违反监管规范的行政处罚可作为重大性推定也毋庸置疑。

如前文所述,客观价格波动法在美国法中举足轻重的地位,是建立在广泛采用包含事件测

---

① 《最高人民法院关于审理证券市场虚假陈述侵权民事赔偿案件的若干规定》第十条:"有下列情形之一的,人民法院应当认定虚假陈述的内容具有重大性:(一)虚假陈述的内容属于证券法第八十条第二款、第八十一条第二款规定的重大事件;(二)虚假陈述的内容属于监管部门制定的规章和规范性文件中要求披露的重大事件或者重要事项;(三)虚假陈述的实施、揭露或者更正导致相关证券的交易价格或者交易量产生明显的变化。前款第一项、第二项所列情形,被告提交证据足以证明虚假陈述并未导致相关证券交易价格或者交易量明显变化的,人民法院应当认定虚假陈述的内容不具有重大性。被告能够证明虚假陈述不具有重大性,并以此抗辩不应当承担民事责任的,人民法院应当予以支持。"

试法的专家意见,以及市场有效性的充分证明的前提下的,还饱受统计方法准确性、非理性因素干扰、实际投资者不等于理性投资者等批评声音。此外,交易量变化与撮合情况相关,并不与重大性具有相关性,实践中可能出现揭露日后交易量无明显变化的案例。当司法实践面临上述问题时,个案审理中可能仍回归本文所提出的理性投资者标准指导下的定量、定性、价格结合的审查思路上,客观价格波动恐难在争议性较大的案件中作为单一标准。

五、 结语

重大性作为事实和法律混合问题,无疑需要在理性投资者决策标准下对具体案件中的事实进行启发式(Heuristics)的认定。然而,这并不意味着重大性是缥缈不定、不可把握的。本文拟通过对虚假陈述民事诉讼中重大性审理案件的现状研究,域外借鉴和学理探究,为未来的司法独立审查提供一定借鉴。

金融数据保护

个人金融信息保护视阈下金融数据共享规则的完善

■ 方 乐 李伟群*

摘要： 在大数据时代，共享行为在释放金融数据的多元价值的同时，也放大了个人金融信息权益遭受侵害的可能。对此，《个人信息保护法》等新近立法试图通过个人信息控制权利及其边界的设定来应对各方主体的不同诉求。此种兼顾"保护—利用"目标的立法逻辑值得肯定，但静态的保护规范高估了客户的知情能力并低估了金融机构等信息处理者摆脱不利法律效果的动机，以致大量信息风险旁落。因而，在后续出台的专门性规范中，应以信息共享者全周期信息披露义务的施予为路径提升个人信息控制模式的保护效果，与此同时，重构合法利益豁免机制的保障举措和匿名化处理中的再识别风险防范机制，进而有效缓和金融数据共享与个人金融信息保护之间的紧张关系。

关键词： 金融数据共享 个人金融信息 个人信息控制 豁免 匿名化

一、问题的提出

在大数据时代，数据共享是开发、利用数据不可或缺的手段。[①] 尤其是在金融领域，金融机构需尽可能地以较低收集成本聚合更多金融数据，以提升自身金融产品的竞争力，社会公共管理机构需最大限度掌握金融数据，以防范、惩处欺诈、洗钱等不法行为。时至今日，数据共享可见诸于开放银行等任意金融场景。然则，共享行为在释放金融数据的商业价值和公共管理价值的同时，也放大了个人金融信息权益受侵害的可能。原因在于，个人金融信息系金融数据的主要组成部分。其本身便因"与金钱的高度相关性且能精准关联到个人"[②] 具有较大的技术性风险和

---

* 方乐，华东政法大学经济法学院博士研究生，主要从事金融法研究；李伟群，华东政法大学经济法学院教授，法学博士，主要从事金融法研究。
① 参见王利明：《数据共享与个人信息保护》，载《现代法学》2019 年第 1 期。
② 邢会强：《大数据时代个人金融信息的保护与利用》，载《东方法学》2021 年第 1 期。

新型内化型风险。① 而既往适用的金融隐私保护法律模式又因单一强调私人生活安宁的不可侵犯性而渐被各方虚置。是故，在风险加剧和制度失灵的双重作用下，实践中出现了大量因金融数据共享而导致的信息泄露、信息被不当处理问题。为此，立法者不仅制定了《中国人民银行金融消费者权益保护实施办法》（以下简称《金保法》）、《个人金融信息保护技术规范》等金融规范，更于近期接连出台了《中华人民共和国数据安全法》（以下简称《数据安全法》）、《中华人民共和国个人信息保护法》（以下简称《个保法》）等立法文件，对金融数据共享问题进行了较为明确的回应。

可是，在为立法创新欢欣鼓舞的同时，也应注意到：一方面，《个保法》等立法普适于任意场景，难以关照金融数据共享的特有个性；另一方面，《金保法》等金融规范多系各金融监管机构出于实践需求而应急出台的，其对金融数据共享的规定不仅较为零散，且在内容上与《个保法》等上位法有所抵牾。金融数据共享中的"刺猬困境"似并未因新近规则的形成而得到彻底破除。② 如何求得金融数据共享与个人金融信息保护间的最佳平衡仍具有重要的研究意义。基于此，本文拟以个人金融信息保护为研究视角，在评价既有金融数据共享规则的基础上，检视其尚存的不足并提供完善建议，以期为后续专门性规范的出台建言献策。

二、评价：兼顾"保护—利用"目标的平衡性安排

面对各方主体对数据共享的不同利益诉求，不论是采纳自由主义观念而不加干涉，抑或是固守威权主义立场而一禁了之，其均非适宜的治理思路。③ 审视既有规则，立法者所试图建构的规则是兼顾"保护—利用"目标的平衡性安排。其缓和了金融数据共享与个人金融信息保护之间的紧张关系，殊值肯定。

（一）保护规范：以个人信息控制为基础的权益配置

立足于《数据安全法》《民法典》《金保法》等法律规范对相关概念的定义，"个人金融信息"无疑从属于"金融数据"。其理应与匿名信息、非个人数据等其他数据一同接受社会控制模式的规制。④ 但事实上，对于个人金融信息，立法者向其施予的是以"信息自决"为实质的个人控制模式。一方面，信息主体对个人金融信息的共享与否和共享内容享有控制的权利。《金保法》等金融规范于先前便陆续规定了个人对其金融信息具有查询、异议等权利。而《民法典》

---

① 张继红：《论我国金融消费者信息权保护的立法完善——基于大数据时代金融信息流动的负面风险分析》，载《法学论坛》2016 年第 6 期。
② 参见董淑芬、李志祥：《大数据时代信息共享与隐私保护的冲突与平衡》，载《南京社会科学》2021 年第 5 期。
③ 参见徐玖玖：《数据交易法律规制基本原则的构建：反思与进路》，载《图书馆论坛》2021 年第 2 期。
④ 参见翟志勇：《〈数据安全法〉的体系定位》，载《苏州大学学报（哲学社会科学版）》2021 年第 1 期。

《个保法》等新近立法则更为系统地提出了同意、查阅与复制、更正、删除等权利。另一方面，为避免因权利控制机制的失灵而导致"信息自决"目的的落空，立法者还严格规定了信息控制者的信息保护义务。譬如，《个保法》规定了信息控制者在向他人提供其处理的个人信息时具有告知个人并取得个人单独同意的义务。

两种模式的实质差异在于法益的保护效果：套用至"卡—梅框架"，由立法者预先设定"价格"而只要相对方原意支付行为成本即可发生利益转移的社会控制模式具有责任规则的特质，而强调个人同意并由其确定交易价格的个人控制模式更近似于财产规则。① 相较之，责任规则优位考虑技术创新、公共管理效率、商业服务升级等其他利益，而对隐私利益和人格尊严保护较弱。无疑，将个体的自我决断作为个人金融信息处理的一般前置要件的设计更好地维护了个人金融信息权益。

（二）利用规范：个人信息控制权利的行使边界

强调信息主体的控制权并非意味着共享行为的完全禁止。立法者也为个人划定了行权边界——合法利益的豁免以及被匿名处理的信息。

1. 合法利益的豁免。之所以需赋予个人控制信息的权利，其正当性在于人格尊严与行为自由等人格利益通常应被置于最高利益位序而被保护。但法益位序绝非一成不变。如在重大公共利益受到严重影响之时，若继续赋予个人信息控制权，则势必以小失大，有违现代法治的基本要求。因此，个人信息控制权的行使天然存在前提——人格利益在具体法益博弈中值得被优位保护。此认知于欧盟立法中表现为抽象的平衡测试，而在中国立法表达为列举式的豁免情形。尽管各法域的形式有所不一，但利益平衡的内在逻辑相一致。

具体至金融数据共享领域，立法者为其提供的豁免情形现基本可划分为公共利益豁免和商业利益豁免两类。对于前者，《个保法》概括规定了法定职责、法律规定等处理例外，《个人金融信息保护技术规范》更明确指出在与公共安全、国家安全、犯罪侦查、重大公共利益等有关的情形中，金融业机构共享个人金融信息无须征得同意。由此，在法律效果上，金融、税务、工商、法院等公共机构在依法共享违约、借贷等信息时被拟制已获得授权。对于后者，实践中，因市场竞争的需要，以转让、破产、合作、兼并等形式共享个人金融信息系业界常态。若固守信息主体的明示同意，则会大幅度增加金融机构的合规成本。为此，立法者也逐渐意识到商业利益豁免的必要性。譬如，《个保法》不仅规定了因履行合同所必需的委托处理情形可享受豁免，还规定了信息处理者在合并、分立、解散、被宣告破产等情形中可附条件豁免同意。值得说明的是，此种商业利益豁免尚有进一步放开的可能。例如，针对金融控股集团内部的信息共享，诸多学者

---

① 参见曹博：《论个人信息保护中责任规则与财产规则的竞争与协调》，载《环球法律评论》2018 年第 5 期。

提倡应效仿美国等法域采默示同意的立法方式,以缓解境内金融机构在国际市场上的不利竞争地位。①

2. 匿名化的技术处理。除利益取舍外,如果信息被技术处理至无法识别出个人特征的数据状态,则其自然不会造成人格利益的侵损,更不必接受个人信息控制权利的辖制。因此,匿名化技术处理是另一重"知情—同意"机制的制度性补位工具。②《网络安全法》第四十二条、《个保法》第四条等条文早便将"经过处理无法识别特定个人且不能复原的"个人信息视作知情同意原则的例外。《个人金融信息保护技术规范》更是明确指出共享已匿名处理的信息无须事先征得信息主体的明示同意。

揆诸域外,其他法域同样将匿名化技术处理视作个人信息保护的正当例外情形。譬如,欧盟《一般数据保护条例》第 26 条也规定了数据保护原则不适用于匿名技术处理后的数据。此种设计被广泛采纳的深层次原因在于,个人数据具备数量庞大、时效性强、价值密度低的特征。唯有通过共享等行为促成数据碎片向完整数据链条的转化,才能充分挖掘出其内在价值。③ 虽然个人特征的隐匿降低了信息的有用性,但各类匿名信息的集合仍可在数据加工下产生高度价值。假若信息处理者无法承受征求同意的高昂成本,匿名化技术处理便为其提供了一项利用个人信息的替代性选择。

三、 质疑: 静态保护规范难有效防范信息风险

既有立法所秉持的兼顾保护与利用目标的逻辑符合各方利益诉求,本不应被质疑。然而问题是,在信息处理者具有合同拟定、专业能力、技术处理等显著优势的情形下,前述静态保护规范仅成名义约束。

(一)个人信息控制:信息过载与信息不对称的双重困境

个人信息控制权利的现有设定极大地高估了客户的"知情"能力。事前,客户面临过载的信息告知,难以在实质理解的基础上作出理性决策。一方面,"人类的智能和意识在吸收信号方面将永远受到限制"④。由于现有立法越发强调同意授权的必要性,并在如《金保法》第三十条等规范中提出了禁止概括授权的要求,为保证授权形式的合规,金融机构只得向客户一次性披露包括共享目的、共享范围等诸多内容。面对动辄数十页的服务协议抑或隐私政策,即便是专业

---

① 参见颜苏:《金融控股公司框架下数据共享的法律规制》,载《法学杂志》2019 年第 2 期。
② 参见王立梅:《大数据视角下的个人信息匿名化规则构建》,载《云南民族大学学报(哲学社会科学版)》2021 年第 5 期。
③ 参见京东法律研究院:《欧盟数据宪章〈一般数据保护条例〉(GDPR) 评述及实务指引》,法律出版社 2018 年版,第 9 页。
④ 参见 [美] 肯尼斯·阿罗:《信息经济学》,何宝玉等译,北京经济学院出版社 1989 年版,第 168 页。

人士也往往会在冗长协议携来的决策压力下忽略部分或全部条款内容，遑论不具备专业能力的客户。① 通常而言，专业能力与阅读耐心均有限的客户仅会在有限时间内捕获部分有效信息，而将大量潜在风险忽略。另一方面，对于充分说明、提示等工作，金融机构等主体本就缺乏从事热情，而各法律规范关于告知内容的不一致规定更为信息共享者将重要信息隐藏在烦琐条款提供了便利。有学者统计出：实践中存在多家银行未向客户披露共享行为潜在后果，且各银行披露的信息内容各不相同。② 金融机构的不配合更提升了客户对告知内容的理解难度。

事后，客户遭遇信息不对称，难识别、举证违法行为。应当注意到的是，侵权救济的成功极为依赖违法行为、因果关系等要件的证成。面向存有直接联系的金融机构，客户尚且不甚了解自身信息处理情况。而面对直接联系缺失的共享对象，客户更是只能被动接受金融机构等信息共享者间接披露的信息。并且，处理个人金融信息是一个持续发生的过程。现有规范的规制重心在于授权阶段的披露，而非全过程的持续披露，此无疑放大了共享对象后期违规处理的可能，加剧了客户的信息劣势。此外，信息共享者还会在用户协议中刻意免除协助义务和连带法律责任，此更加重了客户对共享对象的查明负担。

（二）合法利益豁免：额外保障举措的阙如

豁免行为不意味着人格利益被彻底弃之不顾。为保障豁免行为与结果的相称，理应同时实施额外保障人格利益的举措来消解负面影响。目前，相应规范所规定的额外保障举措主要聚焦于目的限制。例如，《税收征管法（征求意见稿）》规定税务机关从第三方机构所获信息仅能用于税收目的。又如，《个保法》规定在因合并、分立、解散、破产等原因转移个人信息的情形中，接收方仅会因变更原先处理目的、处理方式而需要重新取得个人同意。可见仅依靠此保障举措难谓人格利益的最大化保全。

其一，个人信息处理目的的变更常为受让方"秘而不宣"的内部事务。③ 在个人金融信息多元价值的激励下，共享对象极易私下违背关于处理目的的既有承诺。譬如，金融控股集团并不会与原信息处理者完全处于同一营业范围，其具备将原有数据运用至其他营业范围的动机。与此同时，直接联系的缺失使信息主体又难以自主掌握其信息处理的实际情况，外部监督的威慑效果几近于无。

其二，客户对个人金融信息的初次授权往往是因其对特定个体具有信任才作出的决策。即便立法者和金融机构均判定该共享行为不具有信息风险，但由于不同主体对于风险的敏感程度

---

① 参见丁晓强：《个人数据保护中同意规则的"扬"和"抑"——卡—梅框架视域下的规则配置研究》，载《法学评论》2020年第4期。
② 参见赵吟：《开放银行模式下个人数据共享的法律规制》，载《现代法学》2020年第3期。
③ 参见郭东阳：《破产法视野下个人信息转让的同意规则研究》，载《东北大学学报（社会科学版）》2020年第5期。

和判定思路有所不一,其仍有可能作出共享对象不值得信赖的评估结果。依循立法目标,信息主体的自主意志理应获得尊重,并应通过同意撤回机制加以实现。对此,现有立法未为客户提供可操作性的同意撤回机制,不利于客户信息权益的保护。

其三,个人金融信息包含着大量敏感信息,如银行账户、财产信息、交易信息等。为避免敏感信息的泄露和不当处理,一则,共享对象是否具备安全管理前述敏感信息的能力值得评估,二则,其实现特定目的是否需要完整个人金融信息值得商榷。既有条文缺失规定豁免场景下的敏感信息处理标准,未发挥引导信息共享者审慎对待敏感信息的作用,也加大了客户的信息风险。

(三)匿名化处理:存在个人金融信息被再识别的可能

匿名化处理手段无法彻底消除风险。虽然《网络安全法》等立法将匿名信息绝对化界定为具有"无法识别"和"不可复原"两特征,然则,实践中不存在于任何场景均无法被识别至具体个人的匿名信息。不论是因为不同场景包含的信息要素有所差异,抑或是数据关联分析能力日益增强,再或是公开信息数量的不断增加,在某一场景中不具有可识别性的匿名信息会在其他场景中仍具有可识别性。[①] 更何况,金融机构现今采用的匿名化手段多为常见的删除、替换直接识别符等手段,于技术层面更易被反向破解。正如欧盟第29条数据保护组(WP29)等机构拒绝采用"匿名数据"概念时所作出的解释,绝对的匿名信息仅存在于假想之中,实践中的匿名技术处理更应被称为一个减少可识别性的过程。因此,匿名个人金融信息中蕴含的风险仍需被立法重视。

审视现有规则,立法者对匿名化处理泼墨较少,而在为数不多的规定中,也更多强调匿名化技术处理对数据流通和信息保护两目标的正向意义。虽然《中国互联网定向广告用户信息保护去身份化指引》(以下简称《去身份化指引》)、《个人信息安全规范》、《信息安全技术个人信息去标识化效果分级评估规范(征求意见稿)》等文件对信息共享者提出了分级管理数据、定期评估风险、保证非关联方不从事再识别行为等要求,但前述规范要么仅适用于定向广告等特定领域,要么尚不具备法律效力抑或是不具有强制适用的法律拘束力,难以发挥应有的保护功效。与此同时,法律规定的缺失也在一定程度上促成了金融机构对匿名数据再识别风险的轻视。多家金融机构的隐私政策仍只向客户告知了其向其他机构共享个人信息的例外情况,而未有提及匿名数据存在再识别的风险,更未有为此构建定期评估、监督共享对象等信息保护手段。

四、建议:金融领域内动态保护规范的构建

"多方利益平衡、妥协下形成的个人信息保护基本法仅是个人信息保护的最低标准。"[②]《个

[①] 参见张建文、陈海玲:《"破碎的隐私承诺"之防范:匿名化处理再识别风险法律规则研究》,载《西北民族大学学报(哲学社会科学版)》2020年第3期。

[②] 张新宝:《从隐私到个人信息:利益再衡量的理论与制度安排》,载《中国法学》2015年第3期。

保法》等上位立法未有关切各主体间的悬殊能力差距，并低估了金融机构等主体获取个人金融信息的动机，自然便不具备回应金融数据共享中动态风险的禀赋。为此，应以专门性的金融数据共享规范为载体、以所有金融数据共享场景为规制范畴，建构出动态的个人金融信息保护规范。

（一）施予信息共享者全周期的信息披露义务

由于个人在"知情"能力上存有先天局限，理论界不乏论者主张既然权利保护效果不尽如人意，不如弱化甚至摒弃个人信息控制权利，亦即，将常规行权形式改为默示同意①抑或全盘转向责任规则的事后保护②。但应认识到的是，否定个人信息控制模式虽然具备降低交易成本、强化法律实施效率等优势，但此种做法忽略了个人信息控制模式于风险防范方面的不可替代性，将人格利益弃之不顾，实不可取。况且，在《个保法》等基本法业已成型的法律语境下，再在下位法大幅度突破原有规制框架也有违法律体系内部自洽、圆满的发展方向。因此，仅就金融数据共享而言，知情能力的有限不足以成为个人信息控制模式被舍弃的原因。为达致保护个人金融信息权益的目的，立法者的重心仍应立足于客户信息劣势的消解。特别是考虑到此种信息劣势非客户自身努力所能解决，既有规则的优化进路应进一步具象为金融机构等信息共享者的全周期信息披露义务的施予。

在事前，由于客户的知情困境更多源自信息过载，后续立法的完善重点是如何引导金融机构将重要内容简洁、直观地传达至客户。原则上，应向客户实施必要披露。必要披露内容除包括共享目的、共享信息种类、共享对象的名称和联系方式等常规披露事项外，还包括共享对象的信息管理水平和共享行为的可能后果。其中，前者关涉共享对象是否具备防范信息泄露的能力。将其告知给客户可以给予客户明确的风险评估参照。而后者则是对共享行为的收益及风险的简单总结，可助益于不具备专业能力的客户理解信息共享对其权益的影响。但由于不同客户对个人金融信息风险的敏感度有所不同。如果一味强调披露内容的浓缩，则会牺牲那些愿意仔细阅读服务协议的客户的利益。对此，还应同时向客户提供服务协议的精简版本和完整版本，以便不同知情需求的客户自主选择。

在事后，客户的知情困境源自其与共享对象的非直接关联。对此，不论客户、信息共享者、共享对象三方主体间的法律关系为三角模式还是线性模式，金融机构作为客户信任的承载者和监督职责适宜承担者，其均应承担向客户披露共享对象的信息处理情况的义务。至于具体的披露标准，第一，披露内容上应包括共享期限、传输记录、实际用途、已采取的保护措施等。对于金融机构难以直接知悉的内容，其可通过共享协议责令共享对象提供，再由其进行审核。第二，披露方式上应避免频繁告知。譬如，金融机构可着力于"个人客户管理中心"等 App 模块的建

---

① 参见梅夏英、朱开鑫：《论网络行为数据的法律属性与利用规则》，载《北方法学》2019 年第 2 期。
② 参见任龙龙：《论同意不是个人信息处理的正当性基础》，载《政治与法律》2016 年第 1 期。

设,进而确保客户一站式接收已披露的信息。① 第三,披露形式上应注意关切客户的有限理解能力,宜在详细内容外附随简明扼要的总结。

（二）重构合法利益豁免的保障举措

为保障合法利益豁免行为的合理性,首先,既有规则强调的目的限制应被承继。毕竟豁免明示同意的前提是所获合法利益高于可能受损的人格利益。如果共享对象超出特定目的来处理个人金融信息,则豁免行为的适用前提未有存在。而关于如何评判共享对象的后续处理行为是否超出特定目的,宜细化为欧盟《通用数据保护条例》现采纳的"合理预期"标准,亦即,除非合法利益足够重要,否则后续处理不应超出数据主体的合理预期。

其次,应明确金融机构等信息共享者仍具有向客户披露信息的义务。合法利益豁免机制的采取仅意味着明示同意要件的略过,而不是信息披露义务被一同免除。一则,信息共享者履行信息披露义务并不会影响合法利益的实现效率。与请求授权义务的履行有所不同,信息披露义务的履行是一个信息共享者单项实施的过程。二则,不论是事前,还是事后,信息披露的义务的有效履行都助益于消解客户的信息劣势,特别是针对不直接关联的共享对象。因此,信息共享者的信息披露义务的继续履行应在合法利益豁免情形下获得重申。

最后,需赋予客户撤回同意的权利。立足于法律效果,合法利益的豁免是一种利益衡量下的拟制同意。所以,假若客户对利益衡量的结果存在质疑,客户同样应具有撤回同意的权利。揆诸域外,此种立法思路具体呈现为差异化的同意撤回机制。例如,欧盟《一般数据保护条例》以重要利益和非重要利益为区分：对于处理利益为公共利益等重要利益,数据主体可向数据保护机构或法域提出拒绝申请,数据控制者需为此证明合法利益足够重要且高于数据主体的利益；而对于商业利益等非重要利益,数据主体可径直拒绝数据控制者再继续处理数据。有鉴于此,立法者可以合法利益类别为区分基准,若共享行为服务征信、税务、司法等公共目的,则赋予客户撤回同意的请求权。若共享行为从属于兼并、收购、破产等正常商业活动,则赋予客户无条件撤回同意的权利。

此外,在合法利益豁免的适用过程中,也应注意敏感信息的特别保护。关于财产信息、信用信息等客户极不愿意他人知晓的隐私,金融机构有必要在共享之前评估共享对象的实际数据需求和管理能力,并对所传输的数据予以假名化、差分隐私等技术处理,以防止敏感个人金融信息的非必要流动。

（三）设置再识别风险防范机制

再识别风险的不可避免决定了"问题的实质不在于技术上能否匿名,而是如何在制度设计

---

① 参见赵吟：《论开放银行数据共享中的信息披露义务》,载《政治与法律》2021年第2期。

上保证其不被再识别"。① 既有文件尚未形成一个囊括所有再识别风险的防范框架。结合实践，再识别风险的产生原因主要为三类：其一，信息共享者的过错，其未将个人金融信息处理"干净"；其二，共享对象的过错，其采取了再识别匿名信息的举措；其三，第三方的过错，其在非法获取匿名信息的基础上，采取了再识别匿名信息的举措。三者彼此并不冲突，或共存于同一事件。对此，后续立法可尝试主要围绕三类主体的过错，针对性建构防范对策。

首先，金融机构等信息共享者实施的匿名化处理应符合标准。目前，中国采用的匿名标准更接近欧盟所适用的严格化的匿名标准。然而，技术的发展难以预见。促使信息共享者实质承担严格责任不仅不能保证匿名标准的可落实性，甚至可能造成市场弃用匿名化规则。② 相较之，美国在《健康保险携带和问责法》中规定的专家标准和安全港标准或值得借鉴。准确而言，此两项标准仅是用于确定去身份化信息的规则指引，但其共同体现了一个判定思路：如果其信息共享者认为该信息已不再能直接或间接识别特定个体，且具有适当知识和经验的专家同样持此认知，则可判定该信息为去身份化信息。将其引入中国，一方面降低了金融机构等信息共享者无穷尽的合规负担，另一方面给予了客户相对稳定的保护预期。当然，在匿名化处理之后，信息共享者还可实施加密技术、防火墙等技术，以进一步限制共享对象的处理行为，但后续技术是否应采用取决于各场景的实际需求，宜交由自律规则设定或双方自由约定。

其次，共享对象应被施予禁止再识别的法定义务。虽然《去身份化指引》等文件已开始落实共享对象的禁止再识别义务，但违约责任的惩处依赖金融机构等信息共享者的配合，不利于未在共享协议中显名的客户自主寻求保护。而如果将禁止再识别义务上升至法定义务，则监管机构可在接到投诉或发现违规情形后对其进行处罚，客户也可结合自身实际情况选择向信息共享者抑或共享对象行权以及索赔。并且，将其上升至法定义务也有利于法律内部逻辑的自洽。因为共享对象再识别匿名信息的行为本质上是未有授权状态下的信息处理行为，自始便受到法律条文的明确禁止。

再次，金融机构等信息共享者具备定期风险评估的义务。再识别风险贯穿信息处理的全生命周期。若采用了美国版的宽松匿名标准，并只对共享对象施予义务规定，则不免遗漏了第三方主体的再识别可能。③ 为此，需将第三方的再识别可能同样纳入防范机制。但仅穿透认定第三方再识别行为的法律责任并不能有效实现充分防范的目的，还应将更多的精力投入在金融机构等信息共享者的定期风险评估义务的履行上。一则，第三方系难以施予禁令的不特定个体，将注意

---

① 张新宝：《我国个人信息保护法立法主要矛盾研讨》，载《吉林大学社会科学学报》2018年第5期。
② 参见齐英程：《我国个人信息匿名化规则的检视与替代选择》，载《环球法律评论》2021年第3期。
③ See Paul M. Schwartz, The EU – U. S. Privacy Collision: A Turn to Institutions and Procedures, 126 Harvard Law Review 1966 (2012), p. 1967.

义务转移至金融机构等信息共享者是间接实现目的的现实选择。二则，信息的可识别性具有场景性和动态性。对匿名信息进行风险评估并及时进行匿名化处理是信息共享者确保信息被处理"干净"的应有之义。三则，定期风险评估为尽早发现损害提供了契机，其有助于及时补救。

最后，金融机构等信息共享者需有效履行信息披露义务。金融机构等信息共享者的监督能力是有限的，而客户在监督意愿方面具备补充优势。此种优势不应被立法者旁落。信息共享者应及时向客户告知共享对象的身份、联系方式、处理方式、处理目的等内容，以健全救济体系。

证券发行与上市

注册制下审核什么：对科创板和创业板
上市发行中终止审核案例的分析

■ 王岩泽*

摘要： 本文主要关注科创板和创业板在注册制下对发行人的终止审核情形。本文发现，交易所在进行审核时主要在合规性、真实性和商业前景三个方面进行判断。第一，就合规性而言，交易所将重点关注公司定位及科创属性/新业态的评价、公司合法经营及内控机制的建立。在这一方面，交易所将会要求申请人准确披露，经营合规。第二，就真实性而言，交易所将对相关信息是否符合披露形式进行实质判断，其中包括前后信息披露是否存在矛盾、公司治理及组织架构的真实状况。第三，就商业前景而言，交易所将综合判断公司的独立持续经营能力、公司的业务模式及业务实质。相较而言，创业板更加关注公司的内部结构。在注册制背景下，重要的不在于信息的披露，而在于信息数据所具备的影响及合理性。发行人应当尽最大努力证明其已经尽可能披露了为投资者作出决策所必需的相关信息，之后再由交易所就是否符合相应要求进行实质判断。这一过程的关键并非由实质走向形式，并不在于披露本身，而是在于说服，在于信息审核权由证监会下放到交易所，并建立起了由交易所主导的以信息合理合规披露为核心的实质审核和综合判断机制，这一机制的核心是降低企业在上市发行过程中的不确定性，同时提高实质性监管审查的门槛。对于企业而言，对持续经营能力和信息披露要求的判断均有可能与交易所不同，科创板和创业板中交易所享有的实质审核权是证监会在市场准入阶段的专项权力下放，应当明确企业救济的途径。

关键词： 注册制　终止审核　科创板　创业板　实质审查

第十三届全国人大常委会于 2019 年 12 月 28 日审议通过了新修订的《中华人民共和国证券法》（以下简称《证券法》）。此轮《证券法》修订称得上是一次"大修"，从 2013 年开始计算，前后历经 6 年。这次修改最令人瞩目的部分之一，就是在法律的层面将注册制全面推广到了所有

---

* 王岩泽，北京大学 2019 级硕士研究生。

证券公开发行行为，以取代目前所施行的核准制。正如有学者指出的，《证券法》所规制的是直接融资行为，作为规制融资行为的基础性法律，《证券法》一方面要尽可能方便企业的融资行为，另一方面要对直接融资予以监管，以肩负起保护投资者的重任。要实现上述目标，全面推行注册制应当是一种必需的手段。①

关于核准制所带来的一系列弊端和实行注册制的目标取向，学界已多有讨论。虽然党中央早在2013年11月召开的党的十八届三中全会上就提出要实行股份发行注册制改革，但怎样规划具体的改革路径，中央和相关部门总体上还是持审慎态度。这一态度在某种程度上表现为对改革开放以来改革的一贯逻辑的延续上，即先行试点，创造经验。

早在《证券法》修改通过之前，中央就决定在上海证券交易所设立科创板并试点注册制。②而约半年后，深交所同样也开始"试水"注册制改革。③可以说，科创板和创业板的先行先试就是在为注册制的全面实行积累经验，创造基础。而《证券法》的修订在某种程度上就意味着，在经验积累的基础上，从核准制逐渐走向注册制的转轨时机已经成熟。

诚然，注册制改革不可能一蹴而就。那么相较于注册制"应当怎样运行"的理论探讨，在科创板和创业板中注册制究竟是怎样运行的，可能就是更具实践意义的问题。本文试图讨论的是，截至2022年1月15日，在科创板和创业板通过注册制上市的企业中，有哪些企业未通过审核，其原因是什么？交易所在审核时是否只进行"形式审查"？交易所在审核材料时，更关注企业的哪些方面？

本文将首先从法律修改前后的条文对比出发，简要分析注册制改革的取向；其次根据两大交易所已披露的文件，总结两大交易所关注的重点问题；再次根据交易所审核终止的相关情形，讨论相关规则的意义以及交易所据此终止审核是否恰当；最后简单讨论如果企业与交易所的判断不同，是否能够具备救济的手段。

一、注册制改革的核心——从《证券法》第十二条出发

毫无疑问，注册制改革涉及市场与政府之间关系的重新厘定。有学者认为，在核准制下，实

---

① 参见彭冰：《学者追踪丨彭冰：〈证券法〉修改的'得与失'》，载微信公众号"北京大学经济法"，2019年12月31日。

② 参见新华社：《习近平出席首届中国国际进口博览会开幕式并发表主旨演讲》，资料来源：http://www.xinhuanet.com/2018-11/05/c_1123665163.htm，2021年1月2日访问。

③ 2020年4月27日，中央全面深化改革委员会第十三次会议审议通过了《创业板改革并试点注册制总体实施方案》，参见新华社：《习近平主持召开中央全面深化改革委员会第十三次会议强调：深化改革健全制度完善治理体系善于运用制度优势应对风险挑战冲击》，资料来源：http://www.gov.cn/xinwen/2020-04/27/content_5506777.htm，2021年1月2日访问。

质审查会为市场带来诸多成本,[①] 证监会的权力过大、审核条件过多,因而既可能完成不好主业,又容易造成权力寻租等新的问题。[②] 注册制本质上要重新塑造和厘定国家与市场之间的关系,并对于直接融资、上市发行制度进行重新安排。[③] 这也就意味着,一方面,要减少国家对于市场的干预,重振市场的力量,[④] 增加制度的可预测性,提高制度效率;[⑤] 另一方面,政府必须积极行使和恰当履行自身的监管义务,[⑥] 确保信息的公开、信息的透明和信息的对称。[⑦] 上述立场是学界对于注册制改革的共识,也即注册制和核准制,就其本质而言,是在谁来考虑发行证券的质量和政府或市场在考虑发行证券的质量上所起作用方面存在根本区别。注册制的含义应当是赋予市场以决定证券质量的判断权利;而核准制则更多地意味着政府在决定和选择证券品质时更加重要。[⑧] 注册制的核心要求和基础要求是信息披露,[⑨] 并且市场和中介机构要在信息得到完全充分披露的基础上,更多地来选择和评估要出售证券的质量,[⑩] 最终则由投资者自己来作实质的投资价值判断,决定是否要投资;而核准制则是将出售证券的品质置于政府的控制之下,由政府监管部门作出直接的价值判断和实质性评估。[⑪] 因此,注册制中最核心、最关键的程序设计就应当是由代表政府监管的证券监管机构实施形式审查,[⑫] 而每个交易所都应当为上市设置具体的、准确的、细化的、实质性的实施条件,以供各证券交易所按各自的上市标准予以审核。[⑬]

然而问题的关键可能并非审核主体的变化。将权力从证监会下放至交易所,对于企业发行

[①] See Roberta S. Karmel, Blue–Sky Merit Regulation: Benefit to Investors or Burden on Commerce, 53 Brooklyn Law Review 105 (1987).

[②] 参见唐应茂:《我国离注册制还有多远——兼论推进我国股票发行注册制改革的措施》,载《上海金融》2014年第7期。

[③] 参见李东方:《证券发行注册制改革的法律问题研究——兼评"〈证券法〉修订草案"中的股票注册制》,载《国家行政学院学报》2015年第3期;顾连书、王宏利、王海霞:《我国新股发行审核由核准制向注册制转型的路径选择》,载《中央财经大学学报》2012年第11期。

[④] 参见李曙光:《新股发行注册制改革的若干重大问题探讨》,载《政法论坛》2015年第3期。

[⑤] See Roberta S. Karmel, The Future of the Securities and Exchange Commission as a Market Regulator, 78 University of Cincinnati Law Review 501 (2009).

[⑥] 参见唐应茂:《股票发行注册制改革的内涵、本质和措施》,载《财经法学》2016年第5期。

[⑦] 关于信息披露对于市场有效性的影响,参见 Eugene F. Fama, Efficient Capital Markets: A Review of Theory and Empirical Work, 25 The journal of Finance 383 (1970), pp. 383–417; Chi–Wen Jevons Lee, Accounting Infrastructure and Economic Development, 6 Journal of Accounting and Public Policy 75 (1987); Shahrokh M. Saudagaran, Joselito G. Diga. Financial Reporting in Emerging Capital Markets: Characteristics and Policy Issues, 11 Accounting Horizons 41 (1997).

[⑧] 参见彭冰:《信息披露是注册制的核心》,载《证券法苑》第12卷。

[⑨] 参见周友苏、杨照鑫:《注册制改革背景下我国股票发行信息披露制度的反思与重构》,载《经济体制改革》2015年第1期。

[⑩] 参见李文莉:《证券发行注册制改革:法理基础与实现路径》,载《法商研究》2014年第5期。

[⑪] 参见陈洁:《科创板注册制的实施机制与风险防范》,载《法学》2019年第1期。

[⑫] 参见陈洁:《科创板注册制的实施机制与风险防范》,载《法学》2019年第1期。

[⑬] 参见甘培忠、孔令君:《论IPO注册制改革背景下中介机构作用之强化》,载《法律适用》2015年第8期。

上市而言不能构成最根本的影响。无论注册制抑或核准制,本质都是企业公开发行证券所必需的一套手续,不管是谁来审核,企业都需要满足相应的条件。因而更需要追问的问题可能就是注册制改革的核心究竟是什么?对这一问题的回答从逻辑上可能取决于对另外两个问题的回答:第一,为什么公开发行证券需要履行注册(之前的核准)程序;第二,注册程序的履行中政府应当发挥什么作用。

如果认可应当由市场和投资者自行判断证券的品质,那么整个证券法的核心就落实到了融资企业的信息披露上。"证券法的基本原则是通过公开的方式达到保护投资者的目的",即"证券法的主要内容和基本目标就是在强制披露方面保证信息的真实、完整。为了便于披露,证券法规定的非法活动包括公开失真,尤其是公开的虚假陈述、遗漏和误导欺骗。"[1] 如果得出上述结论,就不得不怀疑,究竟该如何保证信息披露和保证信息公开?一些研究人员认为,这里有两条不同的路径。"一种观点认为,对发行人篡改信息披露只能通过政府在披露前的严格审查和控制来防止。另一种观点认为,解决市场问题主要是通过市场自身来解决。也即当发行人弄虚作假、虚假陈述,致使投资者上当赔钱时,投资者可以向法院提起诉讼,来惩罚篡改真实有效的市场信息本身的发行人,要求发行人和其他相关责任人员来弥补和赔偿他的损失。"[2]

然而上述观点的悖谬之处在于,其将这两种路径看成非此即彼的对立排斥关系。政府当然不应当代替投资者判断证券的品质,但这并不意味着政府不应当发挥任何作用,[3] 也不意味着我们必须无限后撤政府的权力。[4] 一个直接的追问就是,如果仅仅通过信息披露解决信息不对称问题,那么所有企业只要披露相应信息,就应当能够在市场上进行融资,那么为什么又要有注册程序?

显然我们需要对相关问题进行重新审视。理论上,企业融资行为本来就是私法行为、自由行为,本无须获得任何许可。但一旦"公开发行证券"(《证券法》第九条),就应当受到《证券法》的规制,履行相应的注册手续。在这个意义上,只有企业融资涉及公众利益时,才需要对其进行监管,对其进行许可。换句话说,证券法本质上是一部证券监管法。政府通过对证券发行行为(企业融资)进行监管,以保护投资者。也即,这里的注册(许可)程序实际上是强制信息披露所必需的。如果缺少这一程序,发行人则可能只披露对自己有利的相关信息,导致投资者无法比较和鉴别。只有履行了注册程序,才能在相应主体的督导下满足完整披露的标准和要求,

---

[1] 朱锦清:《证券法学》(第四版),北京大学出版社2019年版,第106页。
[2] 朱锦清:《证券法学》(第四版),北京大学出版社2019年版,第121页。
[3] 即便在美国,注册制也并不意味着政府的完全后撤。关于美国法上注册制的实质内涵,参见:李燕、杨淦:《美国法上的IPO"注册制":起源、构造与争论——简论我国注册制改革的意志与创生》,载《比较法研究》2014年第6期。
[4] 参见沈朝晖:《流行的误解:"注册制"与"核准制"辨析》,载《证券市场导报》2011年第9期。

保证其披露的真实性。在这里,注册就成为实现披露的重要机制。仅仅依靠事后惩罚,当然也能促使企业在事前披露信息,但这在实现上很困难,何况事后追责在很大程度上意味着公众投资者的损失已经不可挽回。

因而如果说整个证券法的核心就是要强制信息披露的话,这一要求就必须通过注册程序加以体现。① 此外,还要对中介机构监管施加责任,要求其验证相关信息的真实性。最后才是反欺诈的举措和法律责任,包括虚假陈述、内幕交易、操纵市场。因而如果要落实强制信息披露,就必须有注册程序加以保证。

那么注册制下,监管机构的责任就应当是对上市企业能否符合注册的条件,是否满足了相应的信息披露要求予以核查。这涉及什么样的企业适合公开发行股票的问题。实践中,无论是否有法定条件,市场都必然会产生相应的要求,而我国《证券法》设定了相应的法定条件。对于是否满足法定条件当然构成政府的主要职责。而正如下文将讨论的,相应法定条件的不尽合理构成了核准制遭受广泛批评并启动注册制改革的重要原因。也因此可以说,对于相应条件的修改,才是注册制改革的核心。

《证券法》第九条第一款规定,"公开发行证券,必须符合法律、行政法规规定的条件,并依法报经国务院证券监督管理机构或者国务院授权的部门注册。未经依法注册,任何单位和个人不得公开发行证券。证券发行注册制的具体范围、实施步骤,由国务院规定"。第九条第二款规定,"有下列情形之一的,为公开发行:(一)向不特定对象发行证券;(二)向特定对象发行证券累计超过二百人,但依法实施员工持股计划的员工人数不计算在内;(三)法律、行政法规规定的其他发行行为"。第三款规定,"非公开发行证券,不得采用广告、公开劝诱和变相公开方式"。相应地,第十二条对于公司首次公开发行新股的条件,也作出了重大修改。《证券法》第十二条规定,"公司首次公开发行新股,应当符合下列条件:(一)具备健全且运行良好的组织机构;(二)具有持续经营能力;(三)最近三年财务会计报告被出具无保留意见审计报告;(四)发行人及其控股股东、实际控制人最近三年不存在贪污、贿赂、侵占财产、挪用财产或者破坏社会主义市场经济秩序的刑事犯罪;(五)经国务院批准的国务院证券监督管理机构规定的其他条件。上市公司发行新股,应当符合经国务院批准的国务院证券监督管理机构规定的条件,具体管理办法由国务院证券监督管理机构规定。公开发行存托凭证的,应当符合首次公开发行新股的条件以及国务院证券监督管理机构规定的其他条件。"该条直接修改了原《证券法》第十三条的规定。原《证券法》第十三条表述为:"公司公开发行新股,应当符合下列条件:(一)具备健全且运行良好的组织机构;(二)具有持续盈利能力,财务状况良好;(三)最近三年财务会计文件无虚假记载,无其他重大违法行为;(四)经国务院批准的国务院证券监督管理机构

---

① 参见曹凤岐:《推进我国股票发行注册制改革》,载《南开学报(哲学社会科学版)》2014年第2期。

规定的其他条件。上市公司非公开发行新股，应当符合经国务院批准的国务院证券监督管理机构规定的条件，并报国务院证券监督管理机构核准。"可以看到，修订后的第十二条意味着公司公开发行新股的行为包含两类：一类是首次公开发行，另一类是上市公司发行新股。

就首次公开发行条件而言，该条第一款第二项作出了明确修改。该项将原来的"持续盈利能力"修改为了"持续经营能力"。这一修改意味着将不再对企业的盈利状况、盈利能力和未来是否具备投资价值进行判断。公司未来是否具有盈利的可能不再成为监管者审核时的关注重点。虽然由盈利到经营仅仅修改了两个字，但这一修改无疑是重大的。盈利与否完全是主观的判断，但经营往往就是客观的事实，这意味着注册发行的不确定性减少了，而可预期性得到了大幅度增强。

此外，第一款第三项也作了相应修改。第一款第三项将"最近三年财务会计文件无虚假记载，无其他重大违法行为"修改为"最近三年财务会计报告被出具无保留意见审计报告"。应当说，这也是符合现实的修改。如果要求财务会计文件"无虚假记载"，之后审核者通过了审核，结果却发现财务会计文件实际是虚假的，那么理论上注册审核机构就应当对虚假陈述负责。何况事前的绝对真实往往不能保证，这是由于人力、物力和财力等多方面原因的限制所决定的。此时在法律条文中要求必须满足"真实性"，实际上只是一种将会带来其他问题的"宣示"，而并不能起到规范的效果。同时该款第四项新增"发行人及其控股股东、实际控制人最近三年不存在贪污、贿赂、侵占财产、挪用财产或者破坏社会主义市场经济秩序的刑事犯罪"。这应当是对原来"无其他重大违法行为"的具体化，使其更具有可操作性。

因而注册制改革的关键不在于谁来审核、审不审核，而在于审核什么。注册制并不意味着对发行人提交的上市或发行的文件不予审查，而是审查的内容将是基本的、客观的，以便上市发行人能够更好地了解必要的信息和文件。审核条件的变化带来的是审核关注点和审核内容的变化。在这个意义上，核准制之下的问题恰恰在于"不确定性"，典型如持续盈利能力，究竟应该如何判断？由于缺乏明确的标准，这就无法给企业提供有效的导向。只有在公开发行条款发生变化的情况下，注册制改革才有法律依据。也就是说，从发行人的"可持续盈利能力"审查和未来可持续盈利能力评估，到判断是否值得投资，转变为审查相关披露文件的完整性和完整性。正如《证券法》第二十一条第二款的规定，"判断发行人是否符合发行条件、信息披露要求，督促发行人完善信息披露内容"。这使行政权力的行使发生了变革，这种变化直接导向了政府和企业之间的关系、行政权力和证券市场之间的关系开始发生了强化，并且使证券监管体系开始向市场化方向转向。[1]

---

[1] 参见彭冰：《学者追踪丨彭冰：〈证券法〉修改的"得与失"》，载微信公众号"北京大学经济法"，2019年12月31日。

如前所述，注册制改革下，证监会将审核的权力下放给了交易所。在交易所完成审核之后，证监会只负责判断审核内容是否完整、程序是否合规，并基于此决定准予或不准注册。与证监会在核准制下的程序的冗长不同，交易所的审核周期大大缩短，审核流程公开透明。"2019 年科创板的平均审核周期仅为 138 天，远远低于主板的 567 天。"①

截至 2022 年 1 月 15 日，上交所科创板共接受 713 家企业的发行上市申请。其中，415 家已有注册结果，已经完成证监会的发行注册程序并注册生效的有 398 家。中止及财报更新的有 6 家，审核状态为终止的有 147 家。尚处于程序中的企业当中，已受理的有 27 家，已问询的有 67 家，上市委员会（以下简称上市委）会议审议中的有 9 家，提交注册的有 42 家。在终止的 147 家中，只有 13 家为审核不通过，其余均是因为发行人撤回发行上市申请或者保荐人撤销保荐，上交所根据《审核规则》第六十七条终止其发行上市审核。②

而就深交所创业板而言，截至 2022 年 1 月 15 日，深交所创业板共接受 833 家企业的发行上市申请。其中 287 家已经完成证监会的发行注册程序并注册生效，中止的 10 家，终止的有 139 家。尚处于程序中的企业当中，已受理的有 63 家，已问询的有 240 家，上市委会议通过的有 26 家，提交注册的有 58 家。在深交所创业板中终止的 139 家中，审核不通过的有 10 家，另有 1 家未在规定时间内回复，其余 128 家均为主动撤回。③

可以看出，无论是上交所还是深交所，在终止审核的企业中，绝大多数是自己主动撤回。对于这部分企业而言，我们无法得知其主动撤回的真正直接原因，而只能从其披露的信息和交易所的问询中寻找蛛丝马迹。而就交易所发文决定终止审核的企业而言，我们能够明确得知其被终止审核的原因及适用的相关规则，因此这部分企业会成为我们关注的重点。本文将分析并整理这些企业被终止审核的原因，试图厘清交易所关注的焦点问题。

二、科创板审查中交易所关注的问题

（一）公司定位及科创属性的评价

根据证监会发布的《科创属性评价指引（试行）》（以下简称《指引》），科创板上市公司将受到科创属性评价指标体系的评价。拟在科创板上市的企业若同时满足 3 项常规指标，即可被认为具有科创属性；若不同时满足 3 项常规指标，但是满足 5 项例外条款中的任意一项，也可以被

---

① 王晨：《〈证券法专题〉课程习作丨科创板注册制实践经验总结》，载微信公众号"北京大学金融法研究中心"，2020 年 7 月 10 日。
② 数据来源于上海证券交易所官网，科创板股票审核网站项目动态栏目，资料来源：http://star.sse.com.cn/star/renewal/，2022 年 1 月 15 日访问。
③ 数据来源于深圳证券交易所官网，创业板发行上市审核信息公开网站项目动态栏目，资料来源：http://listing.szse.cn/projectdynamic/ipo/index.html，2022 年 1 月 15 日访问。

认定为具有科创属性。在证监会发布《指引》之后，上交所发布了《上海证券交易所科创板企业发行上市申报及推荐暂行规定》（以下简称《科创板上市申报暂行规定》），对相应条件进行了细化，主要目的是"落实中国证监会支持和鼓励符合科创属性规定的企业申报科创板有关要求，进一步明确科创板定位把握标准，支持和鼓励硬科技企业在科创板发行上市，引导和规范发行人申报和保荐机构推荐工作，促进科创板市场持续健康发展"，同时上交所明确规定，"科创板企业发行上市申报和推荐，应当基于《指引》和本规定中的科创属性要求，把握发行人是否符合科创板定位"。

具体而言，《科创板上市申报暂行规定》要求发行人必须属于六大行业领域的"高新技术产业和战略性新兴产业"，或者"符合科创板定位的其他领域"（第四条），① 同时为企业上市设定了需要满足的指标（第五条），② 并规定，若不满足上述指标，但具备相应情形能够被认定为"科技创新能力突出"，则可以进行豁免（第六条）。③ 因而可以看到，科创板进行审核时首先审查的就是相应企业是否满足科创属性，且是否满足相应的指标，如不满足，则审查是否符合相应的豁免情形。

在交易所发文终止审核的企业中，长沙兴嘉生物就是典型的因企业属性不符合科创定位而被终止的案例。终止审核的文件中专门提到了"审核问询中重点关注了以下事项：一是发行人

---

① 《科创板上市申报暂行规定》第三条规定，申报科创板发行上市的发行人，应当属于下列行业领域的高新技术产业和战略性新兴产业：（一）新一代信息技术领域，主要包括半导体和集成电路、电子信息、下一代信息网络、人工智能、大数据、云计算、软件、互联网、物联网和智能硬件等；（二）高端装备领域，主要包括智能制造、航空航天、先进轨道交通、海洋工程装备及相关服务等；（三）新材料领域，主要包括先进钢铁材料、先进有色金属材料、先进石化化工新材料、先进无机非金属材料、高性能复合材料、前沿新材料及相关服务等；（四）新能源领域，主要包括先进核电、大型风电、高效光电光热、高效储能及相关服务等；（五）节能环保领域，主要包括高效节能产品及设备、先进环保技术装备、先进环保产品、资源循环利用、新能源汽车整车、新能源汽车关键零部件、动力电池及相关服务等；（六）生物医药领域，主要包括生物制品、高端化学药、高端医疗设备与器械及相关服务等；（七）符合科创板定位的其他领域。

② 科创属性同时符合下列 3 项指标的发行人，支持和鼓励其按照《指引》的规定申报科创板发行上市：（一）最近 3 年累计研发投入占最近 3 年累计营业收入比例 5% 以上，或者最近 3 年研发投入金额累计在 6000 万元以上；其中，软件企业最近 3 年累计研发投入占最近 3 年累计营业收入比例 10% 以上；（二）形成主营业务收入的发明专利（含国防专利）5 项以上，软件企业除外；（三）最近 3 年营业收入复合增长率达到 20%，或者最近一年营业收入金额达到 3 亿元。采用《审核规则》第二十二条第二款第（五）项上市标准申报科创板发行上市的发行人除外。

③ 具备下列情形之一，科技创新能力突出的发行人，不受前条规定的科创属性指标的限制，支持和鼓励其按照《指引》的规定申报科创板发行上市：（一）拥有的核心技术经国家主管部门认定具有国际领先、引领作用或者对于国家战略具有重大意义；（二）作为主要参与单位或者核心技术人员作为主要参与人员，获得国家自然科学奖、国家科技进步奖、国家技术发明奖，并将相关技术运用于主营业务；（三）独立或者牵头承担与主营业务和核心技术相关的"国家重大科技专项"项目；（四）依靠核心技术形成的主要产品（服务），属于国家鼓励、支持和推动的关键设备、关键产品、关键零部件、关键材料等，并实现了进口替代；（五）形成核心技术和主营业务收入相关的发明专利（含国防专利）合计 50 项以上。

认定其属于科创板'生物医药'行业的具体理由及依据。"在科创板上市审核中心问询后，长沙兴嘉生物修改了自己所申报的行业为"符合科创板定位的其他领域"，自身企业的定位不清对于其在上市过程中最终走向终止审核造成了重大影响。相同情况还出现在对泰坦科技的审核过程中。泰坦科技的招股书指出，泰坦科技的定位为基于其核心产品的技术整合服务的专业供应商，但看看它的实际运作和收入模式就会发现，它与普通的集中式代理没有明显区别。上市委发现，泰坦科技在网络和平台开发、各平台提供的产品类型和数量、平台浏览数、物流仓储和配送方式等方面没有明显的竞争优势。从2016年开始的3年间，来自包括第三方制造的特种化学品的销售收入占公司核心技术产品和服务收入的六成以上。但它并未充分解释为什么以及如何将销售给第三方的特种化学品的收入视为核心技术产品和服务的收入。此外，武汉珈创生物、浙江天地环保、福建汇川物联网也都对其核心技术及技术先进性的信息披露不充分、不准确。

在主动撤回的企业中也存在不符合科创板定位的相关案例。典型如新数网络和木瓜移动。新数网络在《招股说明书》中将企业定位为以大数据技术为核心的科创公司，但在最近3年的营业收入中，广告投放收入占比都高达95%以上。此外木瓜移动声称自己的主营业务为"自主研发技术进行大数据处理分析"，但其最近3年的研发投入仅为4.94%、1.20%及0.71%，拥有的专利也只有1项。以传统方式衡量，这两家公司3年累计研发投入需求均未达到超过近3年营业收入总额的5%的数量要求，其专利的数量也未达标。

（二）合法经营及内控机制的建立

企业有没有建立内控机制，是否符合内控机制和行业会计准则的相关要求，则是交易所审核的另外一个重要方面。在长沙兴嘉生物上市过程中，审核中心就对于发行人将董事长70%工资、总经理40%工资列支计入研发费用是否符合《企业会计准则》的规定展开过问询。虽然长沙兴嘉生物随后修改了相应表述，但上交所据此认为，由于发行人在审核期间曾修改其研发费用中的高管薪酬列支情况，这就表明其关于研发投入的内部控制存在缺陷，因而终止了对长沙兴嘉生物的审核。此外精英数智也是因内控机制不完善被终止审核。根据精英数智的披露，其业务主要采用项目服务商模式，项目服务商发挥着协调客户和发行人关系、顺利推进项目并回款等职能。报告期内发行人向项目服务商支付的项目服务费金额分别为1411.94万元、2769.52万元和5743.10万元。为什么给项目服务商这些费用、费用的定价依据是什么，精英数智均未详细阐明，而只是声称项目服务费一般以项目毛利率、所属区域的市场竞争情况、市场成熟度和项目实施复杂度为依据确定费用，项目服务费与销售合同金额之间不具有稳定的量化关系。科创板上市委据此认为，发行人未能充分、准确披露项目服务商所提供服务的内容、项目服务费的计费标准及确定方式，相关内部控制不够健全，可能不具备商业合理性，甚至怀疑可能存在商业贿赂、利益输送或体外资金循环的情形，因而终止了对精英数智的审核。

内控机制的成熟与否还与企业及其关联企业是否合法合规经营紧密联系在一起。上海康鹏科技的子公司衢州康鹏在审核期间就连续发生两起安全事故导致长时间停产、子公司浙江华晶由于废气排放问题被衢州生态环境局罚款、衢州康鹏安全事故导致资产损失和减值及业绩下滑，上市委据此认为，报告期内发行人及其子公司存在较多行政处罚，在审期间频繁出现安全事故和环保违法事项，导致重要子公司停工停产，进而导致公司重要业务及经营业绩大幅下滑，发行人在内控方面存在缺陷，不符合上市要求。

（三）前后信息披露是否存在矛盾

如果存在信息披露不一致，则交易所完全有可能怀疑其信息披露的真实性。典型如国科环宇前后提交的材料中就存在审计报告不一致的情形。在长沙兴嘉生物上市过程中，该公司就曾在问询回复及相关文件中将所属科创板行业修改为符合科创板定位的其他领域，将53项发明专利（其中2项2020年8月到期）修改为51项，将公司《研发管理制度》中董事长薪酬的70%和总经理薪酬的40%计入研发费用的相关规定予以修改。审核委员会认为，发行人的行业归属和多项科创属性指标，包括研发投入和发明专利数量等信息存在披露前后不一致。在主动撤回的案例中也存在前后披露不一致的情形，如先临三维的研发投入在先后披露上就存在矛盾。

（四）公司面向市场的独立持续经营能力

在长沙兴嘉生物被否决的案例中，审核委员会就对该公司所拥有的53项发明专利对构建核心竞争能力的作用及与主营业务收入的关系提出过质疑。而对于博拉网络上市过程中，审核委员会同样提出过相关的问题。根据招股说明书，博拉网络迄今为止已经获得了21项发明专利，但这些发明专利均为从第三方处收购而来，并且通过转让获得了与互联网核心技术和大数据相关的3项发明专利，并没有足够的证据能够证明该公司在底层技术的自主开发和技术优势。此外，博拉网络没有解释其核心技术如何适用于不同的活动，诸如数字媒体托管、电子商务和其他业务。它也没有说明在大数据应用服务中如何使用自身数据、第三方数据和公开数据，以及如何对这三者作出区分。由于发行人的商业模式、业务性质、核心技术在其核心业务中的应用等方面的信息不充分、不准确和不一致，上市委暂停了审查。另外，泰坦科技在招股书中没有披露其核心技术在制造业和技术集成服务中的具体应用，也没有明确披露该技术在中国和中国以外的行业发展水平中的地位以及核心技术的进展。上海吉恩也没有披露技术进展情况。上市委还发现，在上海海和药业公开发行的案例中，发行人未能准确披露其是否独立自主地对其被授权引进或共同开发的核心产品进行了重大改进，以及这是否意味着对合作公司的技术的依赖。

除了技术先进性之外，交易所关注的另外一个重要问题则是其独立持续经营的能力。典型如国科环宇，根据交易所的文件和相关的披露文件，国科环宇的主要业务模式是根据国家有关部门的计划安排，由单位D分解、下发任务，研制经费通过有关部门和单位A拨付，该项业务收入占发行人最近3个会计年度收入的比例分别为35.38%、25.08%和31.84%。作为一家为航天、军工等保密行业提供电子系统的研发公司,其业务严重依赖单位A,其独立面对市场的经营能力遭到交易所的质疑。交易所最终认定,国科环宇的关联交易占比较高,业务开展对关联方存在较大依赖,无法说明关联交易价格公允性,重大专项承研业务非市场化取得,收入来源于拨付经费,因而不符合业务完整、具有直接面向市场独立持续经营能力的要求,故决定终止审核。此外,对于宁波菲仕,科创板上市委也认为,发行人未能充分、合理、准确说明:新能源汽车业务相关在建工程项目延缓投入的原因、合理性以及相关信息披露的充分性,相关在建工程项目继续确认利息资本化的合规性;在新能源汽车业务的收入及盈利下滑、产能利用率较低等情况下,发行人对相关在建工程、已建成产能的相关固定资产减值准备计提的充分性,相关募集资金项目的必要性;报告期内持续确认递延所得税资产及对利润影响的信息披露充分性。情形相同的还有浙江天地环保和赛赫智能,上市委认为前者交易过程缺乏独立性和公允性,而后者则存在重大偿债风险和重大担保风险,对发行人持续经营构成重大不利影响。

(五)公司业务模式与业务实质

这一部分的否决原因与是否属于科创板定位相关,主要在于上交所认为,发行人没有完整清晰地对其业务模式和业务实质进行说明。例如,博拉网络将自己定位为企业大数据服务提供商,为企业客户提供技术开发服务和大数据应用服务,但博拉网络却没有说明自己的业务究竟是怎样开展的。根据相关文件,其"大数据应用服务"的收入占主营业务收入的比重分别为65.20%、70.50%、80.35%、90.04%,由大数据营销及运营、数字媒体投放、电商及其他三类业务组成,但数字媒体投放业务均通过第三方平台实现。其主要业务中另外一部分"电商及其他业务"则完全是对其他品牌在京东商城自营平台的代销,这也间接说明,公司并不符合科创板的属性定位。与之相类似的还有泰坦科技。泰坦科技将自己定位为"基于自主核心产品的专业技术集成服务商""以核心产品技术为基础,开发出具有市场竞争力的产品,并为创新研发、生产质控实验室提供科学服务'一站式'技术集成解决方案",但实际上其业务只是"一站式"网络销售的一种方式。在报告期内,泰坦科技的主营业务收入中超过93%来自科研试剂和科研仪器及耗材的产品销售,50%以上为直接采购第三方品牌产品后直接对外销售,而对于自主品牌产品,也全部采用贴牌生产方式进行生产。上交所认为"发行人未充分说明专业技术集成在上述业务模式中的体现",因而终止了对于其上市的审核。

三、创业板审查中交易所关注的问题

(一)公司定位及新业态属性的评价

江苏鸿基所处行业为"土木工程建筑业",属于原则上不支持在创业板发行上市的行业,且其未能充分证明掌握并熟练运用行业通用技术属于传统产业与新技术深度融合,也未能充分证明既有建筑维护改造业务属于新业态，因此遭到了上市委的终止。

（二）合法经营及内控机制的建立

在华泰永创的终止案中，上市委认为其对应收款项坏账准备的会计处理、第三方付款性质的解释不够充分、合理，关联交易相关内部控制制度未得到有效执行。此外，淄博鲁华的重要子公司天津鲁华多次出现涉及生态安全、生产安全的违法违规行为，实际控制人郭强与其亲属、员工存在大额资金往来，但未能充分说明相关资金往来的合理性，说明淄博鲁华未能建立相关的内部控制制度且有效执行，以合理保证合法合规和财务报告的可靠性。此外，四川华夏也因为其字帖产品销售涉嫌违法违规，且持续时间较长、涉及金额较大，内部控制未能合理保证经营合法合规，被上市委叫停了上市进程。

（三）公司治理及组织架构

这一部分涉及对公司内部股权交易历史、实际控制人和关联交易方的认定。首先是公司内部股权交易历史。网进科技的前身实际上是美国网进设立的外商独资企业，2014年，经过多次转让后，黄玉龙和张亚娟成为网进科技的股东，分别持股70%和30%。2016年4月，张亚娟向现实控人潘成华转让30%股权，作价1045.31万元；黄玉龙向执行事务合伙人为潘成华的黑角投资转让6%的股权，作价209.06万元。本次股权转让实际应由潘成华和黑角投资分别向张亚娟和黄玉龙支付股权转让款，但在此相近期间，黄玉龙却分别向张亚娟和黑角投资的出资人陈娟账户进行转账。上市委显然发现了这一问题，通过审核问询函，上市委对于股权转让过程的资金往来问题进行了重点问询，包括：股东间的资金转账依据及合理性；黄玉龙与张亚娟未选择直接出售公司（如通过上市公司并购重组）而选择将股权低价出售给潘成华等人的原因及合理性；如意图让潘成华等人负责公司经营，未采用增资入股等股权激励方式而采用低价转让股权方式的原因，以及转让价格的合理性；张亚娟将相关股份转让给潘成华是否为黄玉龙安排或授意，其将相关股份低价出售给潘成华后是否存在（潜在）纠纷；是否存在股权代持情形或者其他利益安排。网进科技称，上述资金转账系潘成华等人因对黄玉龙主导开发的房地产项目具有贡献而应获得的房产项目收益款。但并未提供纳税凭证等相关材料。据此，上市委认为网进科技未能充分、准确披露相关股东之间的股权转让及其资金往来和纳税情况，据此终止了审核程序。

另外一个审查的重点为实际控制人的认定。网进科技第一大股东为文商旅集团，持有34.48%股份，超过三分之一。同时在网进科技董事会提名2名董事，且由文商旅集团党委书记、董事长薛仁民担任网进科技董事长。但网进科技认为文商旅集团对网进科技董事会、监事会、股东大会不具有重大影响，而是仅作为财务投资者。网进科技将其第二大股东潘成华认定为实际控制人。针对创业板上市委关于实际控制人和财务投资者认定的质询，网进科技作出如下解释：第一，潘成华合计控制网进科技65.52%股份。首先直接持有并控制网进科技25.86%的股份；

其次作为黑角投资的执行事务合伙人，间接控制网进科技 18.97% 的股份；再次通过与黄玉龙、敦石投资、和丰投资签订一致行动协议，控制网进科技 20.69% 的股份。第二，2016 年 5 月 28 日，文商旅集团出具《关于明确潘成华股东为网进科技（昆山）有限公司实际控制人的确认函》，声明其仅作为财务投资者入股，并确认潘成华为网进有限的实际控制人。据此，网进科技认为文商旅集团不会影响潘成华的控制地位。第三，在董事会层面，网进科技董事会由 9 名董事组成（含 3 名独立董事），潘成华担任公司董事，此外，公司董事李参宏、陈欣、汤晓新系由潘成华提名，潘成华能够对发行人董事会产生重大影响。文商旅集团提名担任的董事仅有两名，对董事会和日常经营决策不具有重大影响。文商旅集团也不参与网进科技日常生产经营管理，其委派的 2 名董事及 1 名监事除依法行使表决权外，不参与网进科技的各项日常经营管理。文商旅集团通过受让股权方式成为网进科技股东以来，未向网进科技提供运营资产、技术等各项支持。网进软件设立以来，潘成华一直担任总经理职务，其对公司的生产、经营及管理享有一定职权，能够对网进科技的运营管理产生重大影响。不过，上市委对网进科技的上述说法并不认可，最终认为其未能充分、准确披露认定实际控制人的理由、实际控制人所持发行人的股份权属是否清晰、文商旅集团仅作为财务投资人的合理性等。无独有偶，上市委也认为上海灿星在拆除红筹架构后，股权架构设计复杂，认定实际控制人的理由不充分、披露不完整，因而终止了其上市进程。

此外，上市委还会审查公司关联方的认定与披露。江苏扬瑞第一大客户奥瑞金间接持有其 4.9% 的股份，且在报告期内与江苏扬瑞的关联公司存在资产买卖行为，以及奥瑞金高管与江苏扬瑞实际控制人陈勇持续发生大额资金往来的情形。其前五大客户之一昇兴集团相关子公司高管与其主要股东存在亲属关系。上市委认为，发行人未按照"实质重于形式"的要求，将奥瑞金、昇兴集团认定为关联方并披露，因而终止了对其的审核。

（四）公司面向市场的独立持续经营能力

网进科技的业绩主要是依赖江苏省内，特别是昆山市的支持。2017—2019 年，网进科技营业收入分别为 2.73 亿元、3.89 亿元和 4.36 亿元；其净利润分别为 0.36 亿元、0.20 亿元和 0.67 亿元。进一步分析发现，网进科技江苏省内营业收入占营业总收入的比例分别为 97.34%、99.26%、99.24% 和 92.08%，昆山市内营业收入占营业总收入的比例均高于 90%。网进科技的销售不仅严重依靠某一地区，更是依赖少数客户，在报告期内，前五大名客户销售收入及其占营业收入的比重都在 60% 左右。昆山市公安局在报告期内始终是公司的第一大客户，2018 年和 2019 年销售收入及其占营业收入的比重分别高达 41.81% 和 37.73%，这一数据还不包括昆山市公安局交通警察大队贡献的 5.58% 和 10.54% 的销售比例。虽然存在这些问题，但在深交所的文件中，上市委并未以此作为理由终止对于网进科技的审核。

但对于发文终止审核的另一家企业而言，上市委则直接以此为理由终止了对其的上市审核。在终止前进暖通上市审核的决定中，上市委认为前进暖通的业务高度依赖单一客户，该客户的市场占有率及行业地位没有明显优势，疫情期间该客户的经营状况对发行人经营业务产生了重大不利影响，高度依赖单一客户可能导致其未来持续经营能力存在重大不确定性；与同行业公司相比，发行人客户集中度偏高，新客户开拓困难，进展甚微，是否具有直接面向市场独立持续经营的能力存在着重大的不确定性。据此，上市委终止了对其的审核。相似的情形还发生在浙江世佳身上，上市委认为，该发行人未能对部分月份收入异常增长、除草剂产品的毛利率和内销业务毛利率与同行业可比公司存在差异的原因等事项进行充分说明，因而终止了审核。

相关情况同样发生在郑州速达身上。郑州速达与郑煤机之间存在关联销售和关联采购，部分业务存在依赖郑煤机的情形，郑州速达也未充分说明排除郑煤机影响后，是否仍具有面向市场独立获取订单的能力，且郑煤机控制的综机公司对郑州速达业务存在较大影响，但郑州速达并未给出合理解释。

四、何以终止审核——终止原因的法律适用

（一）两大交易所进行的实质审查和综合判断

如前所述，两大交易所将对公司进行全面的、综合的审查，从总体上来看，审查内容包括公司定位及科创/新业态属性的评价、合法经营及内控机制的建立、前后信息披露是否存在矛盾、公司治理及组织架构、公司的独立持续经营能力、公司业务模式及业务实质六大方面。我们大致可以将这六大方面分为三类。其中，公司定位及科创属性的评价、合法经营及内控机制的建立可以归入对于公司合规性的总体判断。上市委将在这一层次上对于公司提交的材料进行总体性的实质审查，而并非仅仅考虑相关信息是否在形式上符合要求。而对于上市注册过程中前后信息披露是否存在矛盾、公司治理及组织架构的审查，则属于对于公司披露信息的真实性进行判断。在这一维度上，交易所将对公司提交的材料进行是否符合披露形式的实质判断。而对于公司的独立持续经营能力、公司业务模式及业务实质的审查则属于对于公司商业前景的判断，交易所将主要对于公司的持续经营能力进行独立审查。

仔细考察这六大方面则不难发现，交易所对于这些维度的审查都有其判断的标准和要求。其中，公司定位及科创属性的评价背后隐含着披露准确的要求，对于合法经营及内控机制的建立的审查则要求企业经营合规，对于前后信息披露是否存在矛盾的审查要求前后披露一致；对于公司治理及组织架构的审查要求披露充分；而对于公司的独立持续经营能力和公司业务模式及业务实质的判断则隐含着对于公司独立应对市场风险和具备相应市场竞争力的要求。如果对上述归纳作一总结，我们可以清楚地看出交易所的审查逻辑（见表1）。

表 1　交易所的实质审查逻辑

判断类别	审查逻辑及内容	审查要求
合规性判断	实质审查	—
	公司定位及科创属性的评价	披露准确
	合法经营及内控机制的建立	经营合规
真实性判断	是否符合披露形式的实质判断	—
	前后信息披露是否存在矛盾	披露一致
	公司治理及组织架构	披露充分
商业前景判断	综合判断	—
	公司的独立持续经营能力	应对风险
	公司业务模式及业务实质	参与竞争

（二）终止审核决定的规则依据

如前所述，注册制的审查过程并非仅限于对信息披露进行形式审查，实质上有很多实质审查和综合判断的影子。但单纯纠结注册制下的审核究竟为实质审查还是形式审查并没有意义，换而言之，单纯说形式审查还是实质审查而不具体化，那就仅仅只是用词问题。实际上，对信息披露的形式本身进行审查，可能涉及形式是否符合的实质判断，也就很难说科创板和创业板下的注册制审查是形式审查还是实质审查。真正重要的是审查的内容究竟是什么，以及审查这些内容是否符合注册制的实质精神。上文我们讨论了从实践来看，科创板和创业板在注册制下重点关注哪些方面的问题。那么接下来的问题就在于，交易所基于上述关注的各方面问题并据此终止审核程序在法律上是否正当。在所有交易所发布的终止审核决定中，均列明了相应的规则上的依据。其直接依据都是证监会发布的《科创板首次公开发行股票注册管理办法（试行）》（以下简称《科创板管理办法》）、《创业板首次公开发行股票注册管理办法（试行）》（以下简称《创业板管理办法》），以及两大交易所分别发布的《上海证券交易所科创板股票发行上市审核规则》（以下简称《科创板审核规则》）和《深圳证券交易所创业板股票发行上市审核规则》（以下简称《创业板审核规则》）。因而问题在于，交易所基于什么规则终止了上市审核？相关规则是否得到了恰当地适用？或者说，在理论上，规则有没有被不当滥用？

根据已经披露了的终止审核决定，可以总结出相关的法律条文（见表2）。下文将逐项总结相关规则有无恰当地回应《证券法》的相关规定，同时讨论交易所在审核时将这些规则都具体应用在哪些情景之中。

表2 科创板、创业板IPO终止审核决定的法律依据统计

发行人		依据		发行人		依据		
		《科创板首次公开发行股票注册管理办法（试行）》	《上海证券交易所科创板股票发行上市审核规则》			《创业板首次公开发行股票注册管理办法（试行）》	《深圳证券交易所创业板股票发行上市审核规则》	《深圳证券交易所创业板企业发行上市申报及推荐暂行规定》
上交所	兴嘉生物	第五条	第五条	深交所	网进科技	第六条	第十五条	—
		第十一条	第二十八条			第十二条	第二十八条	—
		第三十四条	—		前进暖通	第六条	第十八条	
		第三十九条				第十二条	第二十八条	
	精英数智	第五条	第十五条		江苏扬瑞	第六条	第十五条	
		第十一条	第二十八条		华泰永创	第六条	第十八条	
	博拉网络	第五条	第十五条			第十一条	第二十八条	
		第三十四条	第十九条		浙江世佳	第六条	第十八条	
		第三十九条	第二十八条			第十一条	第二十八条	
	泰坦科技	第五条	第十五条		淄博鲁华	第十一条	第十八条	
		第三十四条	第十九条		江苏鸿基	第三条	第三条	第二条
		第三十九条	—			—	—	第四条
	国科环宇	第十二条	—		四川华夏	第十一条	第十八条	—
		第五条	—		上海灿星	第六条	第十八条	
		第十一条	—			第十一条	第二十八条	
	宁波菲仕	第五条	第二十八条（2020年修订）			第十八条	—	
		第三十四条	—		郑州速达	第十二条	第十八条	
	上海吉凯	第五条	第十五条			—	第二十八条	—
		第三十四条	第二十八条					
		第三十九条	—					

续表

<table>
<tr><th colspan="4">科创板、创业板 IPO 终止审核决定的法律依据统计</th></tr>
<tr><td rowspan="2"></td><td rowspan="2">发行人</td><td colspan="2">依据</td></tr>
<tr><td>《科创板首次公开发行股票注册管理办法（试行）》</td><td>《上海证券交易所科创板股票发行上市审核规则》</td></tr>
<tr><td rowspan="11">上交所</td><td rowspan="2">上海海和</td><td>第五条</td><td>第二十八条（2020 年修订）</td></tr>
<tr><td>第三十四条</td><td>—</td></tr>
<tr><td rowspan="2">浙江天地</td><td>第五条</td><td>第二十八条（2020 年修订）</td></tr>
<tr><td>第三十四条</td><td>—</td></tr>
<tr><td>赛赫智能</td><td>第 12（3）条</td><td>第二十八条</td></tr>
<tr><td rowspan="2">武汉珈创</td><td>第五条</td><td>第十五条</td></tr>
<tr><td>第三十九条</td><td>第十九条</td></tr>
<tr><td rowspan="3">福建汇川</td><td>第五条</td><td>第十五条</td></tr>
<tr><td>第三十四条</td><td>第十九条</td></tr>
<tr><td>第三十九条</td><td>第二十八条</td></tr>
<tr><td>上海康鹏</td><td>第十一条</td><td>—</td></tr>
</table>

可以看到，就上交所科创板而言，其终止审核决定直接涉及的是《科创板管理办法》第五条、第十一条、第十二条、第三十四条、第三十九条。其中第五条出现了 11 次，第十一条出现了 4 次，第三十四条出现了 8 次，第三十九条出现了 6 次，第十二条出现了 2 次。而适用的《科创板审核规则》则涉及第五条、第十五条、第十九条、第二十八条，其中第十五条出现 6 次，第二十八条出现了 9 次（2020 年修订前后第二十八条内容无变化），第十九条出现了 4 次（见表 3）。

表 3 科创板法律依据出现频率

《创业板管理办法》		《创业板审核规则》	
条文	出现次数	条文	出现次数
第三条	1	第三条	1
第六条	6	第十五条	2
第十一条	5	第十八条	7
第十二条	3	第二十八条	6
第十八条	1	—	—

与之相对应，深交所决定终止审核的案例所适用的法律依据中，主要包括《创业板管理办法》第六条、第十二条、第十一条、第十八条和第三条。其中第六条出现了6次，第十一条出现了5次，第十二条出现了3次。涉及的《创业板审核规则》则包括第十五条、第十八条、第二十八条和第三条，其中第十八条出现了7次，第二十八条出现了6次，第十五条出现了2次（见表4）。

表4 创业板法律依据出现频率

《科创板管理办法》		《科创板审核规则》	
条文	出现次数	条文	出现次数
第五条	11	第五条	1
第十一条	4	第十五条	6
第十二条	2	第十九条	4
第三十四条	8	第二十八条	9
第三十九条	6	—	—

根据《科创板审核规则》第五条和《创业板审核规则》第五条，交易所在审核中所关注的事项包括：（1）是否符合科创板/创业板定位；（2）是否符合发行条件；（3）是否符合上市条件；（4）是否满足信息披露要求。① 就此而言，其他具体规则也应当是对于上述规则的细化，并且具有可操作性。

首先检视科创板的相关规则。可以说，《科创板管理办法》第五条、第三十四条和第三十九条均是对于信息披露作出的相关要求。其中第五条第一款要求，"发行人作为信息披露第一责任人，应当诚实守信，依法充分披露投资者作出价值判断和投资决策所必需的信息，所披露信息必须真实、准确、完整，不得有虚假记载、误导性陈述或者重大遗漏。"第二款规定了发行人应当配合保荐人和证券服务机构的工作，第三款规定了发行人的控股股东、实际控制人的相应义务。该条基本等同于《科创板审核规则》第二十八条。既然在科创板发文否决的案例中均涉及第五条，可以说明在上交所看来，各企业或多或少未能满足相应的信息披露要求。而第三十四条第一款规定，"发行人申请首次公开发行股票并在科创板上市，应当按照中国证监会制定的信息披露规则，编制并披露招股说明书，保证相关信息真实、准确、完整。信息披露内容应当简明易懂，

---

① 《科创板审核规则》第五条明确规定，"本所发行上市审核基于科创板定位，重点关注并判断下列事项：（一）发行人是否符合中国证监会规定的科创板股票发行条件；（二）发行人是否符合本所规定的科创板股票上市条件；（三）发行人的信息披露是否符合中国证监会和本所要求。"而《创业板审核规则》第五条则采用了相同的表述："本所发行上市审核基于创业板定位，重点关注并判断下列事项：（一）发行人是否符合中国证监会规定的创业板股票发行条件；（二）发行人是否符合本所规定的创业板股票上市条件；（三）发行人的信息披露是否符合中国证监会和本所要求。"

语言应当浅白平实,以便投资者阅读、理解"。第二款进而要求,"中国证监会制定的信息披露规则是信息披露的最低要求。不论上述规则是否有明确规定,凡是对投资者作出价值判断和投资决策有重大影响的信息,发行人均应当予以披露"。如果认为该条第一款是对披露内容语言表述的要求,那么第二款就是在保证相关表述简明易懂的基础上,要求企业"应披露尽披露",信息披露不能仅仅符合证监会的"最低要求"。然而紧接着第三十九条第一款就规定,"发行人应当根据自身特点,有针对性地披露行业特点、业务模式、公司治理、发展战略、经营政策、会计政策,充分披露科研水平、科研人员、科研资金投入等相关信息,并充分揭示可能对公司核心竞争力、经营稳定性以及未来发展产生重大不利影响的风险因素"。第二款要求尚未盈利的发行人披露尚未盈利的成因及影响。那么问题在于,"应披露尽披露"和"有针对性地披露"是否存在冲突?既然披露的实质认定是对于"投资者作出价值判断和投资决策有重大影响",那么谁来判断是否会产生重大影响?或者说,何以知道重大影响的边界何在?

(三) 规则的运用及检讨

不难发现,交易所显然认为自己有权判断信息披露是否得当。在相关的规则中,重要的不在于信息数据的披露,而在于信息数据所具备的影响及合理性。例如,在精英数智案中,即便发行人披露了项目服务商的职能和服务费金额,上市委也认为发行人没有准确披露项目服务商所提供服务的内容、项目服务费的计费标准及确定方式。国科环宇披露了与单位 A 关联的销售金额,上市委也认为未能说明关联价格的公允性,而定价的公允性显然构成"投资者作出价值判断和投资决策所必需的信息"。在这个意义上,交易所实际上扮演着类似法院的角色:发行人应当尽可能举证证明自己已经披露了对投资者作出决策所必要的信息,由交易所进行实质判断。换言之,这一过程的重点并不在于,或者说不仅仅在于披露本身,其核心恰恰在于说服。即相关的信息必须使上市委有理由相信,发行人已经披露了所有投资者所需要的信息,申请及审核的整个过程就是说服的过程。在科创板首例终止审核案出现后,《证券日报》就发文称:"这是因为依法终止发行人科创板发行上市审核,是切实贯彻'以信息披露为中心'的审核理念,更好地履行审核职责、努力提高上市公司质量的具体体现。"[①] 而在网进科技上市被否之后,《上海证券报》发表文章称:"市场人士表示,11 月 10 日,中国证监会召开贯彻落实《国务院关于进一步提高上市公司质量的意见》(以下简称《意见》)动员部署会,要求把好'入口关',为市场引入源头活水。目前来看,《意见》开始发挥作用,提高上市公司质量工作开始'既见声势、更见实效'。交易所在上市审核环节勇敢地承担起了监管责任。"[②] 从上述媒体的立场表态中,我们能

[①] 参见择远:《新数网络与科创板说"再见" 终止审核不会是最后一家》,载《证券日报》2019 年 8 月 26 日,第 A03 版。

[②] 参见时娜:《创业板注册制首现 IPO 被否案例》,载微信公众号"上海证券报",2020 年 11 月 11 日。

够再次管窥交易所的审核逻辑。

由此，上市委的审核程序在此意义上确保了企业能够披露对自己不利的信息。而企业一旦披露对自己不利的信息，上市委就能够根据这些信息判断是否符合上市和发行的独立条件。除了那些明确规定相应指标的条件以外，正如上文所讨论的，上市委的判断就归入了是否符合科创板定位、是否符合财务准则及存在内控机制，以及是否具备独立面对市场持续经营能力的判断上。《科创板审核规则》第十九条规定，发行人"应当结合科创板定位，就是否符合相关行业范围、依靠核心技术开展生产经营、具有较强成长性等事项，进行审慎评估"，而交易所则"关注发行人的评估是否客观"，即对于是否符合科创板定位进行实质判断。而《科创板首次公开发行股票注册管理办法（试行）》第十一条规定，发行人的会计基础工作应当规范，内部控制制度健全且被有效执行。第十二条从三个方面规定了发行人应当"业务完整，具有直接面向市场独立持续经营的能力"，包括内部不存在同业竞争和关联交易、管理团队稳定、资产不存在权属纠纷或其他诉讼风险。在终止审核的决定中，兴嘉生物、博拉网络均被认为不符合科创板的定位，国科环宇则被认为缺乏独立持续经营的能力。因而可以看出交易所的审核逻辑，对于发行人而言，首先需要披露相应信息，说服交易所已经完成了对于"投资者所必需"信息的披露，交易所再根据发行人披露的信息进行实质审核，是否满足科创板定位，以及是否符合发行的条件，除了指标明确的法定条件之外，交易所还将判断发行人是否具备独立持续经营的能力。

而创业板与此情况类似。但如果仅仅从已有的终止审核决定来看，较之科创板的审核理由，创业板更关注发行人内部的股权交易历史和实质控制人的认定，换而言之，创业板将更多的目光投向公司的内部，而非仅仅是与相对方达成的交易与营收来源。在网进科技案中，交易所的审查理由为未充分披露投资者作出价值判断和投资决策所必需的信息的相关规定（《创业板管理办法》第六条、《创业板审核规则》第十五条、第二十八条）和发行人业务完整、具备独立持续经营能力的相关规定（《创业板管理办法》第十二条）。

然而问题在于，上市委的理由究竟是否完全成立，可能也不无疑问。我们已经讨论了交易所并非只进行形式审核，而是根据披露的信息进行实质审查：第一，披露信息是否到位；第二，根据已披露信息，分别判断发行人是否符合科创板/创业板定位、是否符合上市条件、是否符合发行条件。即，交易所发挥的作用绝非仅仅要求发行人完全披露相关信息，而是包括了在发行人披露了相关信息之后再进行实质审核，典型如是否符合具备独立持续经营的能力。

这里存在三个问题。其一，如果申请上市是一个需要"说服"交易所的过程，那么是否意味着信息应否披露的判断完全取决于交易所的判断？换言之，如果企业不认为该等信息会影响投资者的判断，但交易所要求企业进行披露，企业能否保有信息？典型如网进科技案，网进科技是否应当披露所有股权让与的历史与真实的资金流动？或者说，如果确如网进科技所说，相关主体之间的财务往来是另一笔生意中的获利款，那么是否有正当的理由让其披露？更重要的是，上市公司的股权究竟如何让与？对价为多少？究竟是否会影响投资者的甄别？在已经披露的情况下，又何以对投资者不利？

其二，究竟如何认定企业具备独立持续经营的能力？持续经营应当面向过去还是面向未来？在上述案例中，我们能够看到无论是深交所还是上交所，均在不同程度上以缺乏独立持续经营的能力而否决相关主体的申请。其理由大抵在于客户较为单一，或者过分依赖某一客户。但这能否证成发行人的不具备独立持续经营的能力，也是一个可以探讨的问题。如果有一个大客户持续不断地为企业提供订单，企业是否面临不能经营的风险？还是说对这一问题的判断取决于客户数量的多少？

其三，正如前文所说的，注册制改革的核心在于降低不确定性。但在现实的注册制运行下，我们仍然能够看到不确定性并未完全消除。这当然不意味着必须实现完全理想化的状态，边界注定会是暧昧不清的，在我们无法通过事先的标准的细致规定以穷尽所有可能的情况下，企业和交易所的判断完全取决于不同的视角和理由。因而如果出现了企业和交易所判断不一致的情形，更有意义的问题就在于是否还会存在双重判断、再判断的可能。

毫无疑问，实质监管的权力从证监会手中过渡到了交易所手中，更严格的监管的担子压实在了交易所肩上。就上述问题而言，值得期待的是，在注册制的中国实践日益纵深的进程中，企业和交易所的权责界限能够更加清晰。目前来看，即便企业不认可交易所认为应当披露的信息会影响投资者的判断，企业也必须进行整改以符合交易所的要求，而不能保有相应的信息。这一点可以延伸到对于独立持续经营能力的判断上。这背后的法理也许就在于，当涉及公众利益时，企业自身的判断和信息保有的需求应当作出让步，利益的天平毫无疑问要向公众投资者倾斜，此时交易所就是公众利益的"守门员"。

五、余论

在科创板和创业板的终止审核决定中，均提到如果发行人不服可以请求复审。这一救济途径直接规定于《科创板审核规则》第六十一条和《创业板审核规则》第六十一条。同时上述两条规则第六十三条还提到在复审程序中，原上市委中的委员不得参加复审的会议。这似乎是证监会和交易所提到的唯一的救济途径。在逻辑上讲，既然交易所的审核是证监会注册的前置程序，那么不通过交易所的审核也就无法进入证监会的流程。换句话说，如果交易所拒绝复审或者复审继续不通过，那么发行人能否直接请求证监会进行裁判恐怕会遭遇障碍。此外，即便存在复审程序，这一程序可能不足以为当事人提供救济。如前所述，正是因为发行人和审核人对于同一问题存在不同的判断，才导致救济的必要。即便复审会议的成员改变，但毕竟是同一个机关进行的审核，要求前后作出不一致的认定，在存在问询程序的情况下应当是小概率事件。这时就需要将目光转向司法机关，这一中立的第三方裁判机关，讨论是否存在司法救济的可能。

在讨论交易所作出的终止决定能否被司法审查之前,必须明确在之前的核准制下,交易所作出的决定能否被诉。之前在最高人民法院作出《关于上海水仙电器股份有限公司股票终止上市后引发的诉讼应否受理等问题的复函》中,最高人民法院认为,"根据《中华人民共和国公司法》和《中华人民共和国证券法》的规定,证监会是依法具有行政职权的证券市场的监督管理者。证监会按照其法定职权针对特定的上市公司作出的退市决定,属于《中华人民共和国行政诉讼法》上规定的可诉的具体行政行为,股东对证监会作出的退市决定提起的诉讼,人民法院应当依法受理。"虽然该函阐述的是股东是否具有诉讼资格,① 但这一复函所明确的是,第一,证监会的退市决定能够被起诉;第二,该诉讼的性质为行政诉讼。

然而退市决定和上市发行审核的终止决定,终究是不同的两个行为,这一司法解释能否直接类推适用于上市发行审核的终止决定,恐怕还存在问题,即这两种不同的行为可能导致司法救济上的不同处理,更何况证监会的行为也并不完全等同于交易所的行为。

那么交易所的行为究竟在司法上能否被诉呢?在最新修订的《最高人民法院关于对与证券交易所监管职能相关的诉讼案件管辖与受理问题的规定》中,最高人民法院明确了与证券交易所监管职能相关的案件能够被提起诉讼。这其中当然包括交易所终止审核的案件。但这一规定虽然明确了能够被诉,却并未明确诉讼的性质。针对交易所终止审核的决定,申请人所进行的是民事诉讼还是行政诉讼?

根据《行政诉讼法》第二条规定:"公民、法人或者其他组织认为行政机关和行政机关工作人员的行政行为侵犯其合法权益,有权依照本法向人民法院提起诉讼。前款所称行政行为,包括法律、法规、规章授权的组织作出的行政行为。"这里包括三个要件,其一,被诉主体为行政主体,包括行政机关和法律、法规、规章授权组织;其二,诉讼对象为行政行为,主要是具体行政行为;其三,行政行为须已对相对人合法权益构成侵害。这里需要处理的问题在于,证券交易所的定位究竟是自律管理组织,还是经过行政机关授权的、为具体法律行为的一级主体?

在注册制改革下,不能简单以证券交易所的法律上的定位来判断其性质,而是要深入其权能结构和职责来实质地判断其性质。交易所在科创板和创业板中所享有的审核权实质是在市场准入阶段对于证监会固有权能的一种分权。② 这不仅表现在证监会通过制定《科创板管理办法》和《创业板管理办法》对上交所和深交所的一系列授权上,还表现在交易所的规定均需要经过证监会的批准生效。事实上,实务中已经有相关的案例通过法院来作出最终的裁判,裁决交易所

---

① 当时这一复函的亲历者对于这一表述有所反思,同时现行法也修改了相关的规定,认为股东不能提起诉讼。相关争议参见蔡小雪:《司法解释中的遗憾》,载微信公众号"中国法律评论",2020年11月3日。
② 相关讨论参见蒋大兴:《隐退中的"权力型"证监会——注册制改革与证券监管权之重整》,载《法学评论》2014年第2期。

的相关行为的合法性。① 因而可以推定交易所在注册制试点下审核科创板、创业板企业发行上市的行为是具有行政管理性质的行为。②

  本文主要关注了科创板和创业板在注册制下对发行人的终止审核情形。交易所在进行审核时主要在合规性、真实性和商业前景三个方面进行判断。就合规性而言，交易所将实质审查：第一，公司定位及科创属性/新业态的评价，要求申请人准确披露。第二，公司合法经营及内控机制的建立，要求申请人经营合规；就真实性而言，交易所将对相关信息是否符合披露形式进行实质判断，其中包括前后信息披露是否存在矛盾和公司治理及组织架构，这里要求申请人的披露充分且前后一致；就商业前景而言，交易所将综合判断公司的独立持续经营能力和公司的业务模式及业务实质。相比于科创板，创业板将更多的目光投向公司的内部。在注册制背景下，重要的不在于信息的披露，而在于信息数据所具备的影响及合理性。发行人应当尽可能证明自己已经披露了对投资者作出决策所必要的信息，由交易所进行实质判断是否符合相应要求。这一过程的重点并不在于披露本身，其核心恰恰在于说服上市委相信发行人已经披露了所有投资者所需要的信息。对于企业而言，对持续经营能力和信息披露要求的判断均有可能与交易所不同，应当明确企业救济的途径。交易所在科创板和创业板中所享有的审核权实质上是在市场准入阶段对于证监会固有权能的一种分权。因而可以推定，交易所在注册制试点下审核科创板、创业板企业发行上市的行为是具有行政管理性质的行为，对于该等行为存在异议应当明确发行人可以向法院提起诉讼。

---

  ① 参见深圳新都酒店股份有限公司诉深圳证券交易所案，深圳市中级人民法院（2017）粤03行初128号行政判决书。
  ② 参见王婷：《科创板发行上市审核决定的司法救济探讨——以注册制试点为视角》，载《法制与经济》2019年第11期。

注册制下科创板股票发行上市审核的内部救济研究

■ 沈宜之[*]

摘要： 在现行注册制实践中，证券交易所拥有对拟申请公开发行股票并上市企业进行审核的强大权力，是中国证监会注册的前置程序，因此发行人就交易所的审核决定申请复审的权利应当得到更多关注。科创板作为注册制改革的实验地，已经独立形成一套发行上市审核的内部救济规则。然而，该规则存在救济途径过于单一、复审机构缺乏中立性和权威性、复审机构权力边界不明以及复审程序沦为审议程序的附随等缺陷。对此，应以现有制度为基础、以程序正义理念为指导，借鉴行政复议制度和国外实践经验，建立更加多层次、更具独立性和权威性、职权更加明确的内部复审机制，以此保障发行人获得充分的内部救济，完善交易所的上市审核功能，最终促进证券市场的发展。

关键词： 科创板 注册制 上市审核 内部救济 复审会议

一、问题的提出

2020 年起施行的《中华人民共和国证券法》（以下简称《证券法》）第二十一条[①]赋予了证监会注册证券公开发行申请的权力，同时规定证券交易所可以对注册申请进行审核，对交易所的这一授权在操作层面可以细分为决定是否受理证券发行上市申请以及是否同意发行上市并报送证监会注册这两项职能，而这两项都是发行人完成注册程序的必备条件。结合 2018 年以来科创板、创业板对股票发行注册制的实践，目前我国已经形成一套完整且运行通畅的股票发行上

---

[*] 沈宜之，北京大学法学院。
[①] 《中华人民共和国证券法》第二十一条："国务院证券监督管理机构或者国务院授权的部门依照法定条件负责证券发行申请的注册。证券公开发行注册的具体办法由国务院规定。
按照国务院的规定，证券交易所等可以审核公开发行证券申请，判断发行人是否符合发行条件、信息披露要求，督促发行人完善信息披露内容。
依照前两款规定参与证券发行申请注册的人员，不得与发行申请人有利害关系，不得直接或者间接接受发行申请人的馈赠，不得持有所注册的发行申请的证券，不得私下与发行申请人进行接触。"

市审核程序：发行人向证券交易所提交注册申请，交易所受理后组织审核问询，随后上市委员会（以下简称上市委）召开审议会议，对审核机构出具的审核报告及发行人上市申请文件进行审议；交易所审核通过后，向证监会报送申请文件，经证监会同意注册后，发行人才可以公开发行股票。

学界和市场尤其关注注册制下的投资者保护问题①，而证券市场的另一端——发行人，却没有获得足够的重视。注册制改革前，证监会负责核准股票发行，证券交易所不会对发行人以及其他主体产生实际影响，② 所以上市受挫的发行人无须将矛头指向交易所，而理应向证监会寻求救济；③ 注册制下，交易所享有决定发行人命运的实权，但后者显然不会满足于任由交易所摆布。因此，科创板、创业板以及北京证券交易所设计出一套有别于主板"复核程序"的内部救济规则——复审程序，赋予了发行人向交易所申请重新审查上市审核意见的权利。但是在交易所地位发生重大变化的当下，该程序仍然存在诸多缺陷，无法给予发行人充分救济。

交易所优化内部救济机制，不仅有利于维护发行人利益，还将促使自身审慎行使发行上市审核权，提高上市公司质量，进而在促进证券市场的发展方面发挥极为重要的作用。④ 故笔者以科创板复审程序为例，探寻制度设计的缺陷，最后对完善现有规则提出建议。

二、内部救济的规则与运作机制

（一）内部救济的基本规则

现行《证券法》第四十九条⑤赋予发行人在收到证券交易所不予、终止上市交易决定后，向交易所复核机构申请复核的权利。上海证券交易所据此在《上海证券交易所股票上市规则（2020）》第十四章和《上海证券交易所复核实施办法（2019）》（以下简称《复核实施办法》）中规定：发行人对不予、暂停、终止上市决定不服的，可以在5个交易日内申请复核，交易所拥有决定是否受理的权力，并自受理后60个交易日内作出决定。以上便是适用于主板的"复核程序"⑥。

---

① 参见陈洁：《科创板注册制的实施机制与风险防范》，载《法学》2019年第1期；蔡伟、黄韬、冷静、缪因知：《新〈证券法〉投资者保护机制实施的"中国问题"》，载《地方立法研究》2021年第4期。
② 参见冷静：《科创板注册制下交易所发行上市审核权能的变革》，载《财经法学》2019年第4期。
③ 参见湛中乐、李凤英：《证券监管与司法审查——海南凯立公司诉中国证监会案的法律分析》，载《中国法学》2002年第5期。
④ 彭冰、曹里加：《证券交易所监管功能研究》，载《中国法学》2005年第1期。
⑤ 《证券法》第四十九条："对证券交易所作出的不予上市交易、终止上市交易决定不服的，可以向证券交易所设立的复核机构申请复核。"
⑥ 《深圳证券交易所股票上市规则（2020）》的规定大致相同；北京证券交易所于2021年底颁布了《北京证券交易所复核实施细则》，大致依循沪深两所的路径设置了统一的复核程序规则。

注册制下,科创板的"复审程序"与前者差异明显。《上海证券交易所科创板股票发行上市审核规则(2020)》(以下简称《科创板审核规则》)第六十一至六十三条规定:发行人在收到不予受理或终止审核决定后5个工作日申请复审,交易所将在20个工作日内,召开上市委复审会议。复审会议认为申请复审理由成立的,交易所对发行上市申请予以受理或者重新审核;复审理由不成立的,则维持原决定。发行人在两个阶段享有上述权利①:第一是在"受理"阶段,发行人向交易所提交发行上市申请文件,交易所作出不予受理决定时;第二是在"审核"阶段,交易所结合上市委审议意见,作出终止发行上市审核决定时。

在规则适用的衔接上,《科创板审核规则》作为特殊规则,应当优先适用。不过,《复核实施办法》仍然存在适用空间:《科创板审核规则》第八十条规定,上市审核阶段,监管对象不服交易所纪律处分决定,可以按照《复核实施办法》提出复核申请;如果前者存在法律漏洞,后者应当起到填补漏洞的作用。

(二)复审程序的机构定位、人员组成和运作机制

《科创板审核规则》对复审程序的规定较为简略,故具体规则应见《上海证券交易所科创板上市委员会管理办法(2021)》(以下简称《上市委管理办法》)。

1. 机构定位。上市委复审会议作为复审程序的重要一环,被定位于一种因个案召集又因案结解散的临时性会议,其由交易所指定的会议召集人召集并主持②,与出具发行上市审议意见的"审议会议"处于同一级别。至于"会议召集人"的定义,《上市委管理办法》并未明确;审议会议相关规定也存在这一概念③,但是同样含义不明。《复核实施办法》中确有"召集人"这一概念,其规定于第二十二条:"复核会议由本所从参会委员中指定的会议召集人主持。"——召集人的指定并无程序要求,所以复审会议或将沿袭这一较为任意的召集人指定程序。

科创板不存在常设的复审机构来负责发行上市审核的复审工作,而采取临时性的组织性质,以此避免常设机构的积弊。这一组织定位与主板"复核程序"差异显著:交易所内设复核委员会从事复核工作,其独立于交易所上市审核部门④。

2. 人员组成。《上市委管理办法》第四十条规定参照审议会议确定参会人员,故参照第二十

---

① 理论上存在证监会完成股票注册后,交易所拒绝股票上市的可能,但上述规则并没有为这一情形设计复审程序。
② 《上市委管理办法》第三十八条:"发行人对本所不予受理、终止审核、不同意转板上市的决定提出异议的,上市委召开会议进行复审。
复审会议由会议召集人负责召集,组织委员发表意见和讨论,主持形成合议意见。
上市委复审期间,原决定的效力不受影响。"
③ 《上市委管理办法》第十八条:"上市委以召开审议会议的形式履行职责。
审议会议由会议召集人负责召集,组织委员发表意见和讨论,主持形成合议意见。"
④ 《复核实施办法》第十二条:"每次参加复核会议的委员为5名,由本所在复核委员会委员中选定。"

至二十七条,交易所依照公平公正的原则从上市委中抽选5名委员(法律、会计专家至少各1名),并提前公布名单,发行人可以基于利害冲突申请回避。会议召开前,委员不得私自接触发行人,后者不得影响前者的专业判断。

同一批上市委委员既参与审议会议,又参与无利害冲突的复审会议,使复审程序无形中代入了审议程序的价值判断,有助于统筹把握审议会议与复审会议对发行上市标准的判断尺度,而且精于上市审议的委员在复审程序中更擅长发现审核工作存在的问题。这是复审会议相较于独立复核委员会的制度优势。

3. 运作机制。交易所收到复审申请后应当组织召开复审会议①,确保发行人至少获得一次复审的机会(主板规则下交易所有权决定是否受理复核申请②)。会议程序方面,复审会议参照审议会议的规则:参会委员应当发表意见,并向发行人等相关主体询问。会议全程录音录像,形成会议纪要,参会委员当场提交《委员工作底稿》——参照审议会议使复审会议拥有与上市审议相同的严格程序。

三、 现行规则的缺陷

(一) 救济途径过于单一

科创板发行上市审核的内部救济机制,与我国香港、台湾地区以及美国类似,特点为交易所内设救济路径,与之形成对比的是通过独立外部机构展开救济。③

问题在于,科创板只允许发行人申请一次复审,而复审会议将作出终局决定。这种单一的内部救济路径,一方面很难达到通过内部渠道展开沟通以化解矛盾的目的;另一方面审核机构与审议会议有复审会议加以监督,避免权力的恣意行使,而复审会议本身却没有任何监督主体,很难保证其审慎行使职权。

相比之下,香港联合交易所(以下简称联交所)的复核机制显得尤其复杂,其可以划分为上市机构自行复核、复核机构专门复核以及外部机构监督复核三个层次。④ 新申请人如果被上市科拒绝上市或者驳回申请,有权提交上市委复核,如果上市委拒绝复核或者赞同、修正、更改上市科的决定,新申请人有权将该决定提交上市复核委员会以期"最终裁决";证监会有权要求上

---

① 《上市委管理办法》第四十条:"本所收到复审申请二十个工作日内组织召开复审会议。"
② 《复核实施办法》第十七条:"本所收到复核申请材料后,在5个交易日内进行审查,作出是否受理的决定,并书面通知申请人。"
③ 参见陈彬、曾斌:《注册制背景下交易所上市审核内部救济机制的完善》,载《证券法苑》2014年第3期。
④ 参见香港联合交易所:《主板上市规则》,资料来源:https://cn-rules.hkex.com.hk/%E8%A6%8F%E5%89%87%E6%89%8B%E5%86%8A/%E4%B8%BB%E6%9D%BF%E4%B8%8A%E5%B8%82%E8%A6%8F%E5%89%87,2021年9月13日访问。

市复核委员会来复核后者自己作出的决定（所谓"最终裁决"），倘若复核机关完成复核后推翻、修正或更改决定，相关人士还可以向上市复核委员会寻求进一步及最终复核（出席较早前上市复核委员会复核聆讯的人员不能出席进一步及最终复核聆讯）。另外，"受屈人士"条款还允许因上市科或上市委的决定而感到受屈的人直接向上市委主席表达意见，以期上市委全面复核有关事宜。①

当然，科创板单一的复审程序有其历史原因：规则演进的自然逻辑是需求引导变革，而在证监会主导的核准制下，上市受挫的发行人极少向交易所寻求救济，因此有关部门设计新规则时维持了旧思维的惯性。另一个现实原因是，如果科创板的单层内部救济机制或上市审核阶段的其他沟通机制可以确保交易所与发行人形成密切联系，则很难去否认规则的有效性：现实中，发行人聘请的券商和律师凭借其执业过程中积累的人际关系，与交易所审核人员实现了充分交流，这种隐形沟通渠道不失为一种化解矛盾的路径。

根本意义上，境外证券交易所之所以发展出多层次内部救济机制，是为了尽可能将发行人留在内部救济的绵延路径中，避免其"逃向"司法机关，以致面临成本高昂且纷纷不休的诉讼。因此，内部救济机制的复杂化是一个动态演进过程。1975年美国《证券法修正案》为司法审查采取一种相对超脱、有限介入的立场提供了有效的制度框架。上述框架的确立，使法院确信，既然证券交易委员会有权力也有能力对交易所行使监管职能，而且这样的权力和能力得到了立法者的信任，法院就没有必要直接闯入交易所自律管理这块令人捉摸不定、头痛不已的法律是非之地。这样顺势推出"内部救济用尽原则"，就显得顺理成章，并能获得尊重证券交易委员会市场监管权威与交易所自律管理权限的开明形象②。内部救济机制的多层次发展有赖于司法诉讼的刺激，同时二者在程序上应当产生连接，以此平衡交易所自律管理与司法介入的关系。我国少有上市受挫的发行人通过诉讼解决与交易所的纠纷——外部刺激的缺失在根本上导致交易所没有延长内部救济路径的主观需求。

（二）复审机构缺乏中立性和权威性

内部救济机制的一个天然弊端在于发行人会怀疑机构内部人员的"沆瀣一气"，所以境外证券交易所尤其注重复审机构的中立性和权威性。

联交所董事会授权上市委执行除了复核程序以外的一切上市事宜，而后者安排上市科与交易所行政总裁负责大部分职权，并监督、复核上市科的职权行为——上市委与上市科呈现出上下级的层级关系。与此同时，上市复核委员会有权复核上市委的决定，所以上市委成员在离任两

---

① 参见《香港联合交易所有限公司证券上市规则》2B.05、2B.15、2B.16。
② 参见徐明、卢文道：《判例与原理：证券交易所自律管理司法介入比较研究》，北京大学出版社2010年版。

年后才有资格成为上市复核委员会委员，而现行上市委委员或证监会或交易及结算所代表更不能担任上市复核委员会委员——上市复核委员会在组织架构和人员组成上完全独立于上市委。至于上市复核委员会的委员，应当包括上市提名委员会认为能够代表投资者权益的人士、能够代表上市发行人及市场从业人士（包括律师、会计师、企业融资顾问及交易所参与者或其高级人员）以及在《上市规则》方面有经验及专业知识或熟知上市委工作的人士。① 前文提到发行人还可以直接向上市委主席表达意见，而"受屈人士"的表述是联交所关注发行人心理需求的绝佳例证。

英国政府将伦敦证券交易所的上市审核权转移给了英国金融服务局，使伦敦证券交易所经过非互助化改制顺利转为营利性公司，② 因此该国股票上市审核程序以及对上市审核的内部救济具有行政属性。英国上市管理局（United Kingdom Listing Anthority，UKLA）对上市申请的审查遵循一个内部的上升程序，如有人不同意英国金融行为监管局（Financial Conduct Authority，FCA）作出的独立指导（individual guidance），他可以要求 FCA 的高级官员进行审查。如该人不同意上述 FCA 高级官员的决定，或第三方直接受独立指导影响，可要求上市咨询复核委员会（Listing Advisory Review Committee，LARC）审核该指导并作出最终决定。LARC 由一个 FCA 常务董事作为主席，并由来自 FCA 市场部的董事（不包括在争议中有利害冲突的董事）、来自总法律顾问部（General Counsel's Division，GCD）的代表和两名具有适当上市经验的外部独立从业人员组成，后者通常从上市管理咨询委员会（Listing Authority Advisory Committee，LAAC）成员中挑选③——英国在复核机构的设置上强调组织定位和参会人员的权威性，同时并不排斥负责上市审核且无利害冲突的人员参与内部救济程序。

英国以行政程序的制度逻辑建构了上市审核的内部救济机制，反映了西方议事理论的传统特质：第一，在会议人员的组成上，"委员会"负责对指定的事务或问题进行讨论、调查或者采取行动，对于"临时委员会"，如果需要其去协商或调查一件事务，那么应该让尽可能多持不同观点的人参加。这样委员会形成的意见才有说服力，也能把争吵最大限度地限制在委员会内，从而提高全体会议的效率。④ 交易所选择代表不同立场的人员（甚至包括上市审核人员）参与复审工作，可以最大化发挥复审程序的调查与协商功能。第二，在会议主席的选择上，组织从自己的成员中选择官员，同时不排斥从成员之外选择官员，例如某个"后续会议"或者"临时会议"

---

① 参见《香港联合交易所有限公司证券上市规则》2A.01、2A.02、2A.05、2A.37A、2A.37B、2A.37K。
② 参见于绪刚：《交易所非互助化及其对自律的影响》，北京大学出版社 2001 年版，第 138 页。
③ See UK Listing Authority: The UKLA decision making and review process, Available: https://www.fca.org.uk/publication/ukla/pn-908-1.pdf, visited on September 13, 2021.
④ 参见［美］亨利·罗伯特：《罗伯特议事规则（第10版）》，袁天鹏、孙涤译，格致出版社 2008 年版，第 318-319 页。

上要处理意见分歧严重的问题，此时从外面请来一个精通会议主持的人担任主席会使会议更有成效。主席必须精通议事规则，熟悉会议组织的章程和各类规则。同时，主席的机智老练与明智判断也是规则所无法取代的。① 由审核机构的上层组织或高级官员主导复审程序，从发行人视角和复审机构内控层面都可以更好地保证程序的中立性和权威性。

科创板对强化复审会议的独立性作了诸多尝试，其问题在于：首先，上市委委员更多参与审议会议，并不精通复审程序，具体运作中可能出现各种规则适用的缺漏和障碍，限制发行人和交易所的有效沟通，甚至引发争议。其次，由于复审会议与审议会议的参会人都在上市委中产生，处于同一利益群体的委员们在复审程序中天然存在支持审议意见的倾向；从发行人视角看，这一人员设置显然会加深其怀疑情绪，不利于发挥沟通、解纷功能。最为重要的是，复审会议并非一个更高层级的组织，其与审议会议处于同一级别，这是科创板与境外证交所在内部救济规则上的本质差异。当发行人耗时数年准备的上市申请被交易所不予受理或者终止审核，前者必然期待向一个更高级别的机构请求权利救济。科创板的规则设计很难保证复审机构及其终局决定的中立性和权威性。

（三）复审机构的权力边界不明确

对首次公开发行公司进行实质审核，此为证券注册制和核准制在证券发行审核管理上的共性。证监会出台的《科创板首次公开发行股票注册管理办法（试行）》第二节"发行条件"所规定的对发行人主体地位、发行人财务规范、发行人持续经营能力和生产经营活动合法合规的具体要求，表明注册制是通过披露的信息实质审查是否符合规定的发行要求。② 举"上证科审（审核）〔2021〕599号"为例，科创板上市委审议认为发行人没有充分披露其核心技术是否具有先进性、相关业务的成长性和潜在市场空间及对持续经营能力的影响，不符合有关规定的信息披露要求，故终止对其进行上市审核。③ 该决定虽然将终止理由定位于不符合信息披露要求，但隐含的逻辑是发行人未能提供充分的证据来证明核心技术的先进性、业务的成长性和潜在市场空间及持续经营能力等实质性要求，即不符合发行及上市条件。

由此带来的第一个疑问是，若该发行人申请对上述决定进行复审，复审会议是否有权就审核机构的实质审核决定加以审查，还是仅需关注审核过程本身是否符合法定程序，或者说发行人是否有权就审核机构的实质审核决定提起复审。《科创板审核规则》第六十三条第二款仅表示"上市委员会复审会议认为申请复审理由成立的，本所对发行上市申请予以受理或者重新审核"，

---

① 参见［美］亨利·罗伯特：《罗伯特议事规则（第10版）》，袁天鹏、孙涤译，格致出版社2008年版，第318－319页。
② 参见徐瑜璐：《论注册制下的证券市场治理权能转向》，载《河北法学》2020年第12期。
③ 参见《关于终止对上海吉凯基因医学科技股份有限公司首次公开发行股票并在科创板上市审核的决定》，上证科审（审核）〔2021〕599号。

至于申请复审理由的内容与范围,现行规则并未予以明确。第二个疑问是,如果复审会议发现该发行上市审核过程或审核决定存在发行人申请复审理由以外的问题,是否应当奉行"不告不理"的原则,还是应主动纠正错误。上述疑问反映了复审机构的权力边界不明确这一缺陷,而更深层的问题是科创板内部救济机制的功能定位模糊。

同时行使形式审核和上市适格性实质审查权的联交所①并不存在上述疑问:上市委保留其监督上市科及交易所行政总裁的角色,以确保后两者在日常履职时以专业及公正无私的方式行使权力。此监督角色不表示上市委将介入日常执行《上市规则》的职能,而是将担任独立复核机构的角色,并有权随时复核并赞同、修正、更改或推翻行政总裁、上市科执行总监或任何职员所作的任何决定②。有权主动或依申请对上市部门所作任何决定的全部内容加以复核,是上市委作为上级机构及授权机构自然享有的权力。与此同时,上市复核委员会应为上市委所作任何决定的复核机关,所有复核聆讯必须以重新聆讯的方式进行,上市复核委员会将考量先前聆讯的所有相关证据及论点。③ 上市复核委员会作为独立于上市委的常设机构,将实质审查上市委所作决定的全部内容——复核活动的主动性和复核内容的全面性说明联交所将其内部救济机制定性为一种自我纠错的制度。

(四) 复审程序沦为审议程序的附随

《上市委管理办法》第四十条第三款规定:"复审会议可与审议会议一并召开。"可以理解交易所基于效率的考量,在一场会议中同时审查、评议一个上市申请与一个复审申请,实践中一场审议会议也会审议两个发行上市申请项目。④ 依照类推解释的规则,一场会议也可以一并审查两个复审申请。

然而,这一制度设计违背了审议会议与复审会议人员组成的基本规则。每一个复审会议都是基于一个复审申请而临时组建的,审议会议同理,两类会议中的5名参会委员都需要在贯彻利害冲突规则的基础上,依照公平公正的原则抽选产生。如何做到相近时间内,分别就一个上市申请和一个复审申请抽选到完全一样的5名委员?这在概率上是很难达成的。"一并召开"的安排直接导致复审会议因案而生的人员组成机制失去意义。对比而言,在一场审议会议中安排两个上市申请项目并不会显著降低发行人对审议结果的信服程度,但急于扭转不利局势的复审申请

---

① 参见杜晶:《我国注册制改革的具体路径探析》,载《财经法学》2017年第3期。
② 参见《香港联合交易所有限公司证券上市规则》2B.01。
③ 参见《香港联合交易所有限公司证券上市规则》2A.37K、2A.37L。
④ 例如,科创板上市委2021年第32次审议会议便对中科微至智能制造科技江苏股份有限公司与南京诺唯赞生物科技股份有限公司的上市申请进行了审议,参见《科创板上市委2021年第32次审议会议公告》,资料来源:http://static.sse.com.cn/stock/information/c/202105/543d5f7e8b984b959d7773cba5f21b2a.pdf,2021年9月13日访问。

人显然存在专门为自己召开"听证会"的心理需求。如上规则会使发行人对该复审会议的结果失去信赖,甚至因此对整个复审程序产生怀疑。

这一规则缺陷,是科创板将复审程序视作审议程序之附随的绝佳例证。依此结论回溯前述逐项缺陷,可以清晰地发现科创板内部救济机制的方方面面都体现着这种附随属性,仿佛以审议程序为模板复制出一套复审程序。规则制定者并未考虑交易所内部救济之应用场景的特殊性,违背了"程序正义"的基本理念。

四、内部救济机制的未来

一个现实状况是,发行人对上述内部救济规则的实践可谓零星,所以与其说规则设计的缺陷值得关注,不如说没有人去适用规则更加值得反思。作为商事主体的发行人,与证券市场的"守门员"对簿公堂显然不够理性、经济,他们更倾向于"用脚投票",即在本国交易所上市受阻后转战境外交易所,或者通过其他融资渠道来筹措资金,而这恰恰是注册制实践急于解决的问题:一方面,建立科创板的一个重要目的便是迎接红筹企业回归,① 同时保证更多优质高科技企业在国内证券市场实现融资目的;另一方面,如果证券市场薄弱,公司和国家会发展其他方式(如银行融资)为商业筹资,而银行主导的融资体系催生出强大的银行,这种间接融资主导的经济体系将抵制强化证券市场的制度改革,② 优化交易所内部救济机制的意义由此上升到了国家资本市场结构性改革的高度。

因此,笔者期待解决内部救济机制的痼疾,建立更加完善且公正的复审程序。至于何为理想的内部救济机制,行政复议制度及贯彻其间的程序正义理念可以作为绝佳的参照:行政复议是指行政相对人认为行政机关作出的行政行为侵犯其合法权益,依法向行政复议机关提出复查该行政行为的申请,行政复议机关依照法定程序对被申请的行政行为进行合法性、适当性审查并作出行政复议决定的一种法律制度,本质是行政机关体系内的一种"自我纠错"机制③——科创板复审程序与行政复议制度存在功能上的类同性。当然,交易所及其发行上市审核权的法律性质向来存在争议④,本文无意陷入关于性质与概念的纷争,仅从实用的角度对相关理念加以

---

① 参见中国证券监督管理委员会:《关于在上海证券交易所设立科创板并试点注册制的实施意见》,资料来源:http://www.csrc.gov.cn/pub/newsite/flb/flfg/bmgf/fx/sf/201906/t20190627_358169.html,2021年9月13日访问。

② 参见伯纳德·S. 布莱克、洪艳蓉:《强大证券市场的法律和制度前提》,载《金融法苑》2003年第7期。

③ 参见章剑生:《现代行政法基本理论(第二版)》,第719页,法律出版社2014年版。理论界对行政复议的功能定位存在着三种不同的学说,即"自我纠错说""权利救济说""定纷止争说",本文仅作功能性的对照和借鉴,相关讨论可见杨海坤、朱恒顺:《行政复议的理念调整与制度完善》,载《法学评论》2014年第4期。

④ 关于证券交易所性质的讨论,参见冷静:《法定自律组织还是法律法规授权组织:新形势下证券交易所及其一线监管性质辨》,载《证券法苑》2017年第5卷。

借鉴。

行政复议的规则建构，重在解决机构内部审查所必然面临的程序正义问题，由此需要贯彻审查独立、审查中立、发挥专业优势和非终局性四项原则[①]：

第一，审查活动的独立性，是行政复议对行政行为产生有效制约效果的基本条件，避免行政复议审查机构混同于一般的行政执法机关，或者附属于被审查机关的指挥机关。这一原则要求复议机构的独立设置：英国依照法律设立行政裁判所，不隶属于某一行政机关；美国则设有直属于州政府的行政听证办公室；欧陆国家按照行政隶属关系确定案件的管辖，但不允许地方职能部门依据指导关系作为下一级部门的行政复议机关，在法律上也实现了相对独立的审查地位。

第二，审查中立，要求行政复议审查者必须居于超脱地位公正裁决，避免与申请人与被申请人任何一方存在利益牵连，要削弱乃至于消除行政隶属关系在行政复议中的影响，更要避免审查机构和案件结果之间的实质利害关系。

第三，发挥专业优势，因为行政复议相较于诉讼的特殊性在于行政复议人员具备更多的行政管理经验，能够更多地解决行政争议所涉及的专门问题，所以要细化行政行为合理性审查的标准和原则，确保行政裁量权的正当行使，纠正那些虽然形式合法，但实质却属任意性和专断性的行政行为。

第四，行政复议的非终局性，即使在已经尽可能保证复议机构和人员的公正性的情况下，行政复议也不应该成为终局决定，因为行政复议毕竟是在行政系统内解决争议，必须赋予公民向外部寻求救济的权利，有利于保证复议的公正性。

基于上述理念和实践经验，笔者提出如下建议：

第一，重新考量复审会议的人员组成，允许无利益冲突的上市委委员加入会议，同时由交易所法律部职员和其他高级管理人员主持会议，再引入代表不同立场的独立外部人员参加会议，切断复审会议决定与参会人之间的利益关系，同时对外塑造一个相对中立的组织形象。

第二，取消复审会议的终局性质，设置独立于发行上市审核部门的上诉委员会或交易所董事会来审查复审会议的决定，使交易所内部存在一个处于超脱地位的机构来公正裁决纠纷，起到监督复审会议和延长发行人救济路径的作用。

第三，明确复审程序的权力边界，建议采取"自我纠错"的理念，对发行上市审核程序从形式到实质进行通盘审查。因为交易所内部机构最有能力审查发行上市审核程序，如果局限于形式审查则会浪费其专业优势，而且注册制下交易所基于提升市场竞争力和自身利益的考量[②]，

---

① 参见方军：《论中国行政复议的观念更新和制度重构》，载《环球法律评论》2004年第1期；应松年：《把行政复议制度建设成为我国解决行政争议的主渠道》，载《法学论坛》2011年第5期。

② 参见彭冰、曹里加：《证券交易所监管功能研究》，载《中国法学》2005年第1期。

有动力将复审程序定位于全面监督发行上市审核的功能,不会仅仅满足于权利救济或定分止争。

第四,分别召开复审会议与审议会议,贯彻复审会议因案而生的人员组成机制——专项听证会反映的是最朴素的程序正义理念。这一理念还体现在内部救济权利的告知义务上:科创板的实践是模仿行政决定作出的过程,在终止审核上市申请的公告中,告知发行人享有申请复审的权利以及权利行使的期限。[①] 希望有关部门可以更进一步,一方面让此类告知义务成为交易所的一项法定义务,另一方面在科创板官网信息披露界面开设"复审"专栏,通过各种方式启发、提示发行人对复审权利的关注。

注册制的实践伴随着配套规则的迅速迭代,《上市委管理办法》在发布后维持了每年一修订的节奏,行业规范的灵活性在此尽数显现。期待科创板在未来的规则修订中完善内部救济机制,创造股票发行上市审核的良性业态。

[①] 参见《关于终止对上海吉凯基因医学科技股份有限公司首次公开发行股票并在科创板上市审核的决定》,上证科审(审核)〔2021〕599号。

金融司法与执法

比例连带责任之反思：目标、困境及替代方案

■ 秦悦民　郑润镐　于焕超*

摘要： 在连带责任发生作用的场合，往往因为责任过重而产生滥诉倾向。调和连带责任的方案之一即比例责任。五洋债案、中安科案、康美案皆为连带责任转向比例责任的产物。将所谓连带责任与比例责任杂糅为比例连带责任，归入连带责任的体系，实属不当，不仅颠覆了连带责任的基本法理，而且造成追偿和执行的混乱。域外立法与司法实践表明，证券虚假陈述之连带责任和比例责任，其实是连带责任、按份责任和不真正连带责任的集合体。因此，正视比例连带责任的本质，抑制造法冲动，乃是解决当下证券虚假陈述案件责任形态的破局之道。

关键词： 比例连带责任　连带责任　按份责任　不真正连带责任　证券虚假陈述

2020年12月31日，杭州市中级人民法院就五洋债虚假陈述一案（以下简称五洋债案）作出一审判决，判令律师事务所、资信评级机构分别承担5%、10%的比例连带责任。[①] 2021年9月，浙江省高级人民法院就五洋债案作出二审判决，驳回上诉，维持原判。[②] 2021年5月，ST中安公告了证券虚假陈述案件（以下简称中安科案）的二审判决结果，上海市高级人民法院判令招商证券和瑞华会计师事务所对发行人中安科股份有限公司的赔偿责任分别在25%和15%的范围内承担连带责任。[③] 2021年11月12日，广州市中级人民法院对康美药业特别代表人诉讼案（以下简称康美案）作出一审判决，对高达人民币24.59亿元的巨额索赔，法院认定部分董事（包括独立董事）、监事、高级管理人员分别承担5%~20%不等的比例连带责任。[④]

---

* 秦悦民，上海市通力律师事务所合伙人、律师；郑润镐，上海市通力律师事务所北京分所合伙人、律师；于焕超，上海市通力律师事务所律师。

① 参见王放与五洋建设集团股份有限公司、陈志樟证券虚假陈述责任纠纷案，浙江省杭州市中级人民法院（2020）浙01民初1691号一审民事判决书。

② 参见浙江省高级人民法院（2021）浙民终389号二审民事判决书。

③ 参见招商证券股份有限公司与李淮川、周向东证券虚假陈述责任纠纷案，上海市高级人民法院（2020）沪民终666号二审民事判决书。

④ 参见顾华骏、刘淑君等11名投资者与康美药业股份有限公司、马兴田、许冬瑾、邱锡伟、主义清、温少生、马焕洲、马汉耀、林大浩、李石、江镇平、李定安、罗家谦、林国雄、李建华、韩中伟、王敏、张弘、郭崇慧、唐煦、陈磊证券虚假陈述责任纠纷案，广东省广州市中级人民法院（2020）粤01民初2171号一审民事判决书。

从近期法院陆续公布的证券虚假陈述责任的判决可以发现，比例连带责任的适用主体已经从中介机构扩展为发行人的董事（包括独立董事）、监事、高级高理人员。比例连带责任在证券虚假陈述案件中的适用在理论和实践中都存在颇多争议。

深究比例连带责任背后的法理基础以及这一责任形态所要达到的政策目标，本文认为，实无创设比例连带责任的必要，这一责任形态表面上解决了中介机构证券虚假陈述责任的承担问题，但是违背了连带责任的基本原理，会使针对不同责任主体的追偿和执行出现混乱局面。比例连带责任的本质是连带责任、按份责任以及不真正连带责任的集合体。在现有的数人侵权责任框架下可以解决相关问题。

一、比例连带责任出现的背景及所欲实现的目标

在五洋债案、中安科案、康美案判决作出之前，证券虚假陈述案件中介机构的责任形态呈现全有全无的状态，如大智慧案[①]、金亚科技案[②]、昆明机床案[③]、华泽钴镍案[④]等。原因在于：法院知悉中介机构在证券虚假陈述中的过错与责任不相适应，但是碍于《中华人民共和国证券法》（以下简称《证券法》）第一百六十三条的规定，无法设计出减轻中介机构责任的方案。

近年来，法院内部关于保护投资人利益以及减轻中介机构法律责任并举的倾向性意见开始明显外露出来。例如，最高人民法院审判委员会专委刘贵祥大法官曾在访谈中专门指出："人民法院也强调责任追究的过罚相当，责任与过错相一致，而不是采取一刀切，不问过错程序一律让中介机构承担全部连带责任。"[⑤]

[①] 参见上海大智慧股份有限公司、立信会计师事务所证券虚假陈述责任纠纷案，最高人民法院（2019）最高法民申 2374 号再审审查与审判监督民事裁定书；上海大智慧股份有限公司、立信会计师事务所与邢爽、吕巨等证券虚假陈述责任纠纷案，上海市高级人民法院（2019）沪民终 35 号二审民事判决书；上海大智慧股份有限公司、立信会计师事务所与王森证券虚假陈述责任纠纷案，上海市高级人民法院（2019）沪民终 42 号二审民事判决书；上海大智慧股份有限公司、立信会计师事务所与吴艳洁、苗苗等证券虚假陈述责任纠纷案，上海市高级人民法院（2019）沪民终 43 号二审民事判决书。

[②] 参见立信会计师事务所、金亚科技股份有限公司证券虚假陈述责任纠纷案，四川省高级人民法院（2020）川民终 741 号二审民事判决书；立信会计师事务所、金亚科技股份有限公司证券虚假陈述责任纠纷案，四川省高级人民法院（2020）川民终 1176 号二审民事判决书。

[③] 参见沈机集团昆明机床股份有限公司、西藏紫光卓远股权投资有限公司证券虚假陈述责任纠纷案，云南省高级人民法院（2020）云民终 281 号二审民事判决书；沈机集团昆明机床股份有限公司、西藏紫光卓远股权投资有限公司证券虚假陈述责任纠纷案，云南省高级人民法院（2020）云民终 223 号二审民事判决书。

[④] 参见饶光伟与成都华泽钴镍材料股份有限公司、国信证券股份有限公司证券虚假陈述责任纠纷案，四川省成都市中级人民法院（2019）川 01 民初 545 号一审民事判决书；周琴、国信证券股份有限公司证券虚假陈述责任纠纷案，四川省高级人民法院（2020）川民终 293 号二审民事判决书。

[⑤] 参见中证网：《刘贵祥：对"看门人"坚持过错与责任相一致过罚相当》，资料来源：https：//www.cs.com.cn/xwzx/hg/202103/t20210309_6145455.html，2022 年 2 月 14 日访问。

因此，法院在贯彻保护资本市场投资人利益、压紧压实中介机构责任的同时，也在探索中介机构的责任与过错相统一的最优方案。正是在这样的背景之下催生了比例连带责任。

因此，比例连带责任所要实现的政策目标主要集中在如下两点：第一，与《证券法》的规定相统一，通过扩大责任主体的方式最大化保护投资人利益。第二，保证中介机构承担的责任与其过错相适应，防止中介机构因为1%的过错承担100%的连带责任。

通过适用比例连带责任，法院认为实现了投资人利益保护与中介机构"过责相当"的目标。笔者非常赞赏这种努力，但是从连带责任的基本原理出发，本文不得不指出，这种责任形态造成的弊端更大且难以自圆其说。

二、比例连带责任的弊端

众所周知，所谓连带责任，对外而言是一个整体的责任：（1）连带责任中的每个主体都需要对被损害者承担全部责任；（2）连带责任赋予了被损害者更多的选择权，即被损害者可以请求一个或者数个连带责任人承担全部或者部分赔偿责任；（3）连带责任是法定责任，连带责任人内部的约定对外不能发生法律效力。连带责任对内而言是按份责任，连带责任人之间可以根据一定比例相互追偿。[①] 显然，比例连带责任违反了连带责任的基本原理。

首先，比例连带责任不符合连带责任的对外效力。如果把比例连带责任归入连带责任的体系之内，那么在发行人承担100%责任的情况下，中介机构也应该承担100%的责任，而非是一定比例的责任；并且，投资人（原告）作为被损害者也有权选择任一被告（发行人以及中介机构）承担全部或者部分责任，但是比例连带责任的结果是，投资人只能针对中介机构主张特定比例的责任，限制了选择权。同时，当事人约定的责任比例尚且不能对抗外部的投资人，法院又基于何种理由可以创设连带责任人之间的清偿比例并且约束被损害者（原告）呢？

其次，比例连带责任不符合连带责任的对内效力。比例连带责任会造成追偿和执行的混乱局面。

举例而言，如果法院支持投资人所主张的损失100元，A、B分别作为发行人以及实际控制人承担100%的连带责任。C、D、E作为中介机构各自承担全部损失5%、10%、20%的连带责任。如果认为A、B、C、D、E五个主体承担的责任形态是连带责任，那么根据连带责任的原理，A、B之间互相追偿，自无异议。C、D、E也可以相互追偿。同时，A、B承担责任之后也可以针对C、D、E追偿。反之亦然。

这样造成的直接后果是，C、D、E针对投资人（原告）承担5%、10%、20%比例的责任并非是终局责任，由于连带责任下相互追偿权的存在，C、D、E承担的最终责任并不是5%、

---

① 参见黄薇：《中华人民共和国民法典总则编释义》，法律出版社2020年版，第466-468页；张凤翔：《连带责任的司法实践》，上海人民出版社2006年版，第47-50页。

10%、20%的比例，而需结合A、B、C、D、E各自的清偿能力才能最终判断。同时，关于A、B、C、D、E之间按照何种比例相互追偿，由于并没有在判决中明示，后续只能由执行法官和另案法官自行判断，追偿权需要考虑各个主体之间的过错以及对损害的原因力，执行法官和另案法官需要对证券虚假陈述案件中各个责任人的过错和对损害的原因力重新审查和判断，这种重复操作如何保证公允以及准确。

已有实务界人士尝试在认可比例连带责任的情况下，以数字模型、区分不同情境总结各个责任主体相互追偿以及执行的比例。很显然，最后的结果是，无论怎么精细地计算和分类，这种追偿模式在执行过程中会非常复杂而且因人而异。统一的难度非常大。[①] 由此可见，比例连带责任一旦蔚然成风，不仅会增加法官的工作量，而且会引发新的问题。

实际上，比例连带责任只解决了发行人以及中介机构如何向投资人承担责任的问题（对外效力），以最大限度保障投资人可以充分、及时地受偿，但并没有解决发行人与中介机构之间的责任分担问题（对内效力）。解决这些问题的主要关注点在于：

第一，法院已经在各中介机构之间分配了责任比例，中介机构之间是否还可以相互追偿？是否有必要相互追偿？

第二，中介机构和发行人之间能否相互追偿，这种追偿是双向的，还是单向的？如果是单向的，究竟是中介机构承担最终责任，还是发行人承担最终责任？

第三，投资人能不能通过执行的方式获得超过其损失金额的超额赔偿？如不能，如何防止投资人获得超额赔偿？

三、比例连带责任的本质是连带责任、按份责任以及不真正连带责任的集合体

本文认为，比例连带责任所要实现的政策目标以及需要关注的三个关注点，只需要结合连带责任、按份责任以及不真正连带责任的规则就可以实现。比例连带责任本质是连带责任、按份责任和不真正连带责任的集合体，本文称其为"集合体规则"。

接续前述例子，如果法院判决投资人有权获得100元的赔偿，A、B分别作为发行人以及实际控制人就全部损失承担100%的连带责任，C、D、E作为中介机构各自承担5%、10%、20%的责任。

实际上，这种判决暗含着三种责任形态，即连带责任、按份责任以及不真正连带责任。具言之：

[①] 参见尤扬、赵之涵：《证券实务参取：按比例连带责任如何内部追偿？——兼评中安科证券虚假陈述案》，资料来源：https://mp.weixin.qq.com/s/TzHUF5GoeaaPSea-OVLFHg，2022年2月14日访问；袁德喻、徐凌婕：《证券虚假陈述纠纷中比例连带责任应如何执行和追偿？——以五洋债、康美药业案为例》，资料来源：https://mp.weixin.qq.com/s/YvqofnALu3A9p91It6BEpg，2022年2月14日访问。

第一,所谓连带责任,是指发行人A及实际控制人B承担连带责任。A、B对外对投资人(原告)承担100%的责任,对内根据一定的比例相互追偿,不能确定比例的,各自承担50%的损失。

第二,所谓按份责任,是指中介机构(C、D、E)承担按份责任。C、D、E之间的比例5%、10%、20%不仅是C、D、E针对原告投资人应该承担的责任比例,也是C、D、E内部承担责任的最终比例,C、D、E之间并不存在相互追偿的问题。①

第三,所谓不真正连带责任,是指发行人及其实际控制人(A、B)与中介机构(C、D、E)之间的关系。

不真正连带责任的法理基础通俗地讲是指,多个债务人对外向债权人承担全部赔偿责任(与连带责任的对外效果类似),但是对内只有部分债务人承担终局责任,如果非终局责任人承担了清偿责任,非终局责任人有权向终局责任人追偿。但是如果终局责任人承担了清偿责任,则无权向非终局责任人追偿。简言之,对内关系上,追偿权是单向的而非双向的。②

典型的不真正连带责任是产品侵权责任,消费者既可以向生产者也可以向销售者主张连带赔偿责任。销售者承担责任之后,有权向生产者追偿,生产者承担责任后无权向销售者追偿。因此,生产者对于消费者的损失承担终局责任。

因此,在证券虚假陈述案件中,并非是发行人A及其实际控制人B就全部损失与中介机构C、D、E承担不真正连带责任,因为在对外效果上,中介机构只对一定比例的损害承担赔偿责任,而非是全额赔偿,这并不符合不真正连带责任的基本原理。承担全部责任的发行人A及其实际控制人B与承担部分责任的中介机构C、D、E仅在责任重合的范围内承担不真正连带责任。

具体而言,A、B与C在5%的责任范围内,A、B与D在10%的责任范围内,A、B与E在20%的责任范围内构成不真正连带责任。

值得讨论的是,究竟是发行人承担终局责任,还是中介机构承担终局责任,目前并没有定论,这取决于法政策考量。理论界有呼声认为应该由发行人承担终局责任,因为发行人才是"首恶"。③ 本文赞同这种观点。这就意味着中介机构按照比例承担责任后,最终可以向发行人追偿。中介机构本质上并不需要承担责任,中介机构需要承担的只是无法向发行人追偿的风险。法院是否认同此种主张尚有待观察。

因此,如果认为中介机构需要就各自承担的投资人5%、10%、20%的损失承担终局责任,

---

① 参见张凤翔:《连带责任的司法实践》,上海人民出版社2006年版,第53-56页。
② 参见邱聪智、姚志明:《新订民法债编通则(下)》(新订二版),承法数位文化有限公司2013年版,第253-254页;张凤翔:《连带责任的司法实践》,上海人民出版社2006年版,第57-60页。
③ 参见陈洁:《证券虚假陈述中审验机构连带责任的厘清与修正》,载《中国法学》2021年第6期;缪因知:《祛魅"从重从严":厘定中介机构的比例责任需要精细化操作》,载《经济观察报》2021年6月14日第24版。

那么发行人承担了 100% 责任（即 100 元损失）的情况下，有权向中介机构 C 追偿 5 元、向中介机构 D 追偿 10 元、向中介机构 E 追偿 20 元。相反，如果是发行人承担终局责任，中介机构 C、D、E 有权向 A、B 追偿已方承担的 5%、10%、20% 的责任。

各个责任人之间呈现连带责任、按份责任以及不真正连带责任的多种责任形态的原因还在于：保证投资人（原告）获得的赔偿金额不得高于实际损失额，防止其不当得利。法理基础在于：损害赔偿法的最高原则是填平损害，而非让受损害方不当得利。①

因此，接续前述例子，投资人向发行人或者中介机构索赔的总金额不得超过 100 元。如果投资人已经向全部责任人 A、B 或其中任何一方申请执行达到 100 元，则投资人不可再申请执行部分责任人 C、D、E。如果投资人已向部分责任人 C、D、E 主张 5 元、10 元、20 元，共计 35 元的赔偿，则投资人只能向 A、B 或其中任何一方或者全部执行共计 65 元的赔偿。

采纳连带责任、按份责任以及不真正连带责任的制度设计，不仅实现了比例连带责任所要达到的法政策目标，而且解决了各个责任主体之间的追偿以及执行问题。

首先，投资人有权向 A、B、C、D、E 按照其各自的责任比例选择任何一个或者多个主体执行，直至获得充分受偿。这就解决了投资人保护的问题。

其次，A、B 承担责任后，可以根据连带责任的规定相互追偿，追偿和执行的难度小。C、D、E 承担责任之后，相互之间不能追偿，不存在执行难题。A、B 与 C、D、E 之间可以按照不真正连带责任的原理在责任重合范围内单向追偿，也不会存在执行难题。

比例连带责任和集合体规则的差异之处如表 1 所示。

表 1　比例连带责任和集合体规则的差异

		比例连带责任	集合体规则	备注
连带责任人（如发行人及其董监高）	对外连带	A 和/或 B 100%　　100%	A 和/或 B 100%　　100%	一致
	对内按份	A ←→ B 相互追偿	A ←→ B 相互追偿	
比例责任人（中介机构）	对外连带	C 和/或 D 和/或 E 5%　10%　20%	C 或 D 或 E 5%　10%　20%	比例连带责任：内部可以相互追偿
	对内按份	C ↙↘ D ←→ E 相互追偿	C ✗↙↘✗ D ←✗→ E 不可相互追偿	集合体理论：内部不可以相互追偿

---

① 参见曾世雄、詹森林：《损害赔偿法原理》（第三版），新学林出版股份有限公司 2016 年版，第 15 – 18 页。

续表

	比例连带责任	集合体规则	备注
连带责任人与比例责任人之间的关系	/ (图示：A 100%, B 100%, C 5%, D 10%, E 20%，相互追偿)	/ (图示：AB→C 5%, AB→D 10%, AB→E 20%，或 AB←C 5%, AB←D 10%, AB←E 20%)	**比例连带责任：** 连带责任人和比例责任人可以相互追偿 **集合体理论：**（1）A、B只能在5%的责任范围内向C追偿，反之亦然；（2）A、B只能在10%的责任范围内向D追偿，反之亦然；（3）A、B只能在20%的责任范围内向E追偿，反之亦然

四、比较法视角下中介机构的比例责任并非连带责任

在域外证券虚假陈述案件中，中介机构也有承担比例责任的做法，但是这里的"比例责任"，并非连带责任。

（一）美国

美国虚假陈述民事责任制度呈现较为典型的二元化结构，即把违反信息披露的法律责任及其相应的救济制度根据信息披露的阶段性划分为两类：其一是证券发行信息披露的法律责任和救济，主要由《1933年证券法》（Securities Act of 1933）的民事责任条款予以管制；其二是与证券买卖相关的欺诈和操纵行为的法律责任和救济，由《1934年证券交易法》（Securities Exchange Act of 1934）的相关责任条款予以管制。[①]

在《1933年证券法》以及《1934年证券交易法》颁布后，注册会计师为首的中介机构面临不断膨胀的法律诉讼，以致它们不得不承担责任与过错不相符的巨额赔偿。因此，1995年12月22日，美国国会通过了《1995年私人证券诉讼改革法》（Private Securities Litigation Reform Act of 1995）。《1995年私人证券诉讼改革法》对《1934年证券交易法》进行了修订，增加了《1934年证券交易法》21D（g）规则，规定只有明知违反证券法的被告才承担连带赔偿责任。

即如果中介机构故意进行违法行为，则承担连带责任；如果中介机构不存在故意的违法行为，则仅承担"与其责任相适应的比例责任"，而不是传统的连带责任。[②]

该法进一步规定了在确定比例责任时需遵守的程序。陪审团或者法庭需要考虑每位主体是否违反证券法；该主体应负责任占所有造成原告损害主体责任的比例；该主体对于违反证券法

---

① 参见翁晓健：《证券市场虚假陈述民事责任研究——美国证券法经验的反思与借鉴》，上海社会科学院出版社2011年版，第26页；韩龙：《美国1934年证券交易法（中英对照版）序》，法律出版社2006年版，第71页。

② See Private Securities Litigation Reform Act of 1995, Sec. 201（a）.

是否明知,① 并进一步考虑每位被告造成原告损害之行为性质以及加害人之行为与原告损害间因果关系之性质和程度,从而明确指出每一位被告就原告受偿之损害赔偿总额的应负责任。②

值得注意的是,《1995 年私人证券诉讼改革法》适用比例原则并不限于会计师,而是包含《1934 年证券交易法》下可能遭诉的承销商以及律师等其他专业人士,甚至发行人以及其董事或者公司管理层所有人在内。以 Lawrence E. Jaffe Pension Plan v. Household International, Inc. 一案为例,陪审团裁决被告及其董事长兼首席执行官、副董事长兼首席财务官承担连带责任,副董事长承担 10% 的比例责任。③

此种"与其责任相适应的比例责任"应当如何理解？承担比例责任的被告是否对其他任何主体享有追偿权？这需要将 21D（g）规则与《1934 年证券交易法》第 10 条结合起来解读。

21D（g）规则对于各责任人之间的求偿权作出了规定：一般而言,只有连带责任人享有向其他主体的内部追偿权。

而对于《1995 年私人证券诉讼改革法》所提及的比例责任人,一般认为,该法在明确规定了责任时未明确规定追偿权的,应当理解为立法者意图排除此种权利,④ 因此,比例责任人承担的实际是按份责任。

但是,如果出现了其他责任人尤其是连带责任人失去偿付能力的情况,此时若仍坚持比例责任,则将最终责任转嫁到了投资人处承担,使投资人无法全部受偿；此外,如果任由比例责任人承担全部的风险责任和最终责任,又会使比例责任制的初衷大打折扣。

因此,21D（g）规则提供了一种折中的解决办法：当出现原告无法从特定比例责任人以及全部连带责任人处受偿时,若原告为个人而非机构,其在判决中享有的赔偿金额超过了其净资产的 10% 且其净资产低于 20 万美元,此时其他比例责任人将对原告未能受偿的部分承担连带责任；若原告不满足上述条件,则每个比例责任人依各自的责任比例对原告未能受偿的部分承担比例责任,且比例责任人承担的责任总计不得超出其判决中责任的 50%。⑤ 此种解决方法不无争议,有学者指出,此种以任意的一个标准区分原告受偿及被告偿付的情况将引发宪法上平等保护的问题。⑥

可见,《1995 年私人证券诉讼改革法》中的比例责任实际是一种按份责任。但在特殊情况

---

① See Private Securities Litigation Reform Act of 1995, Sec. 201（g）(3).
② See Private Securities Litigation Reform Act of 1995, Sec. 201（g）(3)（C）.
③ See Lawrence E. Jaffe Pension Plan v. Household Int'l, Inc., 244 F. R. D. 412 (N. D. Ill. 2006).
④ Mary Ellen P. Dooley, An Implied Right of Contribution Under Rule 10b – 5: An Essential Element of Attaining the Goals of the Securities Exchange Act of 1934, 61 Fordham Law Review 185 (1993), p. 196.
⑤ See Private Securities Litigation Reform Act of 1995, Sec. 201（g）(4).
⑥ Denis T. Rice, A Practitioner's View of the Private Securities Litigation Reform Act of 1995, 31 University of San Francisco Law Review 283 (1997), pp. 283 – 344.

下，为保证原告为自然人时的充分受偿，按份责任的比例会提高甚至会转变为连带责任。同时，《1995年私人证券诉讼改革法》还着意于限制投资人获得不当得利的情形，即在投资人获得足额赔偿时，有些责任人虽有责任但无须承担赔偿责任。

(二) 我国台湾地区

在我国台湾地区，规范中介机构在证券虚假陈述案件中责任承担的法律依据主要包括"证券交易法"（以下简称"证交法"）第二十条之一与第三十二条，1988年及2006年的两次修订使中介机构由承担过错推定责任及连带责任，再到承担一般过错责任及比例责任。

1. 1988年"证交法"第三十二条修订："过错推定责任＋连带责任"。在2006年"证交法"增订第二十条之一前，台湾规范中介机构在证券虚假陈述案件中责任承担的主要法律依据为1988年"证交法"第三十二条。该条开门见山地阐明了会计师、律师等应当承担连带责任。[1]

在正义食品案二审判决中，台湾地区司法机构适用"证交法"第三十二条，判决会计师朱立容、蓝宪南负连带损害赔偿责任；相对地，会计师李树瑾、叶美玲举证其二人"已尽相当注意，且有正当理由可合理确信公司内部相关凭证据以编制之相关年度财务报告为容并无虚伪"，故台湾地区司法机构判决其免负赔偿责任。

2. 2006年"证交法"第二十条之一修订："一般过错责任＋比例责任"。在2006年"证交法"修订过程中，会计师的责任被降为相对较轻之一般过错责任。但为提升原告举证之可能性，以求"武器对等"[2]，同时配合增订了草案所无之第4项："前项会计师之赔偿责任，有价证券之善意取得人、出卖人或持有人得声请法院调阅会计师工作底稿并请求阅览或抄录，会计师及会计师事务所不得拒绝"。[3]

此外，该次修订还引进了比例责任制："第1项各款及第3项之人，除发行人、发行人之董事长、总经理外，因其过失致第1项损害之发生者，应依其责任比例，负赔偿责任。"即中介机构人员因过失须负赔偿责任时，应当依其责任比例定其赔偿金额。

就行为人之责任比例如何认定，台湾地区有关规定并未明文规定，实践中法院根据个案之中各个因素进行具体的判断。[4] 以久津公司财务报告不实案为例，台湾地区司法机构综合考察各行为人之职位、参与程度、任职期间、主观意图等情形，酌定各行为人责任之比例。在锐普公司财务报告不实案中，台湾地区司法机构也指出，应依各董事、监事之行为特性、违法行为与损害间因果关系之性质及程度认定责任。

---

[1] 参见台湾地区1988年"证券交易法"第三十二条规定。
[2] 参见曾宛如：《证券交易法原理》，元照出版社2012年第6版，第230页。
[3] 参见林国全：《财报不实之民事责任》，载《月旦民商法杂志》第48期，第19页。
[4] 参见王志诚：《企业财务报告编制之法律风险及法律责任》，载《月旦民商法杂志》第59期，第102页。

该比例责任的性质究竟为何？对此，学界一般认为其属于"绝对比例责任"①，即"依本项规定负过失比例责任之责任主体，仅负该比例责任，而不再论究其是否与其他责任主体构成共同侵权行为而连带负赔偿责任"。② 同时，对于承担全部责任的被告与负比例责任的被告之间，有观点认为二者责任重叠部分属于不真正连带债务关系，在比例责任之个别被告之间，一般认为"应依照个别被告之可归责性（故意或过失程度）、因果关系（对不实财报之影响力）作为实际案例推估被告责任比例之依据"③。然而，"证交法"第二十条之一并未明确规定终局责任的归属，理论界对此也存在许多争议。

从美国和我国台湾地区的立法和司法实践可以发现，中介机构承担的所谓比例责任并非是一种连带责任。比例责任的存在，实际上呈现出三种责任的混合体：

第一，承担全部责任的主体（比如发行人及其董监高）构成连带责任，对外针对投资人承担全部责任，对内基于特定份额相互追偿。

第二，承担比例责任的主体（比如中介机构）之间构成按份责任，承担比例责任的中介机构之间并无相互追偿的权利。

第三，无论承担连带责任还是比例责任，最终投资人可以获得的赔偿总额不能超过法院核定的实际损失的总额。换言之，连带责任人和比例责任人的赔偿金额存在此消彼长的关系。

因此，即便借鉴域外的立法和司法实践，针对中介机构的虚假陈述责任引进比例责任，这里的"比例责任"也不是五洋债案、中安科案、康美案所宣称的"比例连带责任"。美国和我国台湾地区所谓的比例责任均强调比例责任人之间不得相互追偿，本质是按份责任。因为比例责任的存在，整个证券虚假陈述的责任体系呈现出连带责任（全部责任人）、按份责任（比例责任人）以及不真正连带责任（全部责任人与按份责任人在责任重合部分的关系）的集合体形态。如此，追偿和执行皆可以在连带责任、按份责任以及不真正连带责任的框架内直接解决，而不会产生比例连带责任项下追偿和执行的困境。

五、结语

在现有法律体系、法律制度能够解决问题的情况下，实无必要创设新的制度，使简单问题复杂化。如果新制度并不能解决问题，相反会造成更大的困难，这种创设新制度的冲动则需要克制。在实务界人士苦苦计算比例连带责任项下各个责任主体如何追偿以及如何执行的时候，实

---

① 参见刘连煜：《新证券交易法实例研习》，元照出版社2014年，第358页。
② 参见林国全：《财报不实之民事责任》，载《月旦民商法杂志》第48期，第49页。
③ 参见刘连煜：《财报不实案件中之比例赔偿责任与全部赔偿责任》，载《月旦法学教室》第134期，第120–121页。

际就应该感知到,比例连带责任的正当性和合理性是存疑的。

将比例连带责任理解为单一的连带责任无法真正解决证券虚假陈述案件中各主体最终责任的承担,反而导致追偿和执行层面的混乱,打乱了我国侵权法下连带责任、按份责任、不真正责任以及补充责任的体系划分。最为可怕的是产生了不良的示范效应。在非证券虚假陈述领域,即一般的数人侵权领域,也有法院试图采用比例连带责任减轻部分侵权人的责任。

例如,在2021年7月审理的一起生命权纠纷案(劝酒)中,上海某区法院作出受害人小桃自负80%责任、劝酒人对20%互负连带责任、烧烤店承担补充赔偿责任的判决,即采取比例连带责任的做法。但是上海市第一中级人民法院改判小桃自身承担醉酒死亡80%的主要责任,改判两名劝酒人按份分别承担12%及8%的赔偿责任,烧烤店对两名劝酒人赔偿总额承担50%的补充赔偿责任,即改为"按份责任+补充责任"的责任形态,阻止了比例连带责任的适用。

作为证券虚假陈述案件中最为重要的顶层设计,只有厘清各类(个)责任人之间的责任形态才可能搭好证券虚假陈述案件法律规则的基本框架。如果框架并不准确,即便在细节之处做得再精细,如怎么分配份额、怎么判断因果关系、怎么确定损害,最终也掩盖不了因为整体框架不佳带来的负面效应。证券虚假陈述案件的最紧迫之事乃在于破除《证券法》有关规定造成的刚性连带责任的假象,正确认识域外中介机构比例责任的法律性质,纠正比例连带责任的适用。笔者注意到,最高人民法院在最近发布的《关于新时代审理证券市场虚假陈述侵权民事赔偿案件的若干规定》并未采纳比例连带责任的做法,这为后续法院探索中介机构责任的正确承担方式留下了空间。

中国法院应否受理瑞幸咖啡民事赔偿案?

■ 王灿驹*

摘要: 瑞幸咖啡财务造假事件引起社会各界关注,已有投资者提起了证券民事赔偿诉讼。然而,该案难以满足《证券法》域外管辖条款的效果标准,我国法院也无法适用该法进行判决。法院可以根据《民事诉讼法》与《涉外民事关系法律适用法》,以被告财产确定管辖权以及适用美国证券法,但这都存在一定的障碍。此外,投资者仍可能承担高昂的举证成本。我国法院尚未回应瑞幸案,如要审判该案,必须克服上述困难。与此同时,瑞幸在开曼启动破产程序以补偿相关权利人,并且已经聚集了相应的资金,该程序已被美国法院承认,我国监管机构也在其中发挥重要作用,这不失为我国投资者受偿的可能路径。

关键词: 域外管辖权 域外适用 跨境破产 虚假陈述

瑞幸[①]财务造假事件引发投资者是否可以向我国法院提起证券民事赔偿诉讼的问题。《中华人民共和国证券法》(以下简称《证券法》)的第二条第四款、《最高人民法院关于北京金融法院案件管辖的规定》(以下简称《金融法院管辖规定》)的第二条第(一)项[②]描绘了该诉讼的蓝图。然而,相关规定尚显粗糙,学界也对该案的受理持负面看法。[③]

本文第一部分尝试为我国法院寻找管辖依据,第二部分讨论该案的法律适用,第三部分简要说明证据问题,第四部分介绍瑞幸在开曼的破产程序及对投资者索赔的影响,最后对文章进行总结。

---

* 王灿驹,清华大学法学院2022级博士研究生。
① 如无特别说明,本文所称瑞幸皆指注册在开曼群岛并在美国上市的 Luckin Coffee Inc.。
② 《最高人民法院关于北京金融法院案件管辖的规定》与《最高人民法院关于上海金融法院案件管辖的规定》第二条第(一)项的内容是同一的,本文以前者为例展开讨论。
③ 参见汤欣、陈一新:《我国证券法域外管辖条款的适用——以瑞幸造假事件为中心》,载《公司法律评论》2020年卷;李有星、潘政:《瑞幸咖啡虚假陈述案法律适用探讨——以中美证券法比较为视角》,载《法律适用》2020年第9期。

一、 管辖依据： 域外管辖条款与被告财产管辖权

瑞幸案能否成为我国法院域外管辖证券民事赔偿诉讼的第一案，管辖依据是首要讨论的问题。

（一）我国法院的实践先例

笔者以"证券""虚假陈述""涉外"为目标字段，在北大法宝、威科先行数据库进行检索。我国法院处理过两起以在香港上市的境内公司作为被告的虚假陈述案件，且都以公司章程存在仲裁条款为由驳回起诉。① 这两起案件的被告都在境内有住所，难点在于原告索赔的是 H 股的投资损失，法院回避了该难点。瑞幸在开曼注册、在美国上市，其招股说明书明确了公司章程性文件中（Constitutional Document）没有仲裁条款。② 如果由我国法院立案审理，该案的处理将是突破性的。

（二）《证券法》的域外管辖条款

最高人民法院于 2021 年 3 月 16 日发布《金融法院管辖规定》，目前已有投资者根据该规定向北京金融法院起诉瑞幸，但尚无下文。

《金融法院管辖规定》并不足以使我国法院取得对瑞幸案的管辖权。涉外民事诉讼管辖权分为一般管辖权、具体管辖权，前者指一国法院对某一案件是否具有管辖权，后者指该国的具体哪个法院对该案具有管辖权，前者是后者的前提条件。③《金融法院管辖规定》确定的是具体管辖权，一般管辖权应由其上位法确定，④ 即《证券法》第二条第四款（以下简称域外管辖条款）："在中华人民共和国境外的证券发行和交易活动，扰乱中华人民共和国境内市场秩序，损害境内投资者合法权益的，依照本法有关规定处理并追究法律责任。"

1. 损害境内投资者合法权益。域外管辖条款的适用条件之一是损害境内投资者合法权益。然而，并非有投资者受损就触发域外管辖，否则域外管辖权将过度扩张，导致国际管辖冲突频发。该适用条件应作限制解释，也许可以借鉴美国法院的"效果标准"：境外行为损害了投资者利益时，美国法院可以管辖，但须满足实质性要求，即本国投资者遭受的损失须是具体利益损失，而且本国投资者须是违法行为的主要受损群体。⑤ 这是合理的，如果两个国家都以投资者受

---

① 例如，最高人民法院（2020）最高法民申 2391 号民事裁定书。
② See SEC, Registration No. 333, p. 64, April 22, 2019. Available at https://www.sec.gov/Archives/edgar/data/0001767582/000104746919002450/a2238391zf-1.htm, visited on June 15, 2021.
③ 参见李双元主编：《中国国际私法通论（第 2 版）》，法律出版社 2003 年版，第 513 页。
④ 参见最高人民法院：《最高人民法院民二庭负责人就〈最高人民法院关于北京金融法院案件管辖的规定〉答记者问，资料来源：https://www.court.gov.cn/zixun-xiangqing-290971.html，2021 年 3 月 16 日访问。
⑤ See Schoenbaum v. Firstbrook, 405 F.2d 200, 208 (1968); Bersch v. Drexel Firestone, Inc., 519 F.2d 974, 989 (1975); IIT v. Venca, 519 F.2d 1001 (1975).

损作为连接点,发生管辖权竞合,那么投资者受损程度更高的国家与管辖事项的联系程度更紧密,应当行使管辖权。

参考美国证券交易委员会(SEC)的起诉状,在 2019 年 4 月 22 日(首个虚假陈述实施日)后买入瑞幸的股票,且在 2020 年 4 月 2 日(揭露日)后持有或卖出的投资者是适格原告。① 然而,境内投资者难以适用域外管辖条款,下文逐个分析:

(1) 合格的境内投资者(QDII)。QDII 的投资者可能没有落在可诉期间内,且持股比例很小(见表 1),难以满足效果标准的实质性要求。

表 1 境内 QDII 投资瑞幸的概况

QDII 名称	披露期	持有瑞幸股份	占瑞幸流通股比例	占该基金净值比例
工银瑞信香港中小盘人民币(002379)	2019 年第四季度	7579 股	0.0023%	2.94%
	2020 年第一季度	7579 股	0.0010%	2.61%
汇添富全球移动互联(001668)	2019 年第四季度	11000 股	0.0033%	0.84%

数据来源:Bloomberg 终端、Wind 终端。

(2) 早期投资者。早期投资者包括瑞幸的创始人,提供 A、B 轮融资的投资机构(见表 2、表 3)。他们大多于造假实施日前投资瑞幸,故不能索赔。况且浑水调研公司的做空报告指出他们有参与造假的嫌疑,他们还可能早已基于关联关系知悉了造假事实。

表 2 瑞幸大股东(5%)概况(2020 年 1 月 21 日)

股东	持股占已发行流通股比例	曾任职务、关联关系
陆正耀	23.94%	董事会主席
钱治亚	15.43%	董事
Sunying Wong	9.72%	陆正耀的亲属(姐弟关系),瑞幸的早期投资机构 Mayer Fund 的实际控制人,后受让 Mayer Fund 的股份成为大股东
黎辉	7.15%	董事
刘二海	5.30%	董事

数据来源:Wind 终端。

---

① See SEC v. Luckin Coffee, Inc., Civil Action No.1:20 - cv - 10631, December 16, 2020. Available at https://www.sec.gov/litigation/complaints/2020/comp - pr2020 - 319.pdf, visited on June 16, 2021.

表3 瑞幸上市前的境内投资机构概况

投资机构	投资阶段	关联关系
大钲资本	A轮、B轮	黎辉：大钲资本董事长、瑞幸董事
愉悦资本	A轮、B轮	刘二海：愉悦资本执行董事、瑞幸董事
君联资本	A轮	刘二海：曾任君联资本董事、经理，任瑞幸董事
中金公司	B轮	瑞幸承销商

（3）灰色散户。不乏投资者以某种方式购得外汇后，通过境外券商投资瑞幸，暂且将此类投资者称为"灰色散户"。该交易属于中国证券法下的场外交易、美国证券法下的场内交易，灰色散户应依据美国法而非中国法索赔。毕竟，灰色散户必然是为了更高的收益，才会规避中国法的规定去投资美国的证券，高收益对应的风险就是放弃了中国法的保护。此外，法律制度也是收益的体现，灰色散户不仅购买了美国的证券，还购买了美国法的保护，甚至出于信赖美国法才购买美国的证券，那么不适用中国法也符合灰色散户的预期。相应地，发行人也不应受到任意国家法律的追责，发行人在美国发行证券，承担美国法的合规成本，并因此提高发行价格，不能苛求发行人考虑任意国家的法律，否则发行价格将被不必要地抬高。

2. 扰乱境内市场秩序。域外管辖条款的另一适用条件是扰乱境内市场秩序。经济学研究指出，当市场秩序被扰乱时，市场融资、定价、竞争等功能失灵，非理性行为反而能够在市场中获益，而理性投资者受到损失。因此，为了保护投资者的利益，就必须维持市场秩序。① 证监会也持类似观点，认为扰乱市场秩序会导致投资者利益受损。②

投资者利益受损的直接表现就是持有证券的价格下跌。虚假陈述一般只影响直接关联的证券的价格，而"影响市场"至少表现为影响了其他证券的价格，导致购买其他证券的投资者也遭受损失。③ 那么，发行人向SEC提交虚假文件后，按市场欺诈理论，虚假信息会反映在美国市场的证券价格上，却不会影响中国市场的证券价格，因为全球证券市场不是一个高效率的整体。④

因此，可以综合涉案证券的发行市场、其他证券的价格、投资者的损失情况来判断市场秩序

---

① 参见纪宝成：《论市场秩序的本质与作用》，载《中国人民大学学报》2004年第1期；伍文辉：《资本市场秩序的宪法选择》，载《法制与社会发展》2012年第5期。
② 参见《中国证监会行政处罚决定书》〔2008〕42号、〔2008〕44号、〔2018〕32号。
③ See Merritt B. Fox, *Securities Class Actions against Foreign Issuers*, 64 Stanford Law Review 1173, 1235 – 1236 (2012).
④ See Hannah L. Buxbaum, *Multinational Class Actions under Federal Securities Law: Managing Jurisdictional Conflict*, 46 Columbia Journal of Transnational Law 14 (2007), pp. 43 – 48.

是否被扰乱。瑞幸不在我国境内上市,也没有迹象表明瑞幸事件影响了境内市场的证券价格或损害了境内市场投资者的利益,难以认定其虚假陈述行为扰乱了境内市场秩序。

(三)《民事诉讼法》的被告财产管辖权

基于境内证券市场现况,《中华人民共和国民事诉讼法》(以下简称《民事诉讼法》)的被告财产管辖权条款有成为管辖依据的可能。事实上,我国法院把在香港上市的境内公司为被告的虚假陈述案件认定为涉外民事诉讼,并根据《民事诉讼法》涉外编的相关规定处理管辖问题。但该路径也存在障碍。

1. 中概股公司是首要管辖对象。域外管辖应为市场需求服务。Robert Bartlett(2019)提出美国交易量占比的概念,即外国发行人(在美国境外设立的公司)发行的证券在美国市场的成交额与在全球市场的成交额之比。文章对比了2002—2017年起诉外国发行人的388起证券欺诈诉讼,发现这些被告都具有显著的美国交易量占比,这说明美国法院更关注那些在美国发行证券的外国公司,因为美国投资者很可能购买此类公司的证券,而投资者买什么,法院就应该关注什么。①

相比于美国的发达市场,我国证券市场尚无国际板,我国法院面临的是(1)境内上市的境内公司,(2)境外上市的境内公司,(3)境外上市但经营实体在境内的境外公司,(4)境外上市且经营实体在境外的境外公司。其中,(1)受到我国法院管辖,(4)与我国的联系微弱,我国法院在涉外领域的发挥空间就是管辖(2)和(3),即中国概念股公司(以下简称中概股公司)。

况且,中概股公司一直是境内投资者对外投资的主要标的,以2021年第一季度的数据为例,QDII持有中概股的市值约占总市值的78%。② 我国尚处于证券域外管辖的起步阶段,仅就虚假陈述而言,应抓大放小,先围绕中概股公司开展监管,寻求自洽的管辖依据。管好中概股公司,就在很大程度上保护了境内投资者的利益。

2. 被告财产管辖权。中概股公司的经营实体在境内,即有财产在境内。可根据《民事诉讼法》第二百六十五条,以被告在的境内可供扣押的财产作为连接点,确定我国法院的域外管辖权。虚假陈述案件的罚、赔金额巨大,加上涉外因素,行为人很可能转移财产。为保障管辖收益,应由财产所在地法院及时控制行为人财产。③

被告财产管辖权也利于避免管辖冲突。例如,美国、德国主张行使管辖权要求管辖国与管辖

---

① See Robert P. Bartlett, Matthew D. Cain, Jill E. Fisch & Steven Davidoff Solomon, *The Myth of Morrison*: Securities Fraud Litigation Against Foreign Issuers, in Faculty Scholarship at Pennsylvania Law 2025, p. 17 – 25 (2019). Available at https://scholarship.law.upenn.edu/faculty_scholarship/2025, visited on March 24, 2021.

② 数据来源:Wind 终端。

③ 参见刘远志:《美国跨境证券交易执法及启示》,载《证券法苑》2016年第2期。

事项具有某种联系,而商业上的联系一般包括"存在业务经营""生意往来""存在实体联系"①,我国与中概股公司的联系符合这些特征。

被告财产管辖权的难点在于如何认定瑞幸的财产,可变利益实体(Variable Interest Entity, VIE)架构使财产归境内经营实体所有,瑞幸通过协议安排受益。

实践中,我国法院多次摸索类似实质合并(Substantial Consolidation)的做法,以"法人人格否认"为核心理由,将不同关联公司的财产合并为一个破产财产进行重整或清算,以保护壳公司利益相关者的权益。②

另外,欧美法院常适用主要利益中心(Center of Main Interests)制度。在破产案件中,法院往往认定经营实体所在地是离岸公司的主要利益所在地,因为后者可以实际控制前者的财产,主要利益所在地法院开启的破产程序也被他国法院承认为主要程序,如此才可能确保破产财产的有效执行。③

2020年7月15日,瑞幸向开曼高等法院提交了第一版清算报告,声称其大部分资产位于我国境内,包括7.18亿美元的现金(集团现金的97%),愿意将这些资产用于破产重整程序。④ 可见,瑞幸与境内经营实体存在财产混同。因此,存在否认瑞幸法人人格或是认定境内为瑞幸主要利益中心的可能,其结果都是我国法院把境内经营实体的财产认定为瑞幸的财产,在此基础上行使被告财产管辖权。但是,这两个方法都具有一定的挑战性,国内法也没有成熟的规则。

二、 法律适用的指引与查明

审理涉外案件须根据冲突规范指引准据法,还涉及外国法的查明问题。

(一) 不适用中国证券法

虽然域外管辖条款的"依照本法有关规定处理"赋予了《证券法》域外适用的效力,但由于瑞幸案不满足效果标准,故《证券法》不能在该案中适用。

我国法院也曾指出境外交易所不是我国批准设立的交易所,其交易引发的纠纷不适用《关

---

① See Adam Steinman, *Application of Modern Jurisdictional Principles—Transacting Business*, in Charles Wright eds., Federal Practice and Procedure (4th ed.), Thompson West, 2018, §1069.
② 参见贺丹:《破产实体合并司法裁判标准反思——一个比较的视角》,载《中国政法大学学报》2017年第3期。
③ 参见张海征:《论VIE架构对中国跨境破产制度提出的特殊问题》,载《首都师范大学学报(社会科学版)》2016年第3期。
④ See Luckin Coffee Inc., *The Joint Provisional Liquidators' First Report To The Grand Court Of The Cayman Islands*, July 15, 2020. Available at https://investor.luckincoffee.com/static-files/177f69c0-b876-407e-ae2f-40f032af1ebd, visited on June 1, 2021.

于审理证券市场因虚假陈述引发的民事赔偿案件的若干规定》。① 此外,纳入域外管辖条款的新《证券法》于 2020 年 3 月 1 日施行。若严格依照法不溯及既往原则,只有在 2020 年 3 月 1 日至 4 月 2 日买入瑞幸证券的少量投资者,才能主张适用新《证券法》,这使效果标准更难被满足。

（二）适用美国证券法

实践中,我国法院依据《中华人民共和国涉外民事关系法律适用法》（以下简称《涉外民事关系法律适用法》）,将证券发行地法确定为涉外证券虚假陈述案件的准据法。② 按此逻辑,瑞幸案应适用美国证券法。

如此需要查明美国法。笔者以"涉外民事关系法律适用法""美国法"为目标字段,在北大法宝、威科先行数据库进行检索,除去婚姻、继承纠纷,以终审结果为准,总结得到被法院认为应当或可以适用美国法的案件如表 4 所示。

表 4　中国法院适用美国法的案件

裁判日期	案号	法院	争议内容	适用法律	处理方式
2021 年 3 月 31 日	（2020）京民终 754 号	北京高院	确认股东资格	美国加利福尼亚州公司法	当事人提供
2018 年 12 月 24 日	（2018）陕民终 233 号	陕西高院	公司决议纠纷	美国特拉华州普通公司法	当事人委托外国专家查明
2018 年 7 月 9 日	（2016）陕 01 民初 6 号	西安中院	确认合同效力	美国加利福尼亚州民法典	当事人委托美国律师查明
2021 年 5 月 17 日	（2020）沪民辖终 79 号	上海高院	确认仲裁条款效力	美国联邦仲裁法	法院查明
2020 年 3 月 4 日	（2020）闽民终 208 号	福建高院			
2017 年 3 月 31 日	（2017）浙民终 49 号	浙江高院	运输合同违约责任	中国法律	当事人未提供完整法律法规或相关判例及法律意见,法院认定无法查明外国法

---

① 参见云南省高级人民法院（2020）云民终 250 号民事裁定书；北京市第四中级人民法院（2021）京 04 民特 179 号民事裁定书。

② 参见广西壮族自治区南宁市中级人民法院（2020）桂 01 民初 560 号民事判决书；四川省成都市中级人民法院（2019）川 01 民初 3157 号民事判决书。

续表

裁判日期	案号	法院	争议内容	适用法律	处理方式
2019年6月28日	（2017）京0105民初33563号	北京朝阳区法院	代理合同违约责任	中国法律	部分当事人选择适用口国法，部分当事人选择适用美国法但未提供，法院决定适用中国法
2017年4月26日	（2013）海商初字第126号	北海海事法院	货物与提单记载明显不符		
2016年7月22日	（2015）广海法初字第405号	广州海事法院	运输合同违约责任		
2012年5月22日	（2011）青海法海商初字第176号	青岛海事法院	运输合同违约责任		

可见，如果当事人能够承担查明成本，法院并不排斥适用美国法。证券诉讼有较大的索赔金额作为激励，美国法的查明成本有望得到解决。然而，表4的案例所适用的美国法绝大部分是成文法，且援引的法条相对简单。而普通法系的法律渊源不仅包括成文法，还有大量的判例，甚至学说，此时不能默认法官知法，提供美国法就成为一个需要审理的事实问题，当事人就各自提供的法律渊源展开辩论，法官通过审理来决断采信哪些法律渊源。[1] 美国法下的证券诉讼脱胎于长期的司法实践，呈现为一套充满弹性的判例法体系，[2] 不是抽象的法条可以概括的。所以，尽管我国的涉外司法实践已经表露出了适用美国法的迹象，但审理证券诉讼这样的复杂案件仍存在相当的难度。

三、涉案事实的举证

投资者至少需要证明下列两个方面的内容：

（一）瑞幸的虚假陈述行为

瑞幸主要通过发放大额优惠券、虚构订单的方式抬高收入，同时伪造业务外包、宣传营销、员工福利、购买材料等支出，并在招股说明书、临时报告等公开文件中记载虚假信息。

SEC和中国证监会都公开声明双方通过国际证监会组织（IOSCO）的跨境监管合作机制开展执法合作，SEC在中国证监会的协助下完成对瑞幸的调查。对于证券违法行为的案件，我国法院

---

[1] 参见焦燕：《我国外国法查明新规之检视——评〈涉外民事关系法律适用法〉第10条》，载《清华法学》2013年第2期。
[2] 参见汤欣：《美国证券法上针对虚假陈述的民事赔偿机制——兼论一般性反欺诈条款制度的建立》，载《证券法苑》2010年第1期。

曾采纳过通过监管合作机制获取的证据。① 那么,如果中国证监会请求 SEC 移交瑞幸案的相关证据,然后由法院向中国证监会调取,相关证据可以作为定案依据。问题在于,瑞幸虽然自主曝光造假行为,但仍与 SEC 达成既不承认又不否认(Without Admitting or Denying)违法行为的和解,按 SEC 的政策,往往不再公开行为人的违法事实,投资者仍需自行负担举证成本,并承受旷日持久的诉讼。②

(二)投资者的损失

为证明买入瑞幸的证券,投资者至少应提供开户信息、交易记录。尽管浑水调研公司在 2020 年 1 月 9 日发布了做空报告,但该信息影响力有限,下跌的股价也在短时间内回升。瑞幸于 2020 年 4 月 2 日自认造假行为,引起市场震动,即日股价收盘下跌超 75%。该自认行为既直接揭示了投资风险,又造成显著的市场反应,SEC 将 4 月 2 日认定为揭露日是合理的。瑞幸案属于典型的虚假信息充分揭露后股价立即下跌(Truth – then – Drop)③的情形,且瑞幸的招股说明书中就有虚假信息。因此,只要投资者在 4 月 2 日后卖出或持有证券,其损失就应得到认定。

四、开曼破产程序及影响

瑞幸曾发行了大量债券,已陷入无法全部偿还的局面,并在开曼启动了破产程序,该程序已对证券诉讼产生影响。

(一)开曼破产程序得到美国承认

瑞幸于 2021 年 1 月 29 日向开曼大法院提交第二版清算报告,声明瑞幸正在与美国投资者的律师进行谈判,寻求和解,试图就债务重组方案达成一致。④

根据《开曼公司法》第 86 条,重组协议经由过半数且代表 75% 以上表决权的债权人或类别债权人、股东或类别股东同意,且被法院批准后,拘束全体债权人、股东。2021 年 3 月 16 日,瑞幸公布了《重组支持协议》,拟通过现金、债券、存托凭证的组合偿还债权人,同时,正在索赔的投资者可以向瑞幸申请加入破产程序。⑤

---

① 参见中国证监会行政处罚决定书(唐汉博、王涛)〔2017〕21 号;上海市第一中级人民法院(2019)沪 01 刑初 19 号刑事判决书。

② See Marc Powers, Mark Kornfield & Joanna Wasick, *The SEC Falcone Settlement: A Harbinger of Things to Come*, 2013 Business Law Today 1 (2013), p. 2.

③ See John C. Coffee Jr., *Causation by Presumption? Why The Supreme Court Should Reject Phantom Losses and Reverse Broudo*, 60 Business Law. 533 (2005), pp. 538 – 542.

④ See Luckin Coffee Inc., *The Joint Provisional Liquidators' Second Report to The Grand Court of The Cayman Islands*, January 29, 2021. Available at https://dm.epiq11.com/case/luckin/documents, visited on June 19, 2021.

⑤ See Luckin Coffee Inc., *Restructuring Support Agreement, Exhibit A Restructuring Term Sheet*, March 16, 2021. Available at https://dm.epiq11.com/case/luckin/documents, visited on June 19, 2021.

2020年12月16日，SEC与瑞幸达成和解协议，后者认罚1.8亿美元，SEC表示瑞幸在开曼破产程序中对投资者的补偿可以抵销该笔罚款。① 2021年3月30日，受理美国投资者索赔起诉的纽约南区法院批准了瑞幸的破产程序承认申请，瑞幸获得《美国破产法》第15章1520条项下的全部救济，包括中止在美国法院的诉讼、中止相关财产的执行、投资者可以申请加入开曼破产程序。② 对于美国而言，瑞幸在开曼的破产程序成为主要程序（Main Proceeding），SEC也同意瑞幸在开曼破产程序中对投资者的补偿可以抵销1.8亿美元的罚款，美国投资者可能将在开曼破产程序中受偿。

（二）我国对开曼破产程序的反应

我国法院只能依照国际条约或互惠原则承认和执行外国法院的破产裁定、判决，③ 然而，我国和开曼仅缔结了税收情报交换协定。外国法院一般以法庭命令推动破产程序，而我国法院在实践中只承认裁定、判决。④

相比于我国法院的沉默，我国监管机构积极参与了开曼破产程序。2021年6月15日，瑞幸宣布获得了中国外汇管理局的许可，将境内的资金转出用于开曼的破产程序。⑤

另外，中国证监会和SEC早已签署了相关合作备忘录，双方认为随着跨境上市的企业越来越多，会出现同时损害中美投资者利益的违法行为，双方需要进行及时的沟通，互相提供执法协助。⑥ 瑞幸事件曝光后，中国证监会和SEC迅速开展执法合作。SEC也公开感谢中国证监会的协助，并承诺在取得中国证监会的同意后使用瑞幸认缴的1.8亿美元罚款。⑦

分析至此，瑞幸事件显得耐人寻味。假设我国法院受理了境内投资者提起的证券诉讼，但又不能通过承认开曼破产程序中止该诉讼，如果投资者胜诉，法院势必面临执行问题，而外汇管理局已经允许瑞幸将境内账户的资金转出。

---

① See *Luckin Coffee Agrees to Pay* $180 *Million Penalty to Settle Accounting Fraud Charges*, December 16, 2020. Available at https：//www.sec.gov/news/press-release/2020-319, visited on June 18, 2021.

② See In Re：Luckin Coffee Inc. (In Provisional Liquidation), Case No. 21-10228 (MG), March 30, 2021. Available at https：//dm.epiq11.com/case/luckin/documents, visited on June 18, 2021.

③ 参见雷雨清、王欣新：《〈跨国界承认和执行与破产有关判决的示范法〉与我国相关立法的完善》，载《法律适用》2019年第19期。

④ 参见《最高人民法院关于北泰汽车工业控股有限公司申请认可香港特别行政区法院命令案的请示的复函》〔2011〕民四他字第19号。

⑤ See *Luckin Coffee Completes Financing Milestone under Restructuring Support Agreement*, June 15, 2021. https：//investor.luckincoffee.com/news-releases/news-release-details/luckin-coffee-completes-financing-milestone-under-restructuring, visited on June 18, 2021.

⑥ See SEC & CSRC, *Terms of Reference for Cooperation and Collaboration*, May 2, 2006. Available at https：//www.sec.gov/about/offices/oia/oia_bilateral/chinator.pdf, visited on June 24, 2021.

⑦ See *Luckin Coffee Agrees to Pay* $180 *Million Penalty to Settle Accounting Fraud Charges*, December 16, 2020. https：//www.sec.gov/news/press-release/2020-319, visited on June 18, 2021.

好在证监会、外汇管理局积极地参与该事件，无论瑞幸的权利人最终以何种方式获得补偿，我国的监管机构都将起到决定性的作用。这也体现了一个事实：涉外事项涉及的法律不统一，相比司法机关，行政机关的措施更灵活、职能更全面，应当配备更多的剩余权力。①

从这个角度来看，我国法院不宜受理瑞幸的证券诉讼，毕竟境内投资者是在美国市场进行交易，可以像美国投资者一样参与瑞幸的开曼破产程序，中国证监会和外汇管理局在破产程序中的地位也能进一步保障境内投资者公平受偿。

五、 结语

瑞幸的境内投资者较少，该案难以满足《证券法》域外管辖条款的效果标准，即使满足，法院也不能根据域外管辖条款的指引而适用《证券法》审理该案。

法院可以考虑以瑞幸位于境内的财产作为连接点，行使《民事诉讼法》规定的被告财产管辖权，但难点在于如何将境内实体的财产认定为瑞幸的财产。

按《涉外民事关系法律适用法》的规定，瑞幸案应适用美国证券法。但是美国证券法还包括丰富的判例，有相当的查明难度。此外，由于瑞幸未向 SEC 承认违法行为，涉案证据的搜集、认定也是一个难题，投资者可能还需要承担高昂的举证成本。

值得注意的是，瑞幸在开曼启动破产程序，已被美国法院承认为主要程序，瑞幸在美国的诉讼、执行也得以中止。瑞幸已经募得债权融资并且转移了在我国境内的资金，制订了可观的债权人补偿方案。我国法院没有判决过以境外公司作为被告的证券诉讼，也没有承认过开曼大法院的破产程序，至今对瑞幸事件保持沉默。相比而言，我国监管机构已在开曼破产程序中发挥重要作用，这样的趋势或许表明境内投资者宜通过开曼破产程序获得补偿。

---

① 参见郭雳：《域外经济纠纷诉权的限缩趋向及其解释——以美国最高法院判例为中心》，载《中外法学》2014 第 3 期。

金融不良债权执行案件的困境及对策建议

——以 J 省 N 市涉金融不良债权执行案件为样本

■ 杜开林 赵永刚[*]

摘要： 最高人民法院《关于审理涉及金融不良债权转让案件工作座谈会纪要》是司法实践中审理和执行涉金融不良债权转让案件的重要指南，但该纪要施行至今已逾十年。随着我国经济和社会的飞速发展，近年来，金融不良债权执行案件大规模增加，出现了很多新情况和新问题，而有些问题在现行法律体系中并没有作出明确规定，司法实践中出现了不同的理解和处理方式，亟待出台新的司法解释加以明确。本文通过对 J 省 N 市涉金融不良债权转让执行案件中出现的相关问题进行梳理，提出初步解决方案，希冀对涉金融不良债权相关司法解释的制定有所裨益。

关键词： 金融不良债权 转让 主体变更

党的十八大以来，以习近平同志为核心的党中央就加强投资者保护、维护金融秩序稳定作出了一系列重要部署。2021 年 3 月 12 日发布的《中华人民共和国国民经济和社会发展第十四个五年规划和 2035 年远景目标纲要》第五十三章"强化国家经济安全保障"第三节"实施金融安全战略"中明确提出"加强系统重要性金融机构和金融控股公司监管，强化不良资产认定和处置"。我国庞大的贷款规模催生了金融不良债权转让市场的繁荣，也引发了此类执行案件数量大幅度增加，出现了很多新情况和新问题，亟待出台新的司法解释以统一司法标准。

一、近三年金融不良债权执行案件的基本情况

随着我国经济结构调整的逐步深化，落后、低效、过剩的产能和僵尸企业逐步被淘汰整顿，商业银行不良贷款余额逐年累积，由此引发此类执行案件大量涌入法院。总体看，N 市两级法院近三年金融不良债权执行案件呈现以下五个方面的特点：

---

[*] 杜开林，江苏省南通市中级人民法院执行局局长；赵永刚，江苏省南通市中级人民法院执行局法官助理。

(一) 金融不良债权执行案件总量明显增加

2018—2020 年，N 市两级法院共受理 504 件不良债权执行案件。其中，2018 年受理 34 件；2019 年激增至 206 件；2020 年受理 265 件。这从侧面反映了近几年随着经济下行压力增大，债务违约和贷款不良率有所增多。预计未来一段时期，随着企业利润空间挤压与落后产能淘汰交织、信贷规模调控力度加大，金融不良债权执行案件仍将高位运行。

(二) 普通主体作为受让人在金融不良债权执行案件中占比高

本文所称普通主体是指金融机构以外的自然人、法人、其他组织及境外投资者。不良债权市场上，我国对专门处置不良债权的金融资产管理公司（Asset Management Companies，AMC）实行牌照管理，除传统的东方、华融、长城和信达四大国家级 AMC 外，又出现了江苏资产、浙商资产等省级 AMC。[①] 社会投资者甚至境外企业也纷纷涉足金融不良资产转让领域，如富迪实业公司（Wealthy Top Industrial Limited）、DAC 中国特别机遇（巴巴多斯）公司等。

经统计，2018 年，全市两级法院共受理普通主体作为申请执行人的不良债权执行案件 28 件，占该年度全部不良债权执行案件的 84.85%；2019 年，共受理普通主体作为申请执行人的案件 194 件，占比 94.17%；2020 年，共受理普通主体作为申请执行人的案件 235 件，占比 88.68%。

普通主体在不良债权转让领域唱主角的原因可能有以下三点：一是当前不良债权规模不断扩大，AMC 迫于成本压力已无力全部自行清收；二是目前不良债权结构零散户、碎片化，相对于 AMC，债务所在地的民间资本更具灵活性，其对当地信息资源的优势可以实现更高效的债权清收；三是资本具有逐利性，投资不良债权以小博大的高回报率吸引民间资本参与。

(三) 原债权银行分布高度集中

不良债权案件来源于银行的不良贷款，与银行的贷款规模息息相关。根据银保监会发布的监管指标数据，截至 2020 年第四季度末，商业银行不良贷款余额已达 2.7 万亿元，其中工行、农行、中行、建行、交行五大行不良贷款余额占全国不良贷款余额的近 50%。[②] 本市两级法院受理的 504 件不良债权案件所涉及的原债权银行主要集中在五大行，其次是招商银行、广发银行等部分全国性商业银行；但不容忽视的是江苏银行、南京银行、南通农商行等地方性商业银行也开始出现不良债权案件。2018—2020 年全市所涉原债权银行案件量及其在不良债权案件总量的占比如下：建设银行 91 件，占比 18.06%；农业银行 76 件，占比 15.08%；中国银行 72 件，占比

---

① 2016 年 10 月 21 日，中国银监会向各省级政府下发了《关于适当调整地方资产管理公司有关政策的函》，根据该函要求，银监会允许确有意愿的省级人民政府增设一家地方资产管理公司，即采取 "4+2" 模式。截至 2021 年，全国共有 53 家 AMC，分布在 31 个省份。

② 参见《银保监会发布 2020 年四季度银行业保险业主要监管指标数据》，载银保监会官方网站 https://www.163.com/dy/article/GA2B9PIK05199FB7.html，2021 年 8 月 24 日访问。

14.29%；工商银行 68 件，占比 13.49%；交通银行 63 件，占比 12.50%；其他银行共 134 件，占比 26.59%。

（四）地域分布不均

金融不良债权执行案件运行态势在一定程度上反映了该地经济规模及民间资本参与程度，与该地金融生态环境密切相关。从各区县法院受理金融不良债权案件量看，CC 区法院最多，共 207 件，占 N 市不良债权执行案件总量的 41.07%，CC 区是 N 市主城区，也是 N 市金融中心，各银行在 N 市的分行大多汇聚于此；RD 县法院最少，仅 8 件，占 N 市不良债权执行案件总量的 1.59%，RD 县远离 N 市中心，经济发展水平较为滞后。

（五）债权转让次数多，时间跨度大，审查难度高

多数金融不良债权经过两次以上转让，有的多达五六次之多，有的因年代久远、无法与相关方取得联系而难以判断整个债权转让链条的连续性、完整性和真实性，债权转让审查难度大，执行与异议、复议相交织，同时衍生出大量信访案件。

二、金融不良债权执行案件存在的问题和风险

不良债权转让后，受让人时隔多年向法院申请主体变更并申请恢复执行，而不少被执行人持抵触情绪，双方在债权转让通知、利息计算、申请执行时效等方面普遍产生争议。结合当事人提出的诉辩意见，笔者经过调查分析，梳理出以下七个方面的主要问题和风险。

（一）执行法院对变更申请执行人的适用程序不统一

最高人民法院《关于金融资产管理公司收购、处置银行不良资产有关问题的补充通知》（以下简称《通知》）第三条规定，AMC 转让、处置已经涉及诉讼、执行或者破产等程序的不良债权时，人民法院应当根据债权转让协议和转让人或者受让人的申请，裁定变更诉讼或者执行主体。最高人民法院《关于严格规范终结本次执行程序的规定（试行）》第十六条第二款规定，终结本次执行程序后，当事人、利害关系人申请变更、追加执行当事人，符合法定情形的，人民法院应予支持。可见，对于已进入执行程序的不良债权，受让人申请变更申请执行人的，司法解释已明确规定需要作出变更裁定，但对于应在执行案件中审查还是另立异议案件审查，目前并无明确规定，司法实践中做法也不统一。有的法院直接在执行案件中作出变更裁定，当事人不服，再走异议、复议途径；有的法院立异议案件审查作出变更裁定，当事人不服的，可以申请复议。

对于进入执行程序前发生债权转让的，是否需要作出变更裁定也无明确规定，司法实践中缺乏统一标准。有的法院认为应从立法本意出发作出扩张性解释，裁定变更执行主体的适用具有广泛性，不因债权转让所处阶段不同而限制适用范围，即无论债权转让发生在执行立案前或立案后，都应作出变更裁定。有的法院认为上述司法解释明确适用于执行阶段的债权转让，执行立案前债权转让的应直接将受让人列为申请执行人。有的法院采用折中的处理方式，执行立案

时先将原债权人列为申请执行人,进入执行程序后再作出变更裁定。不同处理方式在客观上使受让人产生不同的司法体验,立案时直接确定受让人的申请执行人身份,一般不存在被执行人的抗辩;而如经过执行异议审查程序作出变更裁定,可能伴随被执行人的激烈对抗。两种截然不同的主体审查程序和标准,造成某些经过异议、复议审查程序的受让人抱怨法院"同案不同判"。

(二) 金融机构未直接通知债务人债权转让事宜

金融机构在向普通主体转让债权前,基本仅通过登报公告债权转让计划,普遍未直接告知债务人,债务人不能及时获知债权转让安排。在部分案件中,金融机构向普通主体转让债权前,长时间不催收,不认真考察债务人的资产负债情况及是否已具备履行能力,导致长期累积形成高额利息。有些被执行企业经营状况已有所好转,如金融机构同意,其有能力以转让价款偿还债务,但因债权转让给他人而丧失了以较低成本了结案件的机会。

债权转让人与受让人签订转让协议后,一般仅以登报公告形式通知债务人,鲜有直接送达或邮寄送达通知债务人的情况,即便邮寄送达,也不能确保成功送达。现行法律规定对通知债务人的主体、方式等未作明确具体的规定,公告通知是否适用于普通主体之间转让债权在司法实践中意见不统一。有的认为普通主体可以口头、书面、电子等多种方式来履行通知义务,在报纸上公告也视为已经通知债务人,有的认为公告通知不适用于普通主体,而债务人多以未收到债权转让通知为由否认转让效力。

(三) 受让人的执行申请是否受申请执行时效的限制

原执行程序中,法院依当事人撤回申请而裁定终结执行后,受让人时隔多年向法院申请变更执行主体并再次申请执行的,是否会超过申请执行时效?主要有三种意见:第一种认为申请执行有时效的限制,权利人必须在申请执行期间内提出执行申请,逾期则失去申请执行的程序性权利;第二种认为权利人应当在申请执行期间内提出执行申请,但即便超过时效,如被执行人未提出抗辩,人民法院不应主动审查时效问题。第三种认为,只要原申请执行人在撤回执行时未放弃债权,即便人民法院已裁定终结执行,权利人有权随时申请执行,人民法院均应立案执行,不受时效的制约。①

(四) 政府部门是否可作为被执行人予以执行

通过检索涉金融执行案件库,发现政府部门作为被执行人的未实结案件仍然大量存在,这些案件随时存在被激活的风险。那么债权转让给普通主体后,政府部门能否作为被执行人继续执行?原被执行国企因经营不善而被注销,受让人多年后申请变更其开办单位某政府部门为被

---

① 参见乔宇:《论申请执行时效的适用程序——兼谈权力分工语境下的审执分立》,载《法律适用》2013年第4期。

执行人是否应予支持？目前有两种观点：一种认为，根据最高人民法院《关于民事执行中变更、追加当事人若干问题的规定》（以下简称《变更、追加规定》）第二十二条、《关于机关法人作为被执行人在执行程序中变更问题的复函》的有关规定，执行中，被执行人在机构改革中被撤销，其上级主管部门无偿接受了被执行人的财产，致使被执行人无遗留财产清偿债务，可以裁定变更该案被执行人主体为被执行人的上级主管部门，由其在所接受财产价值的范围内承担民事责任。因此，应最大限度维护受让人的合法权益，任何单位或个人均没有特殊地位，符合法定条件的，政府部门也可以作为被执行人予以执行。另一种认为，政府部门被变更为被执行人违背不良债权转让的初衷，涉嫌损害国家利益，政府部门不能作为被执行人，受让人对政府部门的主体变更申请或执行申请应予驳回。

（五）国有资产流失和道德风险问题

国务院国有资产监督管理委员会《关于国有资产流失查处工作若干问题的通知》规定：在发生应当进行资产评估的情形时，不按规定进行评估，或者在评估中故意压低资产评估价值，造成国有资产权益损失的，或者在进行国有资产产权转让时，违反国家规定或超越法定权限，将国有资产低价出让或无偿转让给非全民单位或者个人，造成国有资产权益损失的，属于国有资产流失行为，将受到查处。最高人民法院在《关于在民事审判和执行工作中依法保护金融债权防止国有资产流失问题的通知》中也指出，在不良债权转让过程中，可能面临国有资产流失的风险。

金融不良债权的剥离与处置，绝不仅仅是简单的民商事主体之间的私权处分，而是国有资产的流动与利益的再分配问题。被转让的金融不良债权中，不乏抵押担保或优质保证担保，但大多以远低于债务本金的折扣转让。甚至，人民法院本已执行到部分或全部案款，但未能及时发放。某些知情人员利用时间差运作债权转让，等法院再通知银行领取案款时，银行却以债权已转让为由拒绝领取。国有不良资产"私有化"后，迅速演变为优质资产，受让人直接领取已执行到的案款或经强制执行获取高额收益，从而实现"一案暴富"。①

银行在转让债权时对案款到账情况是否知情？是否存在债权被低估、贱卖，造成国有资产流失的情形？种种迹象表明，受让人为谋取暴利，可能利用信息不对称与知情人员内外勾连，金融机构工作人员利用信息优势事先将个案资产状况和债务履行情况透露给特定买受人，与买受人基本达成转让意向再走债权拍卖流程，实质是以合法形式将优质资产违法定性为"不良"，造成国有资产流失。近年来，金融机构及司法机关工作人员参与不良资产处置的贪腐案件频发。如中国华融资产管理股份有限公司原党委书记、董事长赖小民利用职务之便受贿高达17亿余元，令人触目惊心，在全国范围内造成了特别恶劣的影响，对我国金融业经营管理秩序造成严重侵害，

---

① 参见晏景、任容庆：《不良债权转让案件的司法应对》，载《人民司法·应用》2009年第5期。

使国家利益遭受了特别重大的损失。

（六）双方对利息的计算分歧大，调解难度高

在计算执行标的额时，双方意见差距较大，难以调和。一方面，普通主体在受让不良债权变更为申请执行人后，迫不及待要求尽快全额收回本息，实现利益最大化，可能通过信访投诉、说情打招呼甚至向法官输送利益等多种手段，要求法院支持其本金、一般债务利息、迟延履行利息等，仅愿意在执行标的总额基础上作适当让步。另一方面，被执行人拒绝支付高额利息，或仅愿意给付剩余本金及债权转让后的利息，有的仅愿意在债权转让对价的基础上适当给付部分利息，有的甚至认为原案终结执行意味着债务已了结而拒绝再履行债务。

利息计算方式对执行标的额影响巨大。不少贷款发生至今已长达十余年甚至二十余年，如不间断计算利息，则利息和迟延履行利息可能超本金数倍。有的法院从不良债权的政策性出发，为缩小双方分歧，仅计算债权转让后的利息，在一定程度上缓解了被执行人的偿债压力，但也易遭诟病，毕竟政策无法取代法律规定。因此，如何兼顾不良债权的政策性和法律性，在双方当事人之间寻求平衡，考验着执行法官的智慧。

（七）不良债权转让职业化趋势增强

同一普通主体作为申请执行人的金融不良债权执行案件明显增多。如宁某在全市两级法院作为不良债权申请执行人的案件多达20余件，在全省范围内有100余件。又如上海某投资合伙人一次性通过EMS向J省N市中级人民法院邮寄了近20份债权转让材料，要求变更执行主体并恢复执行。

普通主体经营不良债权业务在金融监管部门并无备案，不受金融监管，在有关部门未出台规范意见和风险控制措施的情况下，如任其野蛮生长而不加以规制势必强化金融机构转让不良债权的随意性，从而危及金融秩序的有序运行。2019年国家打击职业放贷行为后这种趋势更加明显。不少职业放贷人为规避非法放贷行为的禁止性规定，转向不良债权转让领域，打包受让不良债权多达十余户、几十户。这是否属于变相的职业放贷行为，是否应参照国家对职业放贷的限制措施在一定期限内对普通主体购买不良债权的规模或数量作出合理限制，值得思考。

三、金融不良债权执行案件办理的对策建议

金融不良债权案件与一般执行案件最大的不同在于其具有一定的政策性。国有商业银行贷款具有扶持企业经营、助力当地经济发展的先天特征，而不良贷款转让给AMC时往往以折扣价打包出售，这同样具有补贴地方经济的用意，即金融机构让利于地方企业，但债权再转让给普通主体后这种特征变得不再清晰。这就要求人民法院在办理此类执行案件时必须发挥矫正纠偏的功能，合理平衡被执行人与受让人之间的利益，同时还要防范国有资产流失，最大限度寻求法律效果和社会效果的有机统一。

（一）普通主体受让金融不良债权同样受法律保护

最高人民法院《关于判断确定的金融不良债权多次转让人民法院能否裁定变更执行主体请示的答复》指出，依法从AMC受让债权的受让人将债权再行转让给其他普通受让人的，执行法院可以依据上述规定，依债权转让协议以及受让人或者转让人的申请，裁定变更申请执行主体。《通知》虽只就AMC转让金融不良债权环节可以变更申请执行主体作了专门规定，但并未排除普通受让人再行转让给其他普通受让人时变更申请执行主体。此种情况下裁定变更申请执行主体，也符合该通知及其他相关文件中关于支持金融不良债权处置工作的司法政策，但对普通受让人不能适用诉讼费用减半收取和公告通知债务人等专门适用AMC处置不良债权的特殊政策规定。

银监会《关于商业银行向社会投资者转让贷款债权法律效力有关问题的批复》（银监办发〔2009〕24号）认为：对商业银行向普通主体转让贷款债权没有禁止性规定，转让合同具有合同法上的效力。转让贷款债权属于债权人将合同的权利转让给第三人，并非向社会不特定对象发放贷款的经营性活动。

执行中，不少法官认为普通主体购买不良债权就意味着牟取暴利，必然存在向金融机构或国家机关工作人员输送利益的潜规则。必须指出，从目前国家政策导向看，国家鼓励并保护不良债权转让市场的发展，人民法院不应因受让主体不同而区别对待，执行法官不能对此持先入为主的偏见。

（二）政府部门不得被追加或变更为被执行人

最高人民法院《关于审理涉及金融不良债权转让案件工作座谈会纪要》（以下简称《纪要》）第四条规定，债务人或者担保人为国家机关的，人民法院应当认定转让合同损害国家利益或社会公共利益或者违反法律、行政法规强制性规定而无效。财政部《关于进一步规范金融资产管理公司不良债权转让有关问题的通知》第二条也强调，债务人或担保人为国家机关的不良债权等限制转让的债权，不得对外公开转让。

AMC设立之目的和宗旨就是防范金融风险、保全国有资产、促进国有企业改革和发展、保持社会稳定。[1] 国家对AMC的低回收率要求就是让利于地方，债务人或担保人是国家机关的更应该是直接的受益者。金融机构对不良贷款核销，实质是将借贷关系从企业与金融机构转移到中央财政与金融机构之间，金融机构因核销债权遭受的损失由金融机构的坏账准备金和中央财政填补。[2] 所以，国有商业银行或AMC的资金来源及最终受益人均是国家财政，而政府部门也

---

[1] 参见单云娟：《不良债权"秘密"转让法律问题研究》，载《前沿》2007年第11期。
[2] 参见高民尚：《〈关于审理涉及金融不良债权转让案件工作座谈会纪要〉的理解与适用》，载《人民司法（应用）》2009年第9期。

是国家财政拨款，故即便被执行人是政府部门，在原执行案件中并不损害国家利益。

而一旦债权打折转让给普通主体，受益人变成了个人或非国有单位，再将政府部门列为被执行人并加以执行，相当于以财政资金补贴给普通主体，势必损害国家利益。因此，应把握不良债权的政策性这一特殊性，在普通主体受让债权的情况下，国家机关不能被列为被执行人，该类债权转让因损害国家利益无效，受让人关于变更或追加国家机关为被执行人的申请应予驳回。当然，在金融机构将不良债权转让给普通主体时，一般会在转让协议中约定受让人不得对作为债务人及担保人的政府及相关部门行使追索权。

（三）规范适用申请执行主体变更程序

应区分不同阶段，对申请变更执行主体适用不同的程序。首次执行立案前债权转让的，立案时由人民法院审查债权转让合法性，经过审查认为债权转让合法有效的，在立案时应直接列受让人为申请执行人。① 立案后，如被执行人对债权转让提出抗辩的，可以通过异议、复议途径解决。

关于首次执行立案后如何变更申请执行人。目前法律和司法解释层面尚未明确规定是以执行案号直接作出变更裁定，还是应通过异议程序解决。通过近几年的司法实践发现，由执行实施法官直接使用执行案号作出变更裁定，容易与执行程序中作出的其他执行裁定相混淆，从而容易产生不向当事人交代救济权利的问题。因此，执行中变更申请执行人的，应统一立"执异字"案号，当事人对执行法官作出的变更裁定或驳回申请裁定不服的，可以依法向上级法院申请复议。

多次债权转让的，执行法院应当组成合议庭并公开听证审查债权转让的连续性及每次债权转让的真实性。司法实践中，金融不良债权转让一般在两次以上。根据《变更、追加规定》第九条规定，整个债权转让过程须连续不间断，最终受让人需要提交历次债权转让的整套资料，包括但不限于债权转让协议、履行债权转让通知义务的证明材料、支付转让价款的凭证、历次债权转让的转让人向执行法院出具的认可第三人取得债权的书面确认函等。被执行人对历次债权转让过程均享有抗辩权。任何一次债权转让证明材料不齐全，则应由受让人承担不利的法律后果。

（四）普通主体之间转让债权的，应认可登报公告通知债务人的效力

根据《中华人民共和国民法典》（以下简称《民法典》）第五百四十六条规定，债权人转让债权，未通知债务人的，该转让对债务人不发生效力。最高人民法院在《关于禁止人民法院强制执行阶段变相买卖判决书行为的建议》的答复中，重申了普通受让人不能适用公告通知债务人等专门适用 AMC 处置不良债权的特殊政策规定，但也指出实践中不应排除在债务人下落不明、

---

① 参见最高人民法院（2012）执复字第 26 号执行裁定书。最高人民法院在该判例中认为，生效法律文书确定的权利人在进入执行程序前合法转让债权的，债权受让人即权利承受人可以作为申请执行人直接申请执行，无须执行法院作出变更申请执行人的裁定。

无法以其他有效方式直接通知的情况下，参照民事送达的有关规定，以公告方式履行通知义务。司法实践中，也认可原告起诉状的送达在一定意义上作为向债务人履行通知义务的方式。因此，对通知的形式，最核心的还是要从告知债务人债权转让事实的目的的角度来把握。

根据上述最高人民法院答复精神，普通主体之间转让不良债权的，应当首先通过直接送达、邮寄送达、留置送达等除公告之外的其他方式履行通知义务。在穷尽了其他方式无法成功通知债务人的，可通过公告方式通知债务人。变更当事人案件审查过程中，人民法院通过向债务人邮寄变更申请书、谈话听证甚至电话通知等方式告知债务人债权转让事宜的，也可视为债权人已履行通知义务。

（五）终结执行后再次申请执行的，受申请执行时效限制

我国1991年《民事诉讼法》已对申请执行时效作出明确规定：申请执行的期限，双方或者一方当事人是公民的为一年，双方是法人或者其他组织的为六个月。2007年《民事诉讼法》对申请执行期限作出调整：申请执行的期间为二年。申请执行时效的中止、中断，适用法律有关诉讼时效中止、中断的规定。该规定沿用至今未改变。可见，无论旧存陈案，或新收案件，人民法院依撤回申请终结执行后，权利人或权利承受人再申请执行的，均应在申请执行期限内提出。

适用申请执行时效应参照《民法典》第九章关于民事诉讼时效的规定。《民法典》第一百八十八条规定，诉讼时效期间自权利人知道或者应当知道权利受到损害以及义务人之日起计算，但自权利受到损害之日起超过二十年的，人民法院不予保护。申请执行时效也应适用被动审查的制度安排，人民法院在执行案件立案审查中，不应主动审查执行时效问题，但被执行人有权就时效问题提出抗辩，经审查逾期的，则对受让人的主体变更申请及强制执行申请均不予支持。对于除终结本次执行程序外的其他案件，权利人自法律文书生效之日起超过二十年未申请执行的，视为放弃申请执行的权利。

（六）加大执行及公开力度，压缩不良资产的范围

有些债权原本通过法院强制执行可全部或部分实现，但因为法院执行不力，未充分查找、强制执行被执行人的资产，导致迟迟不能执行到位，迫使银行通过转让债权卸下金融"包袱"。因此，法院的执行不力掩盖了部分被执行人的正常履行能力，导致不良债权的范围被人为扩大。加大执行及执行公开力度、挖掘被执行人财产线索、加快金融债权回收速度，是降低贷款不良率的重要途径。

司法实践中，确实存在执行款到账后不及时发放、查控到大量财产不及时告知当事人的情况，导致金融机构产生误判，误将优质债权作为不良债权作不实估价并打折出售，造成国有资产流失。因此，要加强执行公开化管理，法院在执行中要将执行措施包括执行款到账情况、分配情况及时明确告知金融机构，确保其能及时准确掌握有关信息，以便对案涉债权是否属于不良债权作出准确判断。

（七）联合地方金融监管机构探索建立不良资产处置工作的协调机制

目前，J省N市中级人民法院已联合市金融监管局、人民银行、银保监局研究建立金融不良资产处置工作会商联动机制，以统筹推进金融机构不良资产处置工作，对全市金融机构涉企不良债权的盘活与剥离、定价和转让全流程给予指导、协调和监督。

第一，监管机构应严格监督金融机构依法依规对不良贷款作出精准判定。已经进入执行程序的，应配合法院对债务人的资产负债情况及履行能力进行调查；尚未进入执行程序的，金融机构应当做好尽调工作，防止优质债权被误判为不良债权。

第二，如经调查分析确属不良债权拟转让的，金融机构应将拟转让债权清单提前告知金融监管机构、管辖法院和相关债务人，具体告知事项包括企业名称、不良贷款余额、拟出让价格、债务人基本情况、涉诉情况及财产保全情况等。

第三，本地政府或国有公司应提前介入当地金融不良债权转让，积极行使优先购买权。《纪要》第四条规定，为了防止在通过债权转让方式处置不良债权过程中发生国有资产流失，相关地方人民政府或者代表本级人民政府履行出资人职责的机构、部门或者持有国有企业债务人国有资本的集团公司可以对不良债权行使优先购买权。政府或本地国企行使优先购买权，便于受让人与债务人企业沟通协调，给予债务人企业重生的机会和希望，也有助于后续执行案件协调处理。

需要指出，债权转让前通知债务人并不意味着债务人享有不良债权优先购买权。《纪要》明确指出，债务人主张优先购买不良债权的，人民法院不予支持。如果赋予债务人优先购买权，实际是变相为潜在的债务人提供逃债机会，即债务人从银行贷款后久拖不还，直至拖成不良债权，进而在不良债权处置时要求行使优先购买权，此有违诚信原则。否定债务人的优先购买权彰显了最高人民法院"维护诚信体系、制裁恶意逃债"的司法导向。①

（八）根据债权的具体情形依法计算债权利息

2004—2005年，四大国家级AMC在政府主管部门主导下集中收购了一大批银行不良贷款，后层层转包，最终受让人已难以统计。在旧存的未实结案件库中，此类案件仍大量存在，应区别对待。

根据《纪要》及最高人民法院有关批复，对于2004—2005年转让的商业性不良债权，在《纪要》施行以前即2009年3月30日前转让给普通主体的，利息包括迟延履行期间债务利息计算至《纪要》施行之日；在《纪要》施行之后转让的，利息计算至转让之日。上述范围以外的不良债权利息计算方式，不适用《纪要》，仍应按照有关法律规定予以计算。

关于复利。《民法典》第五百四十七条规定，债权人转让权利的，受让人取得与债权相关的

---

① 晏景、任容庆：《不良债权转让案件的司法应对》，载《人民司法·应用》2009年第5期。

从权利,但该权利专属于债权人自身的除外。收取复利是指对利息再次计算利息的一种计息方式,是惩罚借款人不按期支付利息的一种违约责任,根据中国人民银行《人民币贷款利率管理规定》第二十一条的规定,计收复利属于金融机构的专属权利,普通主体受让金融不良债权的,无权计收复利。①

(九)严格控制债权转让过程中的恶意串通现象,防范道德风险和国有资产流失

金融不良债权本质上属于国有资产,转让中出现的违法违规可能导致国有资产流失的情形,实质属于损害国家利益的情形,人民法院应当主动干预主动审查,避免国家利益进一步受损。

建议参照民间借贷案件对"套路贷""虚假诉讼"的前置审查机制安排,制定不良债权受让人黑名单,对于违法违规买卖不良债权的,通过曝光、向金融监管机构发函等方式予以制裁。发现资产评估机构、人员与委托方或有关利益方串通作弊、故意出具不实或虚假报告,或者故意隐瞒或转移资产、逃废债务、廉政腐败问题的,一经发现,立即移送有关机关处理。

(十)强化善意文明执行理念,争取协商解决

金融不良债权执行案件具有较强的法律性和政策性。人民法院在执行过程中必须强化善意文明执行理念,公平保护各方当事人合法权益,坚持比例原则,在依法实现债权人利益的同时兼顾债务人的合理利益关切。

人民法院在收到受让人恢复执行申请时,可根据案件具体情况及时与金融监管部门对接,由金融监管部门协调原债权银行提供该债权出让时的出让价格。法院在执行时以该出让价格为参考,按照公正合理和成本效益原则,兼顾被执行人的履行能力和具体情况,综合衡量确定合理数额作为调解工作的基础。

调解中,执行法官应向双方当事人释明执行风险和相关法律、国家政策精神,澄清当事人对法律和政策的模糊认识。既让受让人明白不良债权的特殊性质,清收债权时要尊重历史和考虑企业职工的合法利益;又要促使债务人认清任何合法债权均应清偿,打消债务人逃避债务的想法,积极引导各方互谅互让、友好协商履行方案。② 通过上述办案思路,J省N市中级人民法院在清理金融不良债权案件中努力找准双方当事人的利益平衡点,成功化解了一大批不良债权执行陈案,取得了较好的法律效果和社会效果。

---

① 参见杨勤:《银行金融债权复利适用的疑难问题探讨》,载《法制与社会》2017年第8期。
② 参见晏景、任容庆:《不良债权转让案件的司法应对》,载《人民司法·应用》2009年第5期。

金融法律制度建构

现代毒丸计划被触发第一案分析

——Versata v. Selectica 案的启示

■ 范正阳*

摘要：2008 年，Versata 公司故意触发了 Selectica 公司采用的 NOL 毒丸计划，这标志着现代意义上毒丸计划的第一次故意触发。Selectica 案的出现对毒丸计划相关法律问题的讨论产生了独树一帜的影响，美国特拉华州法院借助本案明确了毒丸计划以前没有明确认可的功能。不仅如此，作为现代意义上首个被触发的毒丸计划，Selectica 案为目标公司董事会在设计和实施毒丸计划时提供了重要的经验，为解决与毒丸计划相关的法律实践问题提供了宝贵的第一次机会。近期公开征求意见的《中华人民共和国公司法（修订草案）》中所引入的授权资本制，是毒丸计划在反收购实践中得以运用的理论基础，为我国目标公司采用毒丸计划抵御敌意收购提供了重要的制度土壤。Selectica 案作为现代意义上毒丸计划被触发的第一案，也将给我国的反收购实践提供重要的参考意义。

关键词：毒丸计划　敌意收购　反收购措施　董事会决策　税收资产

作为目标公司董事会抵御敌意收购者的一种防御性策略，毒丸计划被认为是 20 世纪 80 年代最重要，也是最具争议的公司财务创新。① 毒丸计划通过赋予公司股东一种特殊的买入期权（Call Option）来发挥防御作用，权利人可以以优惠的条件购买目标公司或收购方的证券。② 但是，这种权利只有在某些特殊情况达成时才可以行使，③ 如收购方获得了某个特定比例（这一门

---

* 范正阳，北京大学法学院经济法学 2021 级博士研究生。
① See Andrew J. Senchack, Robert F. Bruner & John D. Martin, *The Poison Pill Anti – takeover Defense*：*The Price of Strategic Deterrence*, Research Foundation of the Institute of Chartered Financial Analysts, 1991, p. 1.
② 通常来说，毒丸计划是通过在公司的每一股普通股上附加权利来发挥作用，董事会为每一股已发行的股票发行一个股票购买权。这种权利在被触发之前是不可分离的，也就是说，这种权利必须与相关的股票一起交易，直到它可以被行使。
③ See Selectica, Inc and U. S. Stock Transfer Corporation, as Rights Agent, Rights Agreement（Dated as of February 4, 2003）Section 1, Available：https：//www.sec.gov/Archives/edgar/data/0001090908/000089161803000574/f87449exv1.txt, December 30, 2021；Andrew J. Senchack, Robert F. Bruner & John D. Martin, *The Poison Pill Anti – takeover Defense*：*The Price of Strategic Deterrence*, Research Foundation of the Institute of Chartered Financial Analysts, 1991, p. 1.

槛通常为 10% 到 20%）的目标公司股份。为了达成稀释目的起到反收购效果，敌意竞购者被明确排除在毒丸计划的行权行列之外。①

以特拉华州为代表的许多具有开创性的公司法案例讨论了毒丸计划的实施和发展，其中 Moran v. Household 案被认为是特拉华州最高法院对毒丸计划有效性的明确司法确认。② 在这一背景下，毒丸计划经历了制度设计的代际变化，Crown Zellerbach 公司采用的第一代"翻出式毒丸计划"（Flip-over Pill）在戈德史密斯爵士（James Goldsmith）的触发中暴露了致命的缺陷。③ 在这之后，"翻入式毒丸计划"（Flip-in Pill）应运而生，而同时具有"翻入"（Flip-in）和"翻出"（Flip-over）两种功能的毒丸计划也作为现代毒丸计划的基本形式沿用至今。虽然毒丸计划出现以来就伴随着不断的争议，但是没有人怀疑现代意义上毒丸计划的致命性作用。在超过 20 年的时间里，没有任何一个敌意收购者敢于吞下现代意义上的"毒丸"。④ 直到 2008 年底，Versata 公司故意触发了 Selectica 公司采用的 NOL 毒丸计划（详见下文），这标志着现代意义上毒丸计划的第一次故意触发。

在 Selectica 案出现之前，法律对毒丸计划的关注焦点已经从毒丸计划本身是否合法有效，转移到在特定案件中的董事会在面对收购威胁时，是否应该决定赎回毒丸计划。然而，相比于典型意义上的毒丸计划，Selectica 董事会所采用的 NOL 毒丸计划最为显著的特点就是其触发门槛异常低——只有 4.99%，这使本案又回到了一个基本问题，即该类特殊的毒丸计划本身是否合法、有效。不仅如此，Selectica 案同时也是首次分析毒丸计划在保护公司资产方面的应用，而不是一贯地用于抵御敌意收购企图。Selectica 案的出现对毒丸计划相关法律问题的讨论产生了独树一帜的影响，美国特拉华州法院借助本案明确了毒丸计划以前没有明确认可的功能，这为考虑采用毒丸计划的董事会提供了实质性的参考和指导，具有重要的实践意义。

在中国，现行公司法采用严格的法定资本制，注册资本的增加和减少都必须经过股东大会的批准，董事会无权自行决定采取毒丸计划抵御敌意收购，这是毒丸计划在我国反收购实践中无法得以适用的主要原因。但是，2021 年 12 月 24 日，第十三届全国人大常委会第三十二次会议

---

① 毒丸计划将指定一个行使价格，以及行使后将获得的证券数量，例如，股东可以支付 100 美元现金换取价值 200 美元的证券，从而获得 50% 的折扣。这个折扣就是对敌意收购方的经济稀释，行使价格和市场价值之间的差异越大，毒丸计划的稀释性就越强。

② See Moran v. Household International, Inc. 500 A. 2d 1346 (1985).

③ "翻出式毒丸计划"（Flip-over Pill）是毒丸计划最初的表现形式，具有明显的缺陷，只有在敌意收购者意图完全并购目标公司时才可以发挥抵御敌意收购的效用。James Goldsmith 看准了初代毒丸计划这一致命弱点，只是收购了足够的股份来控制公司董事会，而没有选择完成最终的合并，从而成功地绕开了这颗"毒丸"。

④ 现代意义上的毒丸计划应当同时包含"翻入"（flip-in）和"翻出"（flip-over）两种功能。Sir James Goldsmith 收购 Crown Zellerbach 案涉及了第一代带有"翻出"（flip-over）功能的毒丸，但并不包括现代常见的"翻入"（flip-in）功能。

对《中华人民共和国公司法（修订草案）》进行了审议，并向社会公开征求意见。其中特别引人注目的是，修订草案第九十七条、第一百六十四条明确采用了授权资本制，这意味着毒丸计划在中国反收购实践中的运用有了关键的制度基础。① Selectica 案作为美国第一个触发现代意义上毒丸计划的案件，对中国未来的反收购实践和毒丸计划的实际应用，具有重要的借鉴意义。

一、Selectica 公司毒丸计划的实施背景和权利内容

本案中，一方当事人为 Selectica 公司（以下简称 Selectica），Selectica 是一家特拉华州公司，在纳斯达克证券交易所上市，旨在为企业的合同管理和销售配置系统提供软件解决方案。另一方当事人 Trilogy 公司（以下简称 Trilogy）是一家特拉华州的封闭公司，也专门从事企业软件解决方案这一业务，是 Selectica 的长期竞争对手，Versata 公司（以下简称 Versata）则是其子公司。在本案发生之前，Selectica 和 Trilogy 之间已经长期存在着复杂的敌对关系。双方的敌对关系可以追溯到 2004 年 4 月，Trilogy 对 Selectica 提起了专利侵权诉讼，最终获得了 750 万美元的胜诉判决。2006 年 10 月，Trilogy 又对 Selectica 提起专利侵权诉讼，该诉讼于 2007 年 10 月宣判，Selectica 同意一次性支付 1000 万美元，并在随后每季度支付不超过 750 万美元的额外款项，据此 Trilogy 成为 Selectica 的重要债权人之一。② Trilogy 曾两次提出收购 Selectica 的部分或全部业务，但都被 Selectica 董事会明确拒绝了。Selectica 认为，Trilogy 旨在利用其股份收购作为杠杆，以迫使 Selectica 接受较低的收购价格，并解决前述知识产权纠纷。

早在 2003 年 2 月 4 日，Selectica 首次制订了毒丸计划（又称股东权利计划），③ 其中规定，董事会授权并宣布对公司每一普通股派发一份优先股认购权。④ 在被触发之前，每个认购权代表了以行权价 18 美元购买千分之一股优先股的权利，但该认购权不与普通股分开交易，也暂时不

---

① 《中华人民共和国公司法（修订草案）》第九十七条规定：公司章程或者股东会可以授权董事会决定发行公司股份总数中设立时应发行股份数之外的部分，并可以对授权发行股份的期限和比例作出限制。
《中华人民共和国公司法（修订草案）》第一百六十四条规定：公司章程或者股东会授权董事会决定发行新股的，董事会决议应当经全体董事三分之二以上通过。发行新股所代表的表决权数超过公司已发行股份代表的表决权总数百分之二十的，应当经股东会决议。

② Versata Enterprises v. Selectica, Inc., 5 A. 3d 586 (Del. 2010).

③ See Selectica, Inc and U. S. Stock Transfer Corporation, as Rights Agent, Rights Agreement (Dated as of February 4, 2003), Available：https://www.sec.gov/Archives/edgar/data/0001090908/000089161803000574/f87449exv1.txt, December 30, 2021.

④ See Selectica, Inc and U. S. Stock Transfer Corporation, as Rights Agent, Rights Agreement (Dated as of February 4, 2003), Available：https://www.sec.gov/Archives/edgar/data/0001090908/000089161803000574/f87449exv1.txt, December 30, 2021.

能行使。① 如果任何个人及其关联公司持有该公司流通普通股 15% 以上的股份,则成为该公司的"收购人",②这是本案中毒丸计划的触发事件。当毒丸计划被真正触发时,认购权与普通股发生分离,权利持有人此时可以选择执行权利"翻转"(Flip)机制以代替前述优先股认购权。据此,持有人将有权在行使权利时获得市场价值为权利行使价 2 倍的普通股。③ 具体而言,此时除收购人以外的权利持有人可以选择以 18 美元的行权价购买市场价值为 36 美元的公司普通股。

权利"翻转"机制(Flip)④

$$\text{权利人可获得的普通股数量} = \frac{\text{触发前优先股的购买价格} \times \text{触发前可购买的优先股的数量}}{\text{触发事件发生之日普通股每股市价} \times 50\%}$$

此外,像许多毒丸计划一样,2003 年 Selectica 毒丸计划中也包含了一个替代性的稀释机制,即通过权利交换功能(Exchange),允许董事会在不收取现金作为对价的情况下,将触发者以外的所有股东持有的权利交换为目标公司的股份,以取代权利"翻转"机制。按照 2003 年 Selectica 毒丸计划的规定,本公司董事会可在触发事件发生后的任何时间选择将当时尚未行使的全部或部分权利按每项权利一股普通股的交换比例交换为公司普通股。⑤ 一旦公司董事会决定"交换"权利,其无须采取任何进一步行动,也无须发出任何通知,该权利的行使即告终止。此后,持有人的唯一权利是获得相当于所持权利数量乘以交换比例的公司普通股。

权利交换机制 Exchange

$$\text{权利人可获得的普通股数量} = \text{权利人持有的权利数量} \times \text{权利交换比例}$$

---

① See Selectica, Inc and U. S. Stock Transfer Corporation, as Rights Agent, Rights Agreement (Dated as of February 4, 2003) Section 7 (b), Available: https://www.sec.gov/Archives/edgar/data/0001090908/000089161803000574/f87449exv1.txt, December 30, 2021.

② See Selectica, Inc and U. S. Stock Transfer Corporation, as Rights Agent, Rights Agreement (Dated as of February 4, 2003) Section 1 (a), Available: https://www.sec.gov/Archives/edgar/data/0001090908/000089161803000574/f87449exv1.txt, December 30, 2021.

③ See Selectica, Inc and U. S. Stock Transfer Corporation, as Rights Agent, Rights Agreement (Dated as of February 4, 2003) Section 11 (a), Available: https://www.sec.gov/Archives/edgar/data/0001090908/000089161803000574/f87449exv1.txt, December 30, 2021.

④ 权利"翻转"机制的规定首先依赖对购买价格的调整。购买价格此时调整为用触发事件之前的优先股购买价格,乘以触发事件之前可购买的千分之一优先股的数量。换言之,此时的购买价格,调整为 18 美元乘以持有人的权利数量,也就是如果持有人选择购买优先股时需要支付的总价款。其次,是对可购买普通股数量的确认。每个权利持有人,有权获得以经调整的购买价格除以触发事件发生之日普通股当前每股市价的 50% 所得到的普通股数量,以代替优先股。简而言之,用持有人选择购买优先股时需要支付的总价款,除以普通股市场价格的一半,就是可以获得的普通股数量。这是毒丸计划最为常见的稀释机制之一,即权利"翻转"(Flip)机制。

⑤ See Selectica, Inc and U. S. Stock Transfer Corporation, as Rights Agent, Rights Agreement (Dated as of February 4, 2003) Section 24, Available: https://www.sec.gov/Archives/edgar/data/0001090908/000089161803000574/f87449exv1.txt, December 30, 2021.

通常情况下，权利"翻转"机制会比权利交换机制造成更多的股权稀释。这是因为，"翻转"方式下权利行使的价格（Exercise Price）是目标公司董事会制定的，董事会通常会综合考虑公司的业务和前景，以及其长期计划和市场条件等因素来确定，行权价一般接近于董事会对公司普通股长期价值的估算。对于大多数采用毒丸计划的公司来说，其所制定的行权价格是目前市场价格的3~5倍。仅以本案中Selectica董事会规定的18美元行权价格为例，在毒丸计划被触发后，每项权利将可以用于购买市场价值为权利行使价格2倍的公司普通股。本案中，在Trilogy达到收购人标准时Selectica的股票交易价格在1美元左右，如果按照权利"翻转"机制行使权利，那么此时权利人可以以18美元的价格购买价值36美元的公司普通股，相当于每个权利被行使后可以获得大约36股Selectica普通股，稀释比例可以估算为1∶36。相比之下，如果董事会宣布执行权利交换条款，以每项权利换取一股Selectica普通股，那么稀释比例可以确定为1∶1。因此，在通常情况下，可以认为权利交换机制所导致的股权稀释效用要远小于传统的权利"翻转"方式。

二、NOL毒丸计划的设置过程和税法背景

回到案件中来，Selectica之所以认为Trilogy的收购行为可以迫使公司答应其要求，从而起到杠杆的作用实现商业目的，是因为Trilogy的收购行为可以摧毁Selectica一项重要的公司资产，即净经营亏损（Net Operating Loss，NOL）资产。

实际上，2000年成为上市公司以来，Selectica从未实现盈利，截至2008年12月底，该公司已经累积了约1.6亿美元的NOL资产①，这远远超过了其市值（约2300万美元）。据Selectica承认，它的价值主要由它的现金储备、知识产权、客户关系和1.6亿美元的NOL构成。② 因此NOL资产对于Selectica至关重要。面对Trilogy的进犯，Selectica选择将2003年制订的毒丸计划通过降低触发门槛的方式转化为NOL毒丸计划，以应对Trilogy的敌意收购行为对公司的NOL资产所可能导致的不利影响。

理解NOL毒丸计划需要对其所涉及的税收法律背景有一个简单的了解。总的来说，NOL这一概念根源于美国《国内税收法》第172条和第382条。③ 首先，美国的税收制度是以净收入为

---

① See Defs. / Counterclaim Pls.' Mot. for Judicial Notice Under Del. R. of Evidence 201, Available：https：//courts. delaware. gov/Opinions/Download. aspx? id = 134490, December 30, 2021.
② See Pre – Trial Br. of Plaintiff Selectica, Inc. and Counterclaim Defs, Available：https：//courts. delaware. gov/Opinions/Download. aspx? id = 134490, December 30, 2021.
③ See Internal Revenue Code section 172; Internal Revenue Code section 382.

基础的，允许从收入中扣除损失。① 如果一个公司在某一年没有应税收入来抵销这些损失，那么纳税人可以在以后年份继续用该净经营亏损抵扣应税收入。②《国内税收法》第 172 条允许纳税人结转前两个纳税年度的损失，并将剩余的损失结转到接下来的 20 个纳税年度。允许进行此类结转是有理由的，因为纳税人的项目或业务可能并不适应于 12 个月的常规财政年度。③ 因此，经历过大量经营亏损的公司在某些情况下可以结转净经营亏损，以抵销当前和未来的应税收入，这可以降低公司的税负，增加其现金流。换言之，对公司来说，这些损失将成为重要的战略资产。特别是对于陷入财务困境的公司，其 NOL 资产的价值可能远远超过公司目前的市值。因此，其潜在价值激励着公司董事会为未来可能的使用而提前采取保护措施。

值得特别注意的是，NOL 资产的使用需要满足特别的要求和限制。根据收购时应该税收中立的理论，公司应该根据非税收因素进行收购，税法既不鼓励也不阻止收购，收购者不得贩卖或受益于被收购者的 NOL 资产。④ 为了防止以税收利益驱动的并购交易，《国内税收法》第 382 条制定了复杂的规则，限制收购者使用目标公司的 NOL 资产。第 382 条不仅适用于通常被认为是收购的交易，而且也适用于任何所有权变化，这种变化可能导致控制权从一个人或一个团体转移到另一个人或一个团体。⑤ 如果一家公司发生了税法规定的"所有权变更"，那么它在变更后使用其变更前 NOL 资产的能力可能受到限制，这些限制可能大大损害 NOL 资产的价值。具体而言，所有权变更的基本思路是，如果一家公司在 3 年内有超过 50% 的股份易手，那么该公司就会发生第 382 条规定的所有权变更。⑥ 特别重要的一点是，这种变更只计算与持有公司 5% 或以上所有权的股东有关的变化。因此，对于一家拥有大量 NOL 资产的公司，如果希望保护其免受意外的所有权变化，就应该致力于防止拥有公司股票少于 5% 的各方成为公司 5% 的股东，并尽力避免现有的拥有 5% 股份的股东增加他们在公司的股份。

回到本案，在 2008 年 10 月第二次收购 Selectica 的要约被拒绝后，Trilogy 开始在公开市场上收购 Selectica 的股份，并在 2008 年 11 月 10 日通知 Selectica，它已经收购了 Selectica 超过 5% 的流通股，并打算购买更多的股份，3 日后，Trilogy 向美国证券交易委员会提交了一份附表 13D，

---

① See Jacob Nussim & Avraham Tabbach, *Tax – Loss Mechanisms*, 81 The University of Chicago Law Review 4 (2014), p. 1509.

② Internal Revenue Code Section 172（b）（1）（A）: Net operating losses are available to a taxpayer corporation in subsequent years should a corporation not have taxable income with which to offset those losses in a given year.

③ See Daniel L. Simmons, *Net Operating Losses and Section 382: Searching for a Limitation on Loss Carryovers*, 63 Tulane Law Review 5 (1989), p. 1045.

④ See William M. Davidow, Jr., *Limitations Imposed by the Tax Reform Act of 1986 on a Corporation's Use of Net Operating Loss Carryovers After an Ownership Change*, 17 University of Baltimore Law Review 2 (1988), p. 331.

⑤ See Internal Revenue Code section 382.

⑥ See Internal Revenue Code Section 382.

该报告披露 Trilogy 已经购买了 1437891 股 Selectica 股票，使其所有权增加到 5.1%，并表示 Trilogy 正在考虑购买更多的股票。① 在这种情况下，目标公司 Selectica 的 NOL 资产面临严重受损的风险。

实践中，拥有大量 NOL 资产的公司可以聘请顾问来审查公司的股票交易记录，以确定是否发生了上文所述的所有权变化，或者在未来是否存在任何可能的威胁。鉴于 Trilogy 发来的通知，Selectica 董事会于 2008 年 11 月 16 日召开会议，向其税务和其他顾问询问了 Trilogy 越过 5% 的门槛对 Selectica 的 NOL 资产的潜在影响。② 分析表明，加之于其他股东在过去的股票交易，在 Trilogy 最近的购买行为之后，Selectica 已经经历了第 382 条规定的 40% 的所有权变化，因此，如果再有 10% 的变化，公司适用其 NOL 资产的能力将被严重限制。

为了防止股权变化对公司的税收资产造成不利影响，有公司尝试利用毒丸计划来保护其重要的 NOL 资产。1998 年 12 月，Oakhurst Co., Inc. 成为第一家采用 NOL 毒丸计划的公司，其管理层试图通过这一途径来保护其 NOL 资产不受所有权法定变更的影响。③ 这为毒丸计划提供了一种新的用途。有观点认为，根据税法中所规定的经济实质测试，NOL 毒丸计划可能是公司保护其宝贵税收资产唯一有效且免税的方式。④

与传统毒丸计划的反收购目的不同，NOL 毒丸计划的主要目的是保护公司的税收资产。为此，在 2008 年 11 月 16 日，为避免第 382 条规定的所有权变更，经过与顾问的广泛磋商，Selectica 董事会一致决定修改其现有的股东权利计划，将原有的 15% 的触发门槛将至 4.99%，⑤ 以防止出现额外的 5% 的所有者导致控制权变更，从而贬损公司 NOL 资产的价值。不仅如此，董事会同时还成立了一个独立董事评估委员会（Independent Director Evaluation Committee），其职责包括负责监督和管理 NOL 毒丸计划，以及确定该计划是否符合公司及其股东的最佳利益。

除了与传统的毒丸计划具有不同的实施目的之外，触发该计划的所有权水平是 NOL 毒丸计划和传统毒丸计划之间的唯一实质性区别。在传统的毒丸计划中，当所有权比例达到 10% ~

---

① Schedule 13D Under the Securities Exchange Act of 1934, Available: https://www.sec.gov/Archives/edgar/data/0001296214/000136231008007175/c77199sc13d.htm, December 30, 2021.

② See Selectica, Inc. v. Versata Enterprises, Inc., C. A. No. 4241 – VCN (Del. Ch. Feb. 26, 2010).

③ See Oakhurst Co., Inc., Current Report (Form 8 – K) (Dec. 29, 1998) (now Sterling Construction Company, Inc.), Available: http://www.sec.gov/Archives/edgar/data/874238/0000950134 – 99 – 000025.txt: "Reporting the adoption of a new shareholder rights plan with a trigger of 4.5%. Interestingly, in the SEC filing, the company does not mention its new operating loss carryovers or the need to protect them.", December 30, 2021.

④ See Michael R. Patrone, Is the "Tax Poison Pill" the Last Stand for Protecting NOLs After Health Care Reform?, 1 Harvard Business Law Review Online (2010), p. 11.

⑤ See Form 8 – A/A For Registration of Certain Classes of Securities Pursuant to Section 12 (b) or 12 (g) of the Securities Exchange Act of 1934, Available: https://www.sec.gov/Archives/edgar/data/0001090908/000095013408020821/f50609a1e8va12gza.htm, December 30, 2021.

20%时毒丸才会被触发,但是对于寻求避免税法第 382 条限制的 NOL 毒丸计划来说,其所有权门槛被设定在 5% 以下,通常为 4.9%。①

三、NOL 毒丸计划的触发过程和商业背景

尽管得知 Selectica 股东权利计划的修订,2008 年 12 月 18 日,Trilogy 又购买了 30000 股 Selectica 股票,并表明其打算继续购买并触发 NOL 毒丸计划的意图。第二天上午,Trilogy 再次购买了 124061 股 Selectica 股票,使其所有权份额达到 6.7%,② 从而成为 NOL 毒丸计划下的"收购人",③ 在知情的情况下触发了 NOL 毒丸计划,成为第一个触发现代意义上毒丸计划的收购方。2008 年 12 月 22 日,Trilogy 提交了一份修正的附表 13D,正式披露了其所有权比例,Selectica 董事会再次召开电话会议对此进行讨论。④ 根据本案中的 NOL 毒丸计划,如果 Selectica 董事会认为 Trilogy 不会危及 Selectica 对 NOL 的使用,那么董事会有 10 天的时间可以豁免 Trilogy 不受 NOL 毒丸计划的影响。⑤ 如果 Selectica 董事会不豁免 Trilogy,根据其条款,除非董事会采取积极行动执行 NOL 毒丸计划中的交换条款进行针对性的股权稀释,否则权利将自动"翻转"。在这段时间里,Selectica 董事会的独立委员会与财务和法律顾问多次讨论并三次试图与 Trilogy 达成协议以暂停毒丸计划的实施,并表示董事会可以考虑宣布 Trilogy 为权利计划下的"豁免人"。⑥

2008 年 12 月 31 日,Selectica 董事会被告知 Trilogy 拒绝了前述协议。⑦ 董事会与其法律顾问讨论了各种选择,重新审查了所有权变更的可能性,最终认为,Trilogy 不断增加的购买量可能导致所有权的改变。在这种情况下,Selectica 董事会有以下两种选择:首先,董事会可以允许权利"翻转",在这种情况下,每份权利将成为可行使的期权,可以以每份权利 18 美元的价格购买价

---

① 这样的低门槛对于旨在保护税收资产的权利计划来说是很典型的。具体而言,在 NOL 毒丸计划中设置 5% 以下的触发门槛,原因有二:一是为了阻止更多的股东成为 5% 的股东,这限制了其股票购买或出售可能影响所有权变化计算的股东数量;二是为了阻止现有的 5% 的股东获得更多的股票,这限制了 5% 的股东的股份购买行为被纳入所有权变化的计算范畴。

② See Schedule 13D Under the Securities Exchange Act of 1934, Available: https://www.sec.gov/Archives/edgar/data/0001296214/000095013408022567/d65648sc13dza.htm, December 30, 2021.

③ Amendment to Rights Agreement Section 1 (a), 收购人是指,任何本身或连同其所有关联公司成为当时已发行普通股的 4.99% 或以上的实际所有人。Available: https://www.sec.gov/Archives/edgar/data/0001090908/000095013408020820/f50597exv4w1.htm, December 30, 2021.

④ See Schedule 13D Under the Securities Exchange Act of 1934, Available: https://www.sec.gov/Archives/edgar/data/0001296214/000095013408022567/d65648sc13dza.htm, December 30, 2021.

⑤ See Selectica, Inc and U. S. Stock Transfer Corporation, as Rights Agent, Rights Agreement (Dated as of February 4, 2003), Available: https://www.sec.gov/Archives/edgar/data/0001090908/000089161803000574/f87449exv1.txt, December 30, 2021.

⑥ See Versata Enterprises v. Selectica, Inc., 5 A. 3d 586 (Del. 2010).

⑦ See Versata Enterprises v. Selectica, Inc., 5 A. 3d 586 (Del. 2010).

值 36 美元的新发行的普通股票,这样就可以通过行使权利来获得大幅折扣的公司股份。这种情况对 Trilogy 的稀释作用更大,但它依赖持有人支付现金来行使权利,并可能进一步增加所有权变化的风险,损害公司的 NOL 资产。其次,Selectica 董事会可以利用毒丸计划的另一项规定,将除 Trilogy 和 Versata 以外的所有股东持有的权利交换为公司普通股。董事会最终得出结论,认为 NOL 毒丸计划应该执行,并认为将权利交换为公司普通股是更好的选择,同时表示不会将 Trilogy 豁免于 NOL 毒丸计划的适用范围。董事会之所以会选择实施权利交换,是因为交换功能的确定性可以帮助公司更容易确定所有权的变化和对 NOL 资产的潜在影响,这一点将在下文继续讨论。

2009 年 1 月 2 日,Selectica 董事会明确宣布实施权利交换,除 Trilogy 和 Versata 以外所有股东的每项现有权利将获得一股 Selectica 普通股,[1] 由于 Trilogy 及其关联公司被排除在权利交换之外,Trilogy 在 Selectica 的持股比例从 6.7% 稀释到 3.3%。[2] 随后,董事会通过了另一项触发点为 4.99% 的权利计划(Reloaded NOL Poison Pill)以继续保护公司的 NOL 资产。[3]

作为毒丸计划出现以来近 30 年间首个被故意触发的毒丸计划,本案中毒丸计划为什么被触发,其背后的深层次原因非常值得关注。这个问题应该从敌意收购者和目标公司双方的商业竞争关系和特殊的收购目的说起。首先,本案中一方当事人 Selectica 本身就是一个非常特殊的目标公司,其商业规模较小、资本集中度高,并且是纳斯达克的上市公司。不仅如此,Selectica 还有着与其自身市值完全不成比例的巨额 NOL 资产,这些资产对于 Selectica 来说十分宝贵,但是同时也极其脆弱。正是这些因素共同导致 Selectica 容易受到攻击的事实。其次,本案中的收购者 Trilogy 也是极为特殊的,其不仅是 Selectica 的股东,更是长期的同行业主要竞争对手,还通过侵权诉讼成为 Selectica 的主要债权人。Trilogy 过去曾提出过收购 Selectica 的建议,但都被其董事会一一回绝了,于是 Trilogy 开始在公开市场上收购 Selectica 的流通股。这引起了 Selectica 董事会的关注,他们担心这会导致《国内税收法》第 382 条中所规定的所有权变更,从而破坏了 NOL 资产的大部分价值。

实际上,Trilogy 触发毒丸计划的目的不是获得 Selectica 的控制权,而是为了在一个不相关的

---

[1] See Form 8-K Current Report Pursuant to Section 13 or 15 (d) of the Securities Exchange Act of 1934, Available: https://www.sec.gov/Archives/edgar/data/0001090908/000095013409000038/f50985r2e8vk.htm, December 30, 2021.; Amendment to Amended and Restated Rights Agreement, Available: https://www.sec.gov/Archives/edgar/data/0001090908/000095013409001301/f51289exv4w2.htm, December 30, 2021.

[2] See Versata Enterprises v. Selectica, Inc., 5 A.3d 586 (Del. 2010): "The Exchange doubled the number of shares of Selectica common stock owned by each shareholder of record, other than Trilogy or Versata, thereby reducing their beneficial holdings from 6.7% to 3.3%."

[3] See Form 8-K Current Report Pursuant to Section 13 or 15 (d) of the Securities Exchange Act of 1934, Available: https://www.sec.gov/Archives/edgar/data/0001090908/000095013409000038/f50985r2e8vk.htm, December 30, 2021.

商业纠纷中获得筹码。特拉华州衡平法院在判决中表明了对 Trilogy 及其动机的理解，法院写道，"记录显示，一个长期的竞争对手试图利用股东的投票权，故意损害公司资产，或者在这种损害的威胁下胁迫公司满足某些商业要求"。① Trilogy 被描述为是一家掠夺性公司，对于从 Selectica 索取利益充满兴趣，特别是获得现金和其他形式的商业让步，为此其致力于通过损害 Selectica 的 NOL 资产来实现自身的目的。换句话说，本案中的 Trilogy 更像是一个"敲诈者"。Trilogy 作为一个已经表现出兴趣的收购方，在被 Selectica 董事会两次拒绝之后，有可能企图通过侵害 Selectica 的 NOL 资产，以便为收购支付一个相对较低的对价。也有观点认为，Trilogy 更适合被描述为一个"恶意破坏者"（Bad Faith Saboteurs），而"恶意破坏者"很可能认为付出股权稀释的成本是值得的，因为这可以使竞争对手失去宝贵的公司资产。② 在这种情形下，Trilogy 可以借此说服管理层向其出售特定的资产，特别是核心知识产权，也可以以此为契机逼迫 Selectica 偿还债务，甚至迫使 Selectica 破产，进而通过已有的债务进行收购。③

如果这真的是事实，那么很容易看出 Selectica 采用和实际执行 NOL 毒丸计划是符合公司及其股东利益的。2008 年 12 月 21 日，Selectica 正式向特拉华州衡平法庭提起诉讼，要求宣布 NOL 毒丸计划的有效性和可执行性。④ 那么，用于保护公司重要税收资产的 NOL 毒丸计划是否能够获得法院的认可呢？对于这一问题，特拉华州法院采取著名的"Unocal 测试"进行了审查。

四、NOL 毒丸计划的有效性的确认

（一）作为判断标准的"Unocal 测试"

在 Unocal v. Mesa Petroleum 案（以下简称 Unocal 案）中，⑤ 特拉华州最高法院讨论了公司的董事会是否可以通过采取防御性措施来试图抵御敌意收购。法院认为，只要目标公司董事会是出于善意，并经过合理的调查，就可以这样做。如果董事会所采取的防御措施相对于敌意收购的威胁来说是合理的，那么董事会的行为将受到商业判断规则的保护。这对于采取防御性措施的目标公司董事会提出了两个方面的要求，一方面，董事会需要经过合理的调查，真诚地得出结论，对公司来说确实有威胁存在；另一方面，相对于这一威胁，董事会所采取的防御性措施应当是适当的。其中，前者是对于董事会是否应当采取措施的合理性测试，后者则是董事会所采取的具体措施是否与公司面临的威胁相适应的相称性测试。这也就是"Unocal 测试"的基本内容。

---

① See Selectica, Inc. v. Versata Enterprises, Inc., C. A. No. 4241 – VCN (Del. Ch. Feb. 26, 2010).
② See Christine Hurt, The Hostile Poison Pill, 50 UC Davis Law Review 1 (2016), p. 137.
③ See Christine Hurt, The Hostile Poison Pill, 50 UC Davis Law Review 1 (2016), p. 137.
④ See Schedule 13D Under the Securities Exchange Act of 1934, Available: https://www.sec.gov/Archives/edgar/data/0001296214/000095013408022567/d65648sc13dza.htm, December 30, 2021.
⑤ See Unocal Corp. v. Mesa Petroleum Co., 493 A. 2d 946, 955 (Del. 1985).

简而言之，Unocal 案中所确立的审查标准指示法院关注董事会采取防御性措施保护公司的具体动机，并要求董事会在应对威胁时要有相称性。

在董事会援引商业判断规则获得广泛保护之前，① 其必须满足"Unocal 测试"的标准，表明董事会实施防御性措施是为了保护公司，而不是出于董事的自我利益。正是因为这种利益冲突，董事会制定的防御性措施，特别是毒丸计划，在最初是值得怀疑的，在法院对该举措进行特别审查之前，董事会的决定不能得到商业判断规则的有利推定。但是，如果董事会的行为达到了"Unocal 测试"的标准，反对的一方必须以优势证据证明，董事会所采取的防御性措施主要是为了巩固董事职位，或者属于其他违反信托责任的行为。如果没有这样的证据，那么法院将不会用自己的判断代替董事会的判断，而是要确定董事会的决定是否在合理且相称的范围之内。

在 Unocal 案之后不久，特拉华州最高法院在 Moran 案中首次对股东权利计划的合法性作出了裁决，并适用了 Unocal 案中提出的"双层测试"。这之后的公司并购法律实践也进一步发展了"Unocal 测试"的基本内容。例如，就"Unocal 测试"的第一层含义而言，在 Paramount Communications v. Time 案中法院指出，② 合理性测试需要综合评估受到威胁的公司目标的重要性、保护该目标的替代方法、防御性措施的影响以及其他相关因素。1995 年，Unitrin 案是对"Unocal 测试"的又一重要发展。③ 在该案中，特拉华州法院指出，相对于所构成的威胁而言，如果防御性措施具有胁迫性或排他性，则有悖于相称性测试的基本理念。上述案件中所体现的核心观点都对本案法院的判断产生了不可忽视的影响。

根据特拉华州的上述司法实践，Selectica 董事会所采取的防御性措施，即本案中的 NOL 毒丸计划，也理所当然地需要通过"Unocal 测试"的强化审查。虽然传统的毒丸计划长期以来一直是被允许的，但在 Selectica 案之前，还没有法院确定 NOL 毒丸计划的低触发率和特殊目的是否合法、有效。

在考虑 Selectica 的 NOL 毒丸计划是否具有合法性时，首先需要讨论的是 Selectica 董事会是否有合理的理由相信对于公司而言存在有效的威胁，这是因为董事会所采取的用于保护公司 NOL 资产的毒丸计划具有独特的动机，不同于传统毒丸计划的反收购目的。这也正是"Unocal 测试"第一部分的要求，即采取防御性措施的 Selectica 董事会应当表明其有合理的理由认定公司正在面临威胁，并通过真诚和合理的调查得出这一结论。除此之外，本案中 Selectica 董事会所设置的触发门槛远低于正常水平的毒丸计划是否具有排他性，同样值得特别关注和分析。这是因

---

① 商业判断规则假定董事会是在知情的基础上，合理地采取行动，并真诚地相信所采取的行动符合公司的最佳利益。这一推定在司法审查中为董事会的决定提供了保护，因为在这种情况下，法院往往倾向于尊重董事会所作出的商业判断。

② See Paramount Communications, Inc. v. Time Inc., 571 A. 2d 1140, 1154 (Del. 1990).

③ See Unitrin, Inc. v. American General Corp., 651 A. 2d 1361 (Del. 1995).

为,"Unocal 测试"的第二部分要求相对于所构成的威胁,Selectica 董事会的反应具有相称性,而相称性的确定是需要借助分析防御性措施是否具有强制性或排他性来衡量的。以上两个方面不仅是 NOL 毒丸计划所独有的两项特征,更是认定其有效性的关键考察因素,下面将分别进行讨论。

(二)非用于反收购目的的毒丸计划

在本案中备受关注的 NOL 毒丸计划并不是传统意义上的毒丸计划,而是一种特殊的表现形式,具有强烈的税收属性。传统毒丸计划的目的是防止敌意收购者滥用收购交易侵害公司权益,是一种反收购措施,而 Selectica 董事会所设置的毒丸计划则应用于一个完全不同的场景,即保护其 NOL 资产的使用价值,避免因股票交易而引发上述《国内税收法》第 382 条的结构性限制。

在 Selectica 案中,特拉华州法院承认,该案提出了独特的理由来适用"Unocal 测试"的第一部分,因为本案中采用毒丸计划的目的是保护 NOL 资产不受损害,这明显偏离了毒丸计划的预期用途,即防止敌意收购。确定 Selectica 董事会是否有合理的理由认为 Trilogy 的行为对公司构成了威胁,首先应该明确 NOL 资产是否有价值,保护 NOL 资产是否是一个有效的公司目标。

Trilogy 认为,如果对其未来可能的使用没有合理的预期,NOL 资产就不能被视为值得保护的资产。① 这是因为,对于 Selectica 来说,这些 NOL 资产是否值得 1.65 亿美元实际是存疑的。NOL 资产对公司的价值应该是指结转额在过期前的任何未来纳税年度都可以使用的现值。② 如果 Selectica 公司没有足够的收入来抵销它在未来几年的支出,那么 Selectica 将永远不会使用这些 NOL 资产,那么其现值就是"零"。③ Trilogy 推断,如果没有收购方和资本的涌入,Selectica 将永远不会使用其 1.65 亿美元的 NOL 资产,使其完全或部分失去价值。④ 在某个时间点上,公司可能确定资本的涌入或直接出售值得付出损失 NOL 资产的代价,因为并不能预先确定这些资产是否将会被使用。⑤

在这个问题上,特拉华州衡平法院指出,NOL 资产的价值取决于公司在未来是否有足够的

---

① See Selectica, Inc. v. Versata Enterprises, Inc., C. A. No. 4241 – VCN (Del. Ch. Feb. 26, 2010).
② See J. Mark Ramseyer, Eric B. Rasmusen, Can the Treasury Exempt Its Own Companies from Tax? The $45 Billion GM NOL Carryforward, Harvard Law School Forum on Corporate Governance No. 690 (2011).
③ See Versata Enterprises v. Selectica, Inc., 5 A. 3d 586 (Del. 2010).
④ See Sarah J. Webber & Karie Davis – Nozemack, NOL Poison Pills: Using Corporate Law for Tax Purposes, 117 Journal of Taxation 6 (2012), p. 312.
⑤ See Daniel L. Simmons, Net Operating Losses and Section 382: Searching for a Limitation on Loss Carryovers, 63 Tulane Law Review 5 (1989), p. 1045.

收入,由于公司未来的盈利能力是不可知的,NOL 资产的价值在事前也是无法确定的。① 尽管如此,董事会只需要合理地依赖专家的建议得出结论,NOL 资产相对于公司当时的市场价值来说是重要的,而且如果公司保留 NOL 资产,将有一个很长的窗口期可以使用。本案中,鉴于董事会收到了在评估 NOL 资产方面具有丰富经验的顾问的建议,衡平法院得出结论,保护 NOL 资产可能是一个适当的公司目标,在其受到威胁时值得作出防御性反应,法院因此认为,Selectica 董事会在确定 NOL 资产值得保留并且 Trilogy 的行为对 Selectica 利用其 NOL 资产的能力构成严重威胁时采取了合理的行动。特拉华州最高法院随后确认了衡平法院的结论,即保护 NOL 资产可能是一项适当的公司政策,在受到威胁时值得采取防御行动,并认为 Selectica 的董事会已经表明它有合理的理由相信其 NOL 资产会因 Trilogy 的持股而面临减损的危险。②

鉴于 NOL 毒丸计划的主要目的是保护公司的税收资产,而不是防范敌意收购,本案为"Unocal 测试"的第一部分提供了一个新的适用场景。首先,在保护公司 NOL 资产的背景下,将"Unocal 测试"扩展到对于毒丸计划有效性的分析。其次,在合理地依赖专家意见的情况下,董事会可以适当地得出结论,保护公司的 NOL 资产在受到威胁时值得作出防御性反应。最后,公司使用 NOL 资产的能力取决于未来是否有足够的收入可供抵销,但这并不妨碍认定 NOL 资产值得保留。

(三) 低触发门槛的毒丸计划

在确认了 Selectica 董事会有合理的理由相信对于公司而言存在有效的威胁之后,对 NOL 毒丸计划有效性的分析需要转向"Unocal 测试"的第二部分,这一部分关注的是 Selectica 董事会的行动相对于所构成的威胁而言是否是相称的。③ 根据 Unitrin 案,④ 如果一项防御性措施是强制性的或者是排他性的,那么它就无法通过相称性测试。据此,Trilogy 认为,NOL 毒丸计划是一项排他性的防御措施,⑤ 因为较低的触发门槛使其无法积累足够的股份与其他股东建立信任关系,特别是在 Selectica 设置了交错董事会的背景下,⑥ 进行有效的代理权竞争实际上是无法实现的。⑦

---

① See Selectica, Inc. v. Versata Enterprises, Inc., C. A. No. 4241 – VCN (Del. Ch. Feb. 26, 2010).
② See Versata Enterprises v. Selectica, Inc., 5 A. 3d 586 (Del. 2010).
③ See Unocal Corp. v. Mesa Petroleum Co., 493 A. 2d 946, 955 (Del. 1985).
④ See Unitrin, Inc. v. American General Corp., 651 A. 2d 1361 (Del. 1995).
⑤ See Selectica, Inc. v. Versata Enterprises, Inc., C. A. No. 4241 – VCN (Del. Ch. Feb. 26, 2010).
⑥ 交错董事会是指,根据不同类型的董事组成的董事会。交错董事会的设立通常是为了阻碍潜在的敌意收购要约。例如,一家拥有 9 名董事会成员的公司将董事分为三个类别,并将为每个类别分配 3 名成员,第一类成员任期一年,第二类成员任期两年,第三类成员任期三年。
⑦ 代理权争夺是指,发起者试图获得足够的股东投票来选举新的董事会,从而绕过毒丸计划,选举出一个将会赎回毒丸计划并允许发起人接管的董事会。

在这个问题上,双方提供了相互矛盾的专家证词。① 代表 Trilogy 一方的费雷尔(Allen Ferrell)教授认为,NOL 毒丸计划的低触发率,再加上 Selectica 的交错董事会,使收购方赢得代理权竞争在现实中无法实现,因为这必须通过两次年度董事选举。不仅如此,低所有权的潜在收购者在其他股东看来并不值得信任,这加剧了收购方股东为董事会提供候选人名单所面临的搭便车问题。费雷尔教授进一步指出,截至本案发生时还没有实例可以证明,在交错董事会条款的保护下,持股比例低于 5% 的股东可以成功获得公司的控制权。而与此同时,代表 Selectica 一方的哈金(Peter C. Harkin)发现了 15 起代理权争夺的发起人持股比例低于 5.49%,在这其中有 10 例发起人成功获得了至少一个董事会席位,包括目标公司设置有交错董事会的 5 例。哈金还认为,由于 Selectica 公司 62% 的股票为 22 个投资者持有,代理权竞争的成本相对较低。此外,尽管 Trilogy 的专家证实,NOL 毒丸计划与交错董事会的组合有很大的排除作用,但不得不承认的是,这并不是绝对的,收购者仍然有赢得代理权争夺的理论可能性。

在评估这些相互矛盾的论点时,特拉华州衡平法院指出,尽管低触发门槛的毒丸计划可能使代理权争夺变得更加困难,但只有在"使成功的代理权争夺变得几乎不可能或完全没有意义"的情况下,这种防御性措施本身才是排他性的,本案中的 NOL 毒丸计划没有达到这个标准。② 特拉华州最高法院认为,Selectica 毒丸计划中 4.99% 的触发门槛不是决定性的,因为代理权竞争的关键变量是收购方提案的优劣,而不是持股量的大小。③ 针对 Trilogy 关于 NOL 毒丸计划加上交错董事会具有排他性的论点,最高法院指出,仅仅因为防御措施的组合使收购者更难获得对公司的控制权,并不意味着这些措施自动具有排他性。④ 换言之,在特拉华州最高法院看来,NOL 毒丸计划与交错董事会的组合并不一定达到排他性的构成标准。

特拉华州衡平法院和最高法院在这个问题上对排他性的描述,为"Unocal 测试"的排他性原则设定了一个特别高的标准。据此,可以确定 Selectica 公司采用的带有 4.99% 的低触发门槛的 NOL 毒丸计划不具有内在的排他性,是对已确定的威胁的相称反应。此外,值得注意的是,4.99% 这一低触发门槛是由税收法律法规驱动的,不是目标公司董事会的任意选择,主要是基于外部标准所作出的考量,这一观点也在上诉中得到了司法确认。

五、本案所体现的实践意义

作为现代意义上首个被敌意收购方触发的毒丸计划,在了解了其触发过程和原因,并且讨

---

① See Selectica, Inc. v. Versata Enterprises, Inc., C. A. No. 4241-VCN (Del. Ch. Feb. 26, 2010).
② See Selectica, Inc. v. Versata Enterprises, Inc., C. A. No. 4241-VCN (Del. Ch. Feb. 26, 2010).
③ See Versata Enterprises v. Selectica, Inc., 5 A. 3d 586 (Del. 2010).
④ See Versata Enterprises v. Selectica, Inc., 5 A. 3d 586 (Del. 2010).

论了 NOL 毒丸计划的核心特质及其有效性之后，下文有必要对本案所产生的实践意义进行梳理和反思。本案为目标公司董事会及其顾问在设计和实施毒丸计划时提供了几个重要的经验，为解决与毒丸计划相关的法律实践问题提供了宝贵的第一次机会。

（一）毒丸计划的威慑作用——低触发门槛的局限性

得到特拉华州法院正式司法确认以来，毒丸计划被认为提供了一个几乎坚不可摧的防御，这主要体现在毒丸计划强大的威慑作用上。① 这是因为，如果毒丸计划被触发，收购者持有的股权将遭受大规模的稀释，从而迫使敌意收购者要么与董事会谈判，要么进行昂贵和耗时的代理权争夺。有学者对毒丸的稀释效果在数学上进行了模拟，认为一个理性的收购者不会故意触发毒丸计划。② 这种巨大的威慑力是应该被正视的，因为在 20 世纪 80 年代之后的近 30 年间，实际上没有任何一个现代意义上的毒丸计划被敌意收购者故意触发，直到 2008 年 Selectica 的 NOL 毒丸计划被竞争对手故意触发。然而，正如 Selectica 的情况所证明的那样，面对持续的收购者，特别是相对于目标公司而言拥有大量资源和庞大规模的收购者，毒丸计划可能无法提供强有力的保护。在这种对比之下，敌意收购者完全可以作出战略决策，故意触发毒丸计划并承受暂时的经济打击，这样的策略比大幅提高出价以赢得不愿妥协的目标公司董事会的支持更具吸引力。

Trilogy 作为持续的收购者，并没有被 Selectica 的毒丸计划所击退，2009 年 1 月 16 日，Trilogy 在反诉中指出，NOL 毒丸计划应被宣布为无效，③ 作为一项反收购手段，其排除了有效的代理权竞争。同时，Trilogy 认为这不符合 Unocal 一案所确立的标准，因为 Selectica 的董事既没有证明 NOL 资产有值得保护的价值，也没有证明这种价值受到了 Trilogy 收购的威胁。因此，Trilogy 事实上是认为该案中毒丸计划无效的背景下故意触发了 NOL 毒丸计划，④ 选择持续购入 Selectica 股份并越过 5% 的门槛，试图致使 Selectica 面临 NOL 资产严重受损的风险，从而向其施压以解决双方长久以来的商业纠纷，攫取商业利益。

说到底，对敌意收购者来说，毒丸计划所带来的主要是一种经济威慑，其威慑效果由敌意收购者面临的稀释成本来衡量。这种威慑力对于市值较低或处于财务困境的公司来说效果较差。

---

① See Andrew J. Senchack, Robert F. Bruner & John D. Martin, *The Poison Pill Anti-takeover Defense: The Price of Strategic Deterrence*, Research Foundation of the Institute of Chartered Financial Analysts, 1991.

② See Andrew J. Senchack, Robert F. Bruner & John D. Martin, *The Poison Pill Anti-takeover Defense: The Price of Strategic Deterrence*, Research Foundation of the Institute of Chartered Financial Analysts, 1991, p. 3.

③ See Answer and Counterclaims of Defendants Trilogy, Inc and Versata Enterprises, Inc., Available: https://www.sec.gov/Archives/edgar/data/0001296214/000095013409000845/d65993exv99w1.htm, December 30, 2021.

④ 2008 年 12 月 21 日，Selectica 向衡平法庭提起诉讼，要求宣布 NOL 毒丸的有效性和可执行性。在这之后不久，2009 年 1 月 16 日，Trilogy 提起反诉并指出，NOL 毒丸计划应被宣布为无效。在这之后的 2009 年 10 月 2 日，特拉华州衡平法院才正式受理本案。

特别是对于 NOL 毒丸计划来说，较低的触发门槛进一步影响了其威慑效果，因为此时稀释所针对的是收购者持有的相对较小的股份比例。如果毒丸计划的触发门槛较低，如本案 NOL 毒丸计划中的 4.99%，虽然这看上去比传统的毒丸计划可能更有力地抵御了敌意收购者，[①] 但是实际上因为敌意收购者被稀释的股份权益比例相对较少，使毒丸计划的稀释作用对于更有实力和决心的收购者来说不再是完全不能容忍的。

回到本案，Selectica 董事会即使设置了低门槛的毒丸计划，也不足以阻止 Trilogy 的侵略行为，收购者并没有被触发 NOL 毒丸计划的成本所吓倒。换句话说，Trilogy 可能更看重在与 Selectica 的非相关商业纠纷中获得筹码的机会，而不是触发毒丸计划所导致的成本。因此，曾经被认为威慑力巨大的毒丸计划，也许正是因为触发门槛的大幅降低而变得不再那么坚不可摧。特别是当毒丸计划面临的是一个像 Trilogy 这样实力强大的敌意收购者的时候，此时毒丸计划可能只会减缓敌意收购者的收购进度，但无法阻止所有权发生改变。

实际上，特别令人意想不到的是，鉴于 Selectica 股票的低交易价格和 NOL 毒丸计划的低触发门槛，Trilogy 甚至没有因为触发毒丸计划而遭受重大的财务损失。具体而言，在触发 Selectica 毒丸计划之前的 3 个月里，Trilogy 及其附属机构 Versata 购买了 1913072 股 Selectica 的普通股，平均价格为每股 1 美元。[②] 在执行权利交换进行股权稀释之后，Versata 手中的股票在 2 月 4 日 Selectica 恢复交易时的价值约为 92 万美元。[③] 因此，考虑到 4.99% 的触发门槛和 Selectica 当时相对较低的股票价格，Versata 因触发 NOL 毒丸计划而遭受了大约不到 100 万美元的股票价值损失。虽然如果 Selectica 采用传统的"翻转"机制而不是选择权利交换这一方式，Versata 损失可能大得多，但绝不会超过其为购买 Selectica 的股票所花费的大约 190 万美元。

相比之下，虽然诉讼结果对 Selectica 有利，但该公司在实施 NOL 毒丸计划保护其税收资产的同时也付出了沉重的代价，这包括行政和法律费用以及运营和管理的中断。不仅如此，Selectica 的普通股在纳斯达克的交易于 2009 年 1 月 5 日暂停，直到 2009 年 2 月 4 日才正式恢复，近一

[①] NOL 毒丸计划 5% 左右的低触发门槛更早的对敌意收购者设置了障碍，可能被认为是更具排他性的，因此可能看上去比带有 10% 到 20% 触发门槛的传统毒丸计划更具反收购效果。

[②] See Schedule 13D Under the Securities Exchange Act of 1934, Available: https://www.sec.gov/Archives/edgar/data/0001296214/000136231008007175/c77199sc13d.htm, December 30, 2021; Schedule 13D Under the Securities Exchange Act of 1934, Available: https://www.sec.gov/Archives/edgar/data/0001296214/000095013408022567/d65648sc13dza.htm, December 30, 2021.

[③] See Form 8 – K Current Report Pursuant to Section 13 or 15 (d) of the Securities Exchange Act of 1934, Available: https://www.sec.gov/Archives/edgar/data/0001090908/000089161809000031/f51380e8vk.htm, December 30, 2021; M&A Commentary, Lessons from the First Triggering of a Modern Poison Pill: Selectica, Inc. v. Versata Enterprises, Inc", Available: https://www.lw.com/upload/pubContent/_pdf/pub2563_1.pdf, December 30, 2021.

个月的暂停导致其股价下跌了大约 50%,① 并且因为未达到纳斯达克市场的最低交易价格标准而面临退市风险。②

因此,对于市值较低或处于财务困境的公司,低触发门槛的 NOL 毒丸计划所带来的稀释威胁可能不会产生传统观念上毒丸计划的经济威慑作用。在本案中,这种原本的威慑力归于无形,主要是由于 NOL 毒丸计划极低的触发门槛,给了有足够决心和实力的敌意收购者以可乘之机,使其认为这可以被预想的收购成本所覆盖。

在这种情况下,就像 Selectica 董事会所做的那样,如果一个敌意收购者决定吞下一颗"毒丸",那么董事会就应该准备采用一个新的毒丸计划来维持前一个毒丸计划所寻求的保护,以此把毒丸计划的威慑力提高到一个完全不同的层次,拒敌意收购者于千里之外。因此,在某种程度上可以认为,不同于传统的毒丸计划,NOL 毒丸计划的威慑力可能更多地取决于董事会是否可以在触发和执行后重新采取新的毒丸计划,在本案中这得到了特拉华州法院的认可,为之后 NOL 毒丸计划的广泛实施铺平了道路。

(二)毒丸计划的审查和设置——董事会决策过程的重要性

通过上文对于案例的重述可以看出,尽管法院的分析似乎受到了其对 Trilogy 所追求的激进策略的负面看法的影响,即"故意利用股东的投票权来损害公司资产,或者在这种损害的威胁下胁迫公司满足某些商业需求",但衡平法院的法官特别强调了 Selectica 董事会自始至终所遵循的谨慎过程的重要意义。③ 特别是考虑到 NOL 毒丸计划的潜在反收购效果,目标公司董事会处理这一问题的方式将被放在聚光灯下考察。Selectica 董事会在审查评估和设置毒丸计划的过程中所保持的严谨为之后预期采取毒丸计划,特别是 NOL 毒丸计划的目标公司董事会提供了重要的指引和参考。这可以被归纳为两个合理依赖,即对于外部财务、法律和其他专家顾问的合理依赖,以及对于独立董事决策权的合理依赖。

首先,在本案中,非常重要的一点是,Selectica 董事会一直在积极审查和分析其 NOL 资产的价值。早在 NOL 毒丸计划被设置的两年前,Selectica 董事会就开始根据专业的税务、会计和投资银行专家的建议,建立了一个关于 NOL 资产价值的分析记录,其中重点就是对《国内税收法》

---

① See Form 8 - K Current Report Pursuant to Section 13 or 15 (d) of the Securities Exchange Act of 1934, Available: https://www.sec.gov/Archives/edgar/data/0001090908/000089161809000031/f51380e8vk.htm, December 30, 2021; Selectica Announces Process for Completing Transfer of Exchange Shares; Trading Expected to Resume Wednesday, February 4, 2009, Available: https://www.sec.gov/Archives/edgar/data/0001090908/000095013409001161/f512€7exv99w1.htm, December 30, 2021.

② See Davis Polk, Delaware Court Upholds Use of 4.99% Poison Pill to Protect NOLs, Available: https://www.davispolk.com/insights/client - update/delaware - court - upholds - use - 499 - poison - pill - protect - nols, December 30, 2021.

③ See Selectica, Inc. v. Versata Enterprises, Inc., C. A. No. 4241 - VCN (Del. Ch. Feb. 26, 2010).

第 382 条的详细分析，包括评估公司的 NOL 资产失去部分或全部效用所可能造成的潜在伤害。董事会还聘请了特拉华州的律师，听取了关于特拉华州相关法律规定的介绍，并根据适当的标准评估了其行动的合理性。其次，随着事件的深入发展，Selectica 董事会与专家顾问经常一起开会，这意味着公司的法律和财务顾问定期参与了董事会的决策过程。法院强调了 Selectica 董事会在考虑公司 NOL 资产的潜在价值时对外部顾问的依赖。当有理由相信所收到的建议属于顾问的专业领域，并且顾问的选择是合理谨慎的，董事们有权真诚地依赖外部财务、法律和其他专家顾问的建议。虽然这种董事会对外部专业顾问的高度依赖可能是 Selectica 案中独特事实的产物，但该案表明，如果董事会正在考虑技术性或专业性较强的决策，如适用于 NOL 资产的所有权变更规则，外部专家顾问的建议就显得尤为重要。

不仅如此，Selectica 董事会特别将通过 NOL 毒丸计划和实施权利交换的最终决策权授予了独立董事评估委员会（Independent Director Evaluation Committee），该委员会负责定期审查 NOL 毒丸计划及其触发水平。独立董事在董事会审查和评估毒丸计划及其他防御性措施方面发挥了主导作用。管理层董事或其他在交易中拥有潜在利益的董事可能被定性为利用收购防御措施来巩固自己在公司的地位，而借助于独立董事的决策则可以大大减轻这种担忧。简而言之，特拉华州法院将对独立董事出于善意采取的行动给予极大的尊重。如果毒丸计划是由大多数外部独立董事批准的，那么董事会的善意就更容易获得司法机关的认可。回过头来，如果再加上对外部专家顾问的合理依赖，就足以构成合理调查的表面证据，这直接影响着法院司法审查的最终结果。

Selectica 董事会在决策过程中对于外部财务、法律和其他专家顾问的合理依赖，以及对于独立董事决策权的合理依赖使其在诉讼中得以独善其身，通过"Unocal 测试"获得商业判断规则的保护。这是决定其毒丸计划效力的关键因素，为之后预期采取毒丸计划的目标公司董事会提供了值得效仿的良好范本。

（三）毒丸计划的实际执行——稀释机制的选择和执行过程中暴露的问题

作为首个被触发的毒丸计划的公司，Selectica 董事会选择采用哪种行权方式稀释相对方的持股比例也是一个引人注目的问题。在本案中，Selectica 董事会没有选择传统的权利"翻转"方式，而是行使了毒丸计划中的交换功能，将权利以 1∶1 的方式交换为公司普通股。一般来说，公司不应该事先向市场发出信号，表示它打算使用交换功能而不是传统的权利"翻转"方式，因为这可能降低毒丸计划的威慑力。然而，特别是在 NOL 毒丸计划的背景下，与传统的"翻转"方式相比，Selectica 公司所使用的交换机制体现了许多实质上的优势。

首先，交换机制所带来的稀释是自动的和确定的，并且无需权利持有人因此支付现金等对价。在传统的权利"翻转"方式中，无论是"翻入"（Flip–in）还是"翻出"（Flip–over），权利的行使是有确定的对价的，并且是在触发事件发生后到权利计划到期前这一个时间段内行使。这使目标公司董事会很难准确预测权利持有人何时会行使权利。标准的期权理论表明，权利在到期之前可能不会被行使，但持有人可能期望尽早地获得股息，这也可能促使他们更早地行使权利。① 这些权利在被行使之前处于一个不确定的状态，导致公司的资本结构复杂化，这不仅损害了公司完成其他交易的能力，也对董事会通过毒丸计划达成预期的股权稀释目的造成了不利的影响。

相比之下，权利交换是立即生效的，不需要股东采取任何行动，这在很大程度上消除了上述的不确定性。不仅如此，按照传统的"翻转"机制行使权利，持有人必须以现金等形式支付一定的对价。在这种情况下，即使毒丸计划提供了一定的价格折扣，也不能保证所有的权利持有人都拥有所需的现金，并且愿意投入新的资金作为对价行使此项权利获得公司股票。相比之下，交换机制则不需要现金等作为对价，而是直接由董事会宣布用每项权利换取一股公司普通股。

其次，交换机制所导致的稀释程度较低，可能被法院确认为是一种更加克制的应对举措。具体而言，除非毒丸计划的行权价格相对于相关股票的交易价值来说非常低，否则1:1的权利交换可能比传统的"翻转"方式发挥相对更小的稀释作用。② 因此，Selectica董事会决定使用交换条款而不是传统的"翻转"方式来进行权利稀释，很有可能帮助董事会在法官面前留下合理行事的印象，进一步满足上述"Unocal测试"所提出的相称性要求。实际上，特拉华州衡平法院和最高法院都对Selectica董事会利用稀释性较低的权利交换机制给予了好评，这也是最终导致本案结果的一个重要因素。

不仅如此，交换机制对公司NOL资产的影响相对较小且可以确定。在传统的"翻转"机制下行使权利可能改变股东在公司中的相对所有权比例，这可能影响《国内税收法》第382条中关于所有权变化的计算。因此，这种情况下所造成的稀释对公司使用其NOL资产构成了潜在的威胁，而这正是毒丸计划所要保护的公司核心资产。相比之下，交换功能的确定性可以帮助公司更容易确定所有权的变化和对NOL资产的潜在影响。对于Selectica来说，正是为了避免这种威胁，董事会才有理由选择执行交换机制，将毒丸计划中的每项权利交换为一股公司普通股。

即使Selectica董事会在稀释机制的选择上作出了相对合理的决定，也得到了司法机关的认可，但是作为首个被触发的毒丸计划，其稀释条款的实际执行过程是否会出现问题也非常值得关注和讨论。在Selectica的毒丸计划被故意触发之前，现代毒丸计划下的稀释条款从未在实际执行过程接受审视，无论是通过"翻转"机制还是采用权利交换的方式。而事实上，Selectica所设计的毒丸计划在执行的过程中暴露了稀释机制的某些问题，正是这些问题导致上文所述的股票

---

① See M&A Commentary, Lessons from the First Triggering of a Modern Poison Pill: Selectica, Inc. v. Versata Enterprises, Inc, Available: https://www.lw.com/upload/pubContent/_pdf/pub2563_1.pdf., December 30, 2021.

② "翻转"方式下权利行使的价格（Exercise Price）是目标公司董事会制定的，接近于董事会对公司普通股长期价值的估算。在确定行使价时要考虑的因素包括：公司的业务和前景，其长期计划和市场条件。对于大多数采用权利计划的公司来说，行权价格是目前市场价格的3~5倍。

交易的暂停，对本就没有实现盈利的 Selectica 造成了雪上加霜的不良影响。

具体而言，当 Selectica 董事会决定履行交换条款时，在完成权利交换的实际执行方面存在着很大的不确定性。毒丸计划的执行程序需要持有人证明他们的资格，以此作为行使权利的条件。因此，在 Selectica 发起的权利交换中，公司需要核实持有人被交换的权利，确认权利并不是由 Trilogy 或其关联公司实际拥有的。在大多数公司股票通过存托公司（Depository Trust Company）以"经纪商名义"（Street Name）持有的市场环境下，这绝对不是一个简单的问题。这直接导致 Selectica 股票交易的暂停，在 2009 年 1 月 5 日到 2 月 4 日的近一个月时间里，公司及其权利代理人努力制定和实施了相关措施以解决权利交换的实际执行问题。[①] 首先，对于直接持有 Selectica 股票的股东来说，他们被要求确认不是毒丸计划项下所规定的"收购人"，然后 Selectica 再向提交了证明的股东发行规定数量的股票。其次，对于不是以股东自己的名义而是通过经纪商持有的股票，在 Selectica 的要求下，存托公司要求其参与的经纪商以电子方式核实代表客户持有的股票数量，并且需要确认这些客户在毒丸计划的规定中不属于"收购人"，然后 Selectica 再将收到的核查结果所涵盖的股份记入参与经纪商的账户之中。除此之外，对于没有收到所需验证的部分，Selectica 选择向一个信托机构发行权利交换所需的剩余 177125 股公司普通股（约占应交换股票的 2.8%），由该信托机构在收到所需验证之前代为持有，等待这些股东证明他们不是"收购人"后再从信托机构处获得应有的股票份额。[②]

在 Selectica 案中，实施其应对措施的不确定性主要是由于这是有史以来第一个被故意触发的毒丸计划。鉴于 Selectica 在毒丸计划的实际执行过程中所暴露出的问题，在这之后的毒丸计划，如福特公司的 NOL 毒丸计划，就允许将用于执行稀释机制的股票率先统一发行给一个信托机构，[③] 以便在实际问题解决后分配给具体的权利持有人，避免权利的行使对股票的正常交易造成不利影响。

六、 结论

在 Selectica 案出现之前，毒丸计划的效果是众所周知的，潜在的敌意收购者在面对受毒丸计

[①] See Form 8 – K Current Report Pursuant to Section 13 or 15 (d) of the Securities Exchange Act of 1934, Available: https://www.sec.gov/Archives/edgar/data/0001090908/000089161809000031/f51380e8vk.htm, December 30, 2021; Selectica Announces Process for Completing Transfer of Exchange Shares; Trading Expected to Resume Wednesday, February 4, 2009, Available: https://www.sec.gov/Archives/edgar/data/0001090908/000095013409001161/f51267exv99w1.htm, December 30, 2021.

[②] See Form 8 – K Current Report Pursuant to Section 13 or 15 (d) of the Securities Exchange Act of 1934, Available: https://www.sec.gov/Archives/edgar/data/0001090908/000089161809000031/f51380e8vk.htm, December 30, 2021.

[③] Tax Benefit Preservation Plan, Available: https://www.sec.gov/Archives/edgar/data/0000037996/000114036109020642/ex4_1.htm, December 30, 2021.

划保护的目标公司时，不会故意触发毒丸计划，他们要么选择与目标公司董事会进行友好谈判，要么提高要约价格，或者只能硬着头皮进行代理权争夺。但是，NOL 毒丸计划的出现彻底改变了这一局面，在这种用于保护公司税收资产的低门槛毒丸计划项下，如果目标公司对毒丸计划所导致的成本或敌意收购者的决心估计错误，那么毒丸计划的触发就不再只是理论上的可能性，而成为值得收购者认真考虑的选择。面对这种情况，目标公司董事会只能不断地"重置"毒丸计划，以进一步阻碍富有决心且实力强大的敌意收购者。

作为现代意义上首个被触发的毒丸计划，Selectica 案的启示可以给后续面临同样问题的公司提供确定性和实际指导，对于整个公司收购市场产生了独特的影响。首先，毒丸计划的设计特点将对实现其预期目标的效果产生重大影响，这种影响将直接体现在经济成本层面，决定了毒丸计划能否产生有效的威慑作用。其次，独立董事在知情的基础上，在外部专家的建议下善意行事，本着使股东价值最大化的目的，董事会应该有较大的自由度来使用新的防御技术以应对现代意义上的公司威胁。不仅如此，目标公司董事会需要认真选择毒丸计划的稀释机制，充分考虑其在实际执行过程中的核查程序所需要的后台机制，应该有效地利用信托法律关系解决这一问题。

公开征求意见的《中华人民共和国公司法（修订草案）》中所引入的授权资本制，是毒丸计划在反收购实践中得以运用的理论基础，为我国目标公司采用毒丸计划抵御敌意收购提供了重要的制度土壤。作为现代意义上毒丸计划被触发的第一案，也将给我国的反收购实践提供重要的参考意义。首先，透过 NOL 毒丸计划背后的资产保护目的，毒丸计划有了新的应用场景，这意味着多重目的的反收购措施可以为我国目标公司在更为复杂的反收购实践中提供新的思路，解决具体问题。其次，目前我国立法对于反收购活动最具有相关性的规定主要集中于对被收购公司董事应履行的忠实勤勉义务作出的概念性规定，这种相对模糊的列举式条文并没有准确触及上市公司董事忠实勤勉义务的实质要求，也没有说明在何种情况下上述义务会被违反以及相应的后果。[①] 不管是意图采取毒丸计划还是其他反收购措施，我国目标公司董事会都应该在设置和执行过程中保持应有的审慎责任，合理地依赖外部专家顾问和独立董事，作出准确的判断和决策。除此之外，我国目标公司也应该意识到，在面对同时具备决心和实力的敌意收购者时，毒丸计划也并非想象中那么坚不可摧，目标公司应当考虑以交错董事会为代表的其他反收购措施与毒丸计划相结合，以提供更为充分的保护。

---

① 《上市公司收购管理办法（2020 年修订）》第三十二条规定：被收购公司董事会应当对收购人的主体资格、资信情况及收购意图进行调查，对要约条件进行分析，对股东是否接受要约提出建议，并聘请独立财务顾问提出专业意见。在收购人公告要约收购报告书后 20 日内，被收购公司董事会应当公告被收购公司董事会报告书与独立财务顾问的专业意见。

特别专稿

从零思考公司法修改

■ 彭 冰*

【编者按】本文为作者在北大法学院开设的"法学阶梯"高阶讲座系列之三十二讲,演讲时间为 2020 年 11 月 2 日下午。本文在演讲速记稿的基础上,由作者本人整理而成。全文将会和其他演讲记录一起收录于《北大法学高阶》一书,由法律出版社出版。

大家好!很高兴有机会来给大家作讲座,我要讲的内容不是一篇成型的论文,而是我最近在思考的一些问题,即对《公司法》修改的一些想法。

今天讨论的题目是"从零思考公司法修改",所以先要说说为什么要改《公司法》。

一、《公司法》修改的必要性

(一)各国《公司法》频繁修改

我们可以放眼全球,看看其他国家和地区。

美国是普通法国家,也是联邦制,公司法属于州法,基本上有两个来源,一个是特拉华州公司法,另一个是《标准公司法》。特拉华州公司法虽然颁布有成文法,但主要依赖特拉华州法院的裁判。它的公司法经常修改,因为法院在不停地作新的裁决。特拉华州公司法成功的要诀是有很好的公司法法官,每一个重要判决都会引起学界争论——隔三差五,特拉华州法院的公司法判决就会引发讨论,这就相当于在修法了。而如果大家看《标准公司法》就会发现,ABA 美国律师协会下属有一个专门委员会,这个委员会每隔两三年、三四年会检讨一遍《标准公司法》,看看哪些地方需要修改。

日本《公司法》经过几次大的改造,历史很长,2005 年之后从原来所谓的学德国的大陆法公司法模式转变为美国模式。2005 年日本《公司法》大修之后,其《公司法》几乎每两年要改一次,也有专门的委员会负责研究修改事宜。

其他的如中国台湾地区,如果大家看我国台湾地区的"公司法"修改情况,你会发现也是

---

* 彭冰,北京大学法学院教授。

这样：几乎两三年改一次，两年甚至每年都会有一些小的修改。

为什么公司法要频繁修改？道理跟证券法的修改一样，因为其面临一个很活跃的实践这个法律的团体——商人组织。一方面，商人们都很活跃，他们频繁创新，而这些创新需要得到法律支持，所以需要不断调整公司的相关法律规定来对实践进行确认。实践对法律供给有巨大的需求。另一方面，因为法律规定也可能对商业实践造成阻碍，增加商业运营成本，在全球化国际竞争环境下，各国也希望能够修改法律，减少对商业的阻碍，创造更好的营商环境，以发展本国的商业、吸引更多资本，促进本地或者本国的经济增长。典型就是在美国发生的公司法的州际竞争。美国公司法是州法，各州都通过修改公司法来吸引企业注册，造成公司法的竞争。当然，在美国公司法理论上这也是一个最经典的争议：这个竞争到底是好还是坏？竞争的结果是公司法规则更完善还是更偏向某个利益集团？不过大家都承认，现实是特拉华州公司法在竞争中胜出。

其他国家因为不一定采用联邦制，所以并不存在国内法层面的竞争。欧盟在2000年以后有一些判例承认公司注册地和公司实际经营地可以分开，等于承认了欧盟中不同国家的公司法是可以竞争的，所以在欧盟层面颁布了一系列公司法指令，只规定了底线，而各国国内法可以在这底线上自己作更多的规定。所以在欧盟成员国层面可能形成竞争。

日本为什么频繁修改《公司法》？日本当然有日本的想法，觉得传统的大陆法系公司法并不利于商人创业，所以日本在2005年毅然学习美国法。日本《公司法》近百年历史都是大陆法系德国法传统，但2005年改成英美法系传统尤其是美国法模式，显然是它认为这种模式在全球化国际竞争中有利。

（二）中国《公司法》修改的窘境

回到中国，中国《公司法》处于很尴尬的局面。

中国《公司法》于1993年颁布，1994年实施，到目前为止改的次数不少，但重要的修改只有两次，一次是2005年与《证券法》同时修改，另一次是2013年在注册资本制上采用了认缴制。之后也有一点点小修改，2018年改了"股份回购"，但也只改了第一百四十二条这一个条款。

那中国企业没有对《公司法》修改的需求吗？当然不是。中国《公司法》在实施中面临很大的尴尬局面：中国大部分企业——按照统计数据，2018年底所有经过工商注册的商事组织将近1亿家，其中包括3000多万家企业、7000多万个体工商户，这3000多万家企业里真正遵守《公司法》的有多少？我觉得，其中4000多家上市公司大概是要遵守的，因为有证监会和交易所在监管。但这4000多家上市公司里真正遵守《公司法》的又有多少呢？遵守《公司法》中关于董事信义义务的又有多少呢？根据我的观察，大概有100多家。为什么这么说？因为中国《公司法》中的核心内容（三会程序），主要针对的是股权分散的股份公司（所有权与经营权分离的公司），而中国4000多家上市公司里股权分散的公司只有100多家。换句话说，中国《公司法》

与现实差距很大，因此我们企业其实对《公司法》修改的诉求很强烈。

可现实中《公司法》修改的进程也很尴尬——我们刚刚改了《证券法》，《公司法》修改程序也启动了，但到底什么时候能改不知道。为什么？因为中国立法程序一定要有一个机构在背后强力推动，这个程序才能顺利进行。如《证券法》背后有中国证监会在推动，很多法也都有相应的机构。《证券法》修改在 2014 年启动，2015 年 4 月提交一审稿，2015 年 6 月股市发生了异常波动，修法的事就搁置下来了。一直拖到 2017 年《证券法》程序即将到期之际，提交了二审稿。2019 年再次到期之际提交了三审稿，三审稿公开征求意见大家才开始讨论《证券法》的修改。不到一年，2019 年 4 月公开征求意见，2019 年 12 月底《证券法》修改四审通过。综上所述，这次《证券法》修改很匆忙，真正展开讨论不到一年时间。

回过头讲《公司法》修改。《公司法》修改最大的困难是没有一个主管机构，没有谁对《公司法》负责，没有谁有动力去推动《公司法》的修改。唯一的例外是 2005 年。2005 年证监会主导《证券法》的修改，但这是因为 1998 年《证券法》在体例上与《公司法》纠缠不清，股票的发行、上市等内容都规定在《公司法》里，证监会认为要修改《证券法》也必须同时修改《公司法》，因为不改《公司法》，股票发行上市条件等都没法修改，《证券法》也不完备。所以大家可以看到，2005 年这次修改是《公司法》和《证券法》联动修改，背后是证监会推动的。这次修法之后，《公司法》与《证券法》的关联就不是很大了。后来证监会又努力过一次，也就是 2018 年证监会又推动修了一次《公司法》，但只改了关于股份回购的这一条。此外，关于上市公司治理，证监会希望在《公司法》中加入专门关于上市公司的一章。所以，现在《公司法》修改面临的窘境就是没有什么机构在背后推动。

因此，对于修改《公司法》，尽管现实中有需求，可背后没有一个有力的机构在推动。名义上讲，市场监督管理局负责企业注册，它应该有一定的动力，但原来的工商总局变成市场监督管理局后，其主要工作是在反市场不正当竞争、反垄断方面，对企业组织层面关注不多。特别是随着注册资本制度的改革，一直在要求它们放松监管，所以它们的修法动力非常不足。

因此，《公司法》修改在中国很尴尬，没有一个有力的机构来推动，也就没有办法及时回应市场和实践的需求。这和《证券法》不一样，《证券法》在法律层面有证监会推动修改，即使在立法层面解决不了，证监会也会通过规章、指导性文件对现实予以积极的回应。《公司法》没有这样的机制，尽管看起来其比《证券法》更基础、更应该回应现实中的需求，但现实不是这样：我们在《公司法》修法层面没有一个有效的反馈和实施机制。

（三）修改的态度：从长计议、战略思考

《公司法》修改的机会来之不易，这次是全国人大主动把它列入立法规划，所以这次修改应该是一个机会。但我觉得从学者角度来讲，要把眼光放长远，为什么我提"从零思考公司法修改"？因为我越来越觉得法律条文具体怎么写虽然很重要，但其实都是暂时的，都是可以修改的。更重要的是观念的变化。从长期来看,最终能够影响实践的是观念,是人们的认识,不是具体的某个条文。

"从零思考"的意思是应该从整体上或者从长期、从根本上想清楚,我们到底要什么样的《公司法》,就是《公司法》到底要解决什么样的问题,而不是具体纠结于某些技术性问题。"这个条款怎么写""注册资本是实缴还是认缴""资本维持原则、回购、对赌条款的效力"这些现实中的问题每天都吸引着大家的眼球,有很多争议,但是法条变几个字就不再是问题了。例如,《公司法》第十六条关于公司对外担保的论述,有关学者多年来发表了几百万字的有关论文,核心期刊中屡见不鲜。如果这次修法时有所修改,如规定不许公司对外保证,[①] 不就解决问题了吗?那所有以前的争议是不是都没有意义了?但公司需不需要对外提供担保呢?可以对外提供担保或者一定不能对外提供担保的根据是什么?我不认为有根本性或者不可辩驳的根据,现实中哪个规则更好用就可以使用哪个。我国台湾地区所谓的"公司法"一直到1983年之前都不允许公司对外提供保证,有没有什么问题?事实上,台湾地区经济在那一阶段繁荣增长,成为当时的"亚洲四小龙"。我们目前公司对外担保产生了这么多问题,带来了这么多纠纷,产生了这么多学术论文,造成了多大的经济成本?我们2015年之前一直禁止企业相互借贷,但允许企业对外相互担保,而现在允许企业临时相互借贷,又反过来限制企业对外提供担保,这不是很奇怪吗?所以我觉得还是要回到根本性问题,从长期来思考我们到底需要什么样的公司和什么样的《公司法》。

这是我要讲的第一个问题,就是我们是不是应该有一个《公司法》立法修改的回馈和实施机制,从而能够及时回应社会需求。对学者来说,是否启动修法影响不是太大,因为学者应当讨论的只是根本性的观念问题,这从长期来看才会有意义。按照凯恩斯的说法,"那些经济学家和政治哲学家们的思想,不管是对是错,其影响力都被大众所低估了。没错,世界的确由少数人统治。自以为不受知识分子影响的'实干派',大多不过是一些已故经济学家的奴隶"。《公司法》也一样,或者以前法律也一样,我们在立法的时候脑海中是有某些理念的,你认为公司是一个实体还是股东的财产?这种理念决定了你在立法的时候怎么立、执法和裁判的时候怎么解释法律。从长期来看,我们要形成的是某种关于公司的理念。

二、为什么需要公司法

第二个问题,怎么从零思考?我觉得我们应该问一个根本问题,就是我们为什么需要公

[①] 在1983年修改之前,我国台湾地区"公司法"第16条规定:"公司除依其他法律或者公司章程规定以保证为业务者外,不得为任何保证人。"1983年11月,该条被修改为"公司除依其他法律或者公司章程规定得为保证者外,不得为任何保证人"。

法？这个问题讲起来好像理所当然，但仔细想一想中国经济曾领导全球 1000 多年，1500 年前（明朝中期）我们一直是全球领先的经济体，可那时的中国有类似公司法的东西吗？没有。有经济组织吗？有商业组织吗？肯定是有的。但没有公司法，我们的经济不也很繁荣吗？那公司法有什么必要呢？我们当时肯定是有合同、财产之类法律的，但好像没有商事组织的专门法。而在西方，在罗马法中有合同、物权，这有千年以上的历史，但我们讲的现代意义上的公司法是什么时候才有呢？1844 年英国《公司法》被大家认为是现代公司法的起源。1844 年是什么时候？当时英国跟我们中国已经打了鸦片战争，已经完成工业革命了，这时候才有《公司法》。也就是说，在开展工业革命、经济腾飞的时候，英国还没有公司法，或者有的也不是我们现代意义上的公司法。那公司法有什么用？看起来好像没啥用，不需要公司法，我们中国的经济也在全球领先了 1000 多年；没有公司法，英国也完成了工业革命。所以我觉得我们要坐下来好好想一想：公司法的这些条款写下来干嘛，为什么要写？

有两种解释。第一种解释是公司法是一种标准合同范本，换句话说公司法就是契约模板，总结了大家的日常商业安排，规定在公司法里，都是非强制授权性的，大家可以选、可以不选，这是最自由化的想法。自由派公司契约这套理论认为公司法就是一个合同模板，可以节约大家的缔约成本——大家不再需要起草复杂的各种合同，而是直接适用公司法，除非你有特殊需求，你自己在章程或者合同上另外约定。但如果是这样，这就不需要立法，搞个合同范本，好比美国律师协会搞个标准公司法就解决了。中国也让中华律协搞个公司合同模板不就解决问题了吗？干嘛要搞《公司法》呢？浪费立法资源。我不太赞成这套理论：因为如果这个理论能成立，就不需要立法了。

所以我一直认为还有第二种解释思路，就是公司法上的有些安排恐怕必须通过立法才可以实现。这些安排不能通过合同来处理，或者是因为合同具有相对性，或者是因为缔约和执行成本太高。这些公司法上的特殊安排都有哪些，我也在琢磨，并不能完全列举出来。

（一）有限责任制度

可以先举个例子。大家都很熟悉有限责任制度，股东有限责任是《公司法》规定的一项特别权利，很重要。但其实有限责任制度符合上述第一种公司契约解释理论。为什么呢？因为有限责任是可以用合同规定下来的。假设几个人准备成立一个公司，但觉得应该设立股东有限责任，那很简单，这些人可以要求公司在和所有交易对手交易时，都在相关合同里写上一个股东有限责任条款：告知交易对手你是在与公司交易，你对公司的债权只能在公司财产上得到偿还，不能找股东要钱。只要把这个条款写到所有公司对外交易合同里，就能形成一个有限责任的保护，不需要《公司法》特别规定。而《公司法》把它写下来，只是因为要求公司将其作为必备条款写进每个合同太麻烦了，不如直接规定在公司法里面作为默认条款。而如果有人不愿意适用，可以在合同中明确规定股东要对公司债务提供担保。

现实中,有限责任被写进英国《公司法》是1855年。在此前,1720年英国通过了《泡沫法案》(与《公司法》有关的法案),规定除了国王和国会特许,任何人不得设立7人以上的股份公司。但大量的商人没有办法拿到这个特许,所以他们就用订立信托契约的方式成立所谓的合股公司(Joint Stock Company)。但合股公司因为没有法律规定,不能享受有限责任保护。这些商人就采用我前面说的方式,在合同中明确写上有限责任条款,从而在现实中享受到了有限责任的保护,不需要《公司法》规定。所以有限责任不是一个公司法必须有的条款,公司法之所以规定它,是符合公司契约理论。即通过公司法的规定,让股东自动享受有限责任保护,不需要公司在跟每一个交易对手做交易的时候都在合同上写上一个有限责任条款。从这个角度来讲,有限责任就不是公司法必备条款,公司法规定它只是为了节约交易成本。

(二) 法人人格制度

但反过来还有一个条款,就是规定公司具有法人人格,这个条款是公司法必须规定的,是法律才能规定出来的,不是合同可以约定的。好比某个股东的出资是一套房产,如果没有法人人格制度,这个房产就只能规定在股东名下或者规定在所有股东名下。即所有股东共同持有这个房产,因为公司不是一个独立主体,不能登记为房产所有人。当因为房产发生纠纷去起诉或者应诉的时候,这个人只能是房产所有人,也就只能是原股东或者所有股东。那怎么以公司的名义去起诉应诉呢?这只能由法律规定。法律可以明确规定经过什么样的程序,你们就可以成立一个具有法人人格的主体,这个主体可以持有财产,可以起诉、应诉,可以独立去缔结合同。所以,类似这样的条款,如独立人格制度,就是《公司法》必须规定的,有限责任反而不是。[①]

还有其他类似条款吗?大家可以仔细想想,我觉得还应该有一些。好比公司内部的治理结构。现在规定公司必须有"三会",股东会、董事会、监事会,这是强制性的。但这个强制性规定有必要吗?我觉得值得讨论,看起来没啥必要。尤其是监事会和监事的设置,从全球来看我们是比较特殊的,美国法上没有,德国法上的监事会也是个董事会,而且是上层董事会,与我们不一样。我们有点像日本,日本有监事会,但日本监事会权力最大,跟我们的监事会没什么权力的情况恰好相反。从这个角度来讲,"三会"设置、公司内部治理结构的设置到底是《公司法》的必然产物,还是因为路径依赖(政治或者其他原因)导致的?《公司法》上有很多条款可能受到其他因素的影响,这些影响我们也没法消除,但到底是不是《公司法》所必需的?我觉得我们从零思考的时候就需要讨论。

---

① 关于法人人格和有限责任制度的相关分析,请参见 Henry Hansmann & Reinier Kraakman, *The Essential Role of Organizational Law*, 110 Yale Law Journal 387 (2000)。

（三）公司分立制度

再讲一个比较典型的例子。我前几年写过一篇文章讲公司分立的定义,[1] 这个问题也很有意思。现行《公司法》第九章规定了公司的合并与分立，我们一般将分立理解为合并的反向。但其实不是这样的。美国公司法上只有合并制度没有分立制度，也就是说，美国公司分立没有法定特别规则。这是因为美国人觉得，分立不需要在公司法上作特殊规定，公司分立按照出售资产或者分配红利的方式就可以实现了。实际上，分立制度写进公司法，是法国人在1966年干的。此后，尽管欧盟在1982年颁布《公司法第6号指令》专门规定了公司分立制度，但德国1994年才将其引入国内立法；日本于2000年才规定了公司分立制度；我国台湾地区是2001年引入的。而我国在1986年《中华人民共和国民法通则》就将它写进去了，也就是说，我国引入分立制度在全球是比较领先的，但问题是我们没有讲清楚什么叫分立，也没有人去想过公司法为什么要规定分立。美国公司法没规定分立制度，也没影响美国企业作分立的操作。我这篇文章就讨论了这件事，但结论不让人开心——分立不需要写进法律，这是我的结论。

以前我认为分立有必要写进《公司法》，为什么呢？原来我们都觉得分立是合并的反向。公司法为什么要写合并？理论上也不需要啊，两个公司自己签协议合起来不就好了，为什么要在公司法规定合并的程序、合并的效果这几个条款呢？很简单，在两个公司合并时，不论是吸收合并还是新设合并，都会涉及至少有一个公司要消失——吸收合并是被吸收的公司消失，新设合并是两个公司都消失，成立一个新公司。而传统公司法关于公司消失（解散、注销、破产），都有一套复杂的程序，要求清理所有的债权债务，然后公司才能消失。而合并的时候公司消失不需要经过清算程序，因为其还要正常经营。所以，《公司法》规定专门的合并程序和效果，合并应该通知债权人，合并后的公司承继合并前所有的债权债务。在这两条规定下，消失的公司不需要经过清算程序就可以注销。换句话说，公司法对合并规定提供了一个简化程序，使合并之后注销公司不需要经过清算，节约了成本。

我原以为公司法规定分立制度也应该是这样的逻辑，分立也会涉及企业消失，不需要经过清算程序，因为公司法规定分立后的公司对分立前的债务应该承担连带责任。在写的过程中发现我想错了。企业为什么分立？分立是因为企业觉得，多元化经营在管理上没有发挥效益，要把某些部分独立出去。从这个逻辑上来讲，分立最重要的功能是分割财产出去，分割财产之后并不一定要注销企业啊。

原来我还认为，在派生分立中，从一个大公司分立出一个新设公司来，然后应该把新设公司的股权给所有大公司的股东，这才叫完成分立。原来我以为这也应该是公司法规定分立制度的

---

[1] 彭冰："论公司分立行为的界定"，载《证券法苑》（2013）第九卷，第621-640页，法律出版社2013年版。

理由，因为在这种情况下，大公司分配新设公司的股权给所有股东，受到利润分配规则的约束，而专门规定分立制度，就可以避开这个约束。但我在研究中也意识到，分配新设公司股权其实是没有必要的，它对分立的功能没有影响。

因此，经过研究，我这篇文章否定了我原来的想法，承认公司分立制度在《公司法》上并不一定需要规定，并不是必然需要规定。这个例子可以给大家讲我们怎么理解公司法的条款，为什么要有这些条款。

（四）公司债券制度

另外一个可以讨论的是我正在构思的一篇论文，内容仍有待斟酌。现行《公司法》第七章是"公司债券"，从1993年《公司法》第一次颁布的时候就有这一章，1993年以来这些条款没什么变化。但似乎从来没有人想过公司法为什么要写这些条款，为什么要专门用一章规定公司债券呢？

公司债券本质是指公司向人借钱，公司向人借债这件事需要公司法授权吗？显然不需要，正常的公司借贷天天都在发生，从银行贷款、向个人借款、向其他企业借款——原来我们禁止企业相互借贷，现在也允许了。这种情况下通过发行债券方式向其他人借款很正常。那为什么法律上要专门规定呢？要是考虑到证券发行监管的话，《公司法》完全可以这么写"发行公司债券应当符合《证券法》规定的发行条件，公开发行证券应当经过相关机构批准或者注册"，有这一条就够了。

我有个想法：《公司法》应该写"公司债券"这一章，其核心理由是，由公司债券形成的债权，与公司普通借贷形成的债权是不一样的。看起来都是到期还本付息，公司债券持有人也是公司的债权人，但它和普通债权人是不一样的。不一样在哪？我理解是公司债券持有人一般不能单独行使债权，其债权具有集体性质，只能集体行使而不能像普通债权一样单独行使。

公司的普通债权人相互之间是独立的，每个债权人都可以单独行使债权。比如这个公司有很多债权人，每个债权人在债务到期时都可以要求公司偿付，如果不偿付他就可以提起诉讼、冻结财产，在不能清偿时还可以申请公司破产。但一次公司债券发行，可能产生上万个债券持有人。假设发行人公司违约，债券持有人如何行使自己的债权？要不要行使抵押权？要不要给公司一个宽限期？这个时候由谁决定呢？我们现实中是召开债券持有人大会，用多数决的方式来表决形成决议，这个决议要约束所有债券持有人。比如决议给公司一个月宽限期，表决90%通过。但如果债券持有人的权利是一个普通债权，是与其他债权独立的，则债券持有人大会90%的决议凭什么来约束这10%的债券持有人呢？这10%的债券持有人会说："你们给债务人宽限期是你们的事，我的债券就要他还款，我就要强制行使我的债权。"这和股权不一样，《公司法》专门规定了股东大会的决议效力。而《公司法》对于债券持有人大会决议的效力并没有规定。因此，债券持有人大会的多数决就没有办法约束少数异议债券持有人。但现实中少数债券持有人这么做会损害整体债券持有人的利益,所以就要约束他,怎么约束他?就只能在《公司法》中把这一条写下来。我们《公司法》没有写这个条款,所以现实中产生了无数的问题。2020年最高人民法院出了个债券会议纪要部分解决了这个问题,① 但其实是没有法律依据的。这次《证券法》写了,但《证券法》没有表述它真正的意思。② 这个应该写在《公司法》里,要明确表明债券持有人的债权跟普通债权不一样,是一个集体性债权,要通过集体程序来行使。我国台湾地区的"公司法"就写了一条,并且还规定债券持有人会议的决议要经过法院审议,才会产生效力。③

三、从零思考公司法

我们刚才讲了要从根本上思考为什么需要《公司法》,尤其是某些具体的制度、具体的条款。然后为什么要从零思考,我也有一些想法。我觉得现行《公司法》,从其起源一直到适用来看,存在着根本性的缺陷。

我国《公司法》在1993年制定的时候,立法的主导思想其实是基于当时的现实,为国有企业改制提供法律依据。所以《公司法》在当时立法时考虑的是国有企业,想象中的模板是国有企业怎么样市场化,也就是所谓的"改制"。在这个模板的想象下,1993年的《公司法》有很多在现在看来很严苛的不必要的规定,这些规定本来是要制约国有企业的改制及设立、运转,包括监事会制度的设立也可能与此有关,所以《公司法》才会写上监事会应该有适当比例的职工代表等条款。但现实已经发生了巨大变化,1993年《公司法》颁布之后,尤其是2000年之后,中国出现了大量的民营企业,现实中对《公司法》需求最大的不是国有企业,而是民营企业。所以2005年的修改在某种程度上适应了这种需求,2013年又进一步放松了实缴资本制也是这样的趋势。反过来,这就使国有企业仅依靠《公司法》规制存在不足,所以这些年才会有党委、党建等规则出现,这是国有企业的特殊需求造成的。

从这个角度来讲,一部《公司法》其实不能解决中国企业组织的所有问题,我现在倡导的

---

① 参见《全国法院审理债券纠纷案件座谈会纪要》,第15条规定:"债券持有人会议根据债券募集文件规定的决议范围、议事方式和表决程序所作出的决议,除非存在法定无效事由,人民法院应当认定为合法有效,除本纪要第5条、第6条和第16条规定的事项外,对全体债券持有人具有约束力。"

② 《证券法》第九十二条规定:"公开发行公司债券的,应当设立债券持有人会议,并应当在募集说明书中说明债券持有人会议的召集程序、会议规则和其他重要事项。"

③ 我国台湾地区"公司法"第263条规定:"(公司债债权人会议)之决议,应有代表公司债债权总额四分之三以上债权人之出席,以出席债权人表决权三分之二以上同意行之……";第264条规定:"前条债权人会议之决议,……经申报公司所在地之法院认可并公告后,对全体公司债债权人发生效力,由公司债债权人之受托人执行之。……"第265条规定:"公司债债权人会议之决议,有左列情事之一者,法院不予认可:一、召集公司债权人会议之手续或其决议方法,违反法令或应募书之记载者;二、决议不依正当方法达成者;三、决议显失公正者;四、决议违反债权人一般利益者。"

是，我们应该有《普通公司法》，然后加上一些特殊的公司法。我设想是五大类。

第一类是普通公司法。普通公司法应该处理的是向公众融资的企业组织。从历史上来看，现代《公司法》1844年才产生，那这之前就没有企业组织吗？当然有，英国都完成了工业革命，怎么可能没有企业组织？只是没有采用公司制度而已。1844年之前英国的公司是要经过特许才能成立的公司，必须获得政府特别许可。1720年的《泡沫法案》规定经过特许才能有7名以上的股东发行可以交易的股份，就是这个股份公司的股份可以自由交易。自由交易会使股份分散，股东人数变多，就会区分出大股东、小股东，这些小股东不会参与公司管理，那他们为什么会愿意把钱交到别人手上？在特许公司模式下，国家通过特许状给这个企业一定的垄断权，公司依靠这个垄断权才能向公众发行股份，公众才愿意把钱给他。等到1844年取消了特权，所有人都可以设立股份有限公司，股份可以自由交易时，公司凭什么可以吸引小股东呢？公司法规定了一套组织机构和治理机制，就是我们现在看到的董事会与股东会分权，用资本维持原则对财产进出公司进行限制，要求董事和管理层承担信义义务之类的规则，这些都是强制性的规则，实际上约束了公司管理层的行为。在这种约束下，公众才会愿意把钱给公司，公司才能向公众去发行股份，股份才可以自由交易。所以1844年以来的现代公司所针对的其实就是这样的公司，是一个股份可以自由交易、有向公众融资需求的公司。本质是公司通过自我约束来取得公众的信任，才能向公众融资。

但当这个公司法实行并被大家所采用且取得巨大成功时，另一个社会需求就浮现出水面：很多中小企业并没有向公众融资的需求，它不需要向公众融资。例如，一些家族企业本就不打算向公众借钱，也不准备把控制权让出去。但普通公司法的各种组织机构和治理规则都是基于向公众融资的需求来规定的。在向公众融资的便利下，这些成本是值得的。但当企业没有向公众融资需求时，这些成本就变得不经济。好比有限责任制度对促进公众投资和股份流通都有很大作用，但对于中小企业，它不需要有限责任甚至也享受不到有限责任——银行给这些中小企业贷款时都会要求控股股东、实际控制人签一个连带责任保证，所以对这些企业来说，有限责任的特权意义不大。但普通公司法为了对冲有限责任的消极影响，还规定了一套资本维持制度。结果这些中小企业不但享受不到有限责任的好处，还要遵守资本维持原则带来的成本，岂不是没有道理？

再比如股份自由流动制度。对于某些家族企业来说，其不允许股份自由转让，不想让外人参与。所以股份自由流动制度相对应的规则——控制权与所有权分离的规则也就不需要，否则会增加企业的负担。

1844年之前，英国那些没法获得特许的企业怎么干呢？就自己签一个合同，搞一个合股公司或者搞一个合伙企业。但他们发现股份公司还是有一个很大的便利，就是法人人格。在法人人格下，他们可以以企业的名义对外经营、对外交易、签署合同、持有财产，不因为某一个股东的离开而导致这个企业解散,所以法人人格变得很重要,或者有很大便利。在这个需求下,很多中小企业尽管享受不到有限责任的保护,尽管也不希望股份自由流动,但还是注册成了股份公司,不过这也给它们带来了巨大成本。

现在我们看到的有限公司是在 1900 年前后德国法学家创造出来的。就是因为这些德国法学家发现,很多中小企业也希望利用股份公司的形式来经营,但是它们又没有对外融资的需求,所以普通公司法增加的这些负担、这些成本都是不必要的,所以这些法学家就创造了一个新的企业类型——有限公司。现在我们的有限公司其实是德国法学家在纸面上创造出来的,只是把股份公司中比较复杂的规则给简化了。德国的普通公司法是《股份公司法》,另外还有特殊的公司法,即《有限责任公司法》。

也是在 1900 年之后美国、英国公司法上才开始讨论封闭公司,即是股份转让受限制的公司。它们觉得这些公司虽然注册为股份公司,但实际并没有对外融资的需求,股份也不自由流动,在规则上可以简化一些。这与德国的想法差不多。这个需求在 20 世纪 70 年代的美国达到了顶峰。这时大家忽然发现,从理论上讲,没有必要只给股份公司法人资格,为什么合伙企业不能有法人资格?中国合伙企业目前是没有法人资格的,但有什么道理不给它?法人人格和有限责任这二者在逻辑上是没有关系的。当大家想清楚这件事时,美国就在 1970 年前后创造了新的公司类型有限责任公司(Limited Liability Company,LLC,也有人称其为合同公司),其实是一个法人型的合伙。给它法人资格,然后所有的规则用的都是合伙企业法的规则。从逻辑上讲完全能够成立,从学理上讲也没问题。

所以,我认为中国目前的《公司法》先可以分为两部分:"股份公司法"和"有限责任公司法",二者的逻辑并不相同。前者是传统公司法的逻辑,就是我说的普通公司法,后者则应该与合伙企业一样。现代公司法中绝大部分规定都与向公众融资有关系,没有向公众融资的需求就不需要现代公司法这么复杂的结构,合伙法就足以处理它。1844 年之前的英国、民国之前的中国从来不缺乏经济组织,也不需要公司法,合伙法加合同法就能解决问题。但合同创造不了法人人格,所以我们需要一部法律来赋予中小企业法人资格。甚至在税法上还可以考虑是否需要对这种法人征税。有限责任公司在美国之所以能盛行就是因为取消了对公司层面的税负要求,虽然是一个法人,但是在法人层面可以不纳税,只在股东层面缴纳个人所得税。

中国现实中有 3000 万家企业,3000 万家企业里真正向公众融资的只有 4000 多家上市公司,加上 1 万家新三板挂牌公司,那么只有 1.4 万家公司有向公众融资的需求。当然,现在的小公司也可能是未来准备向公众融资的,如很多创业型高科技公司,它们为了今后能够上市,可能一开始就采取股份公司这种形式。但还有大量中小企业、民营企业没有向公众融资的需求,至少目前没有,那就可以采用上面所说的法人制合伙企业。它为什么要设个董事会或设置一个执行董事呢?就两个人成立了一个公司,有什么事两人商量着不可以吗?但《公司法》规定必须设,还要设个监事会或者监事，这不是增加企业运营成本吗？

这第二类我叫作法人制合伙企业，应该有专门立法。

第三类是"国有企业法"。国有企业本质与商业企业是不一样的，不以利润最大化作为它的追求目标，是代表公共利益的企业。公共利益有时候表现为挣最多的钱，但也有时不表现最大获利，而可能表现为不裁人、产品不涨价等。在这样的情况下，这个国有企业的公司治理的逻辑就与一般商业企业不一样。而当它向公众融资的时候，对公众投资者来说，国有企业与其他企业也是不同的。当投资者买商业企业股票时，其获得的是管理层为全体股东最大利益服务的承诺，换句话说就是最大盈利。但是国有企业本身设定的目的就不是利润最大化，其追求的是公共利益，因此，当投资者买其股票时，应该得到这样的提醒。

从理论上讲，国有企业有一套特殊的规则，和民营企业是不一样的。国有企业要考虑国有资产流失，资产有没有为了公共利益而服务，而不是利润最大化；转移资产时不是考虑是不是卖了最高价，而是资产转让是不是符合公共利益。监管逻辑不一样。从这个角度来讲，国有企业应该有一套特殊的专门法律。

实际上，从我国现实来看，我们正在形成一套与国有企业相关的特殊规则，比较典型的有"党管干部"之类的规则，最近这些年又有了党委决定制。这些规则是有现实需求的。在这种需求下，形成了一套与普通公司法不同的特殊规则，这套特殊规则我觉得应该由单独的法律来规定，而不是放在普通公司法里，因为民企没有办法适用它，并且，盈利性的普通公司与追求公共利益的国有企业在运作逻辑上也完全不同。

第四类是企业集团。这其实是一个特殊的主体，好比我们经常看到"××系"的说法，其实是一个实际控制人注册了无数个企业，控制了无数公司，数量可能高达上千。现行法律将这些企业每个都看作独立法人，但实际运作上根本不是这样。在实际控制人看来，这些企业其实并不相互独立，控制者经常在这些企业之间调度资金，把不同的交易放置在不同的公司。从严格的公司法角度来看，这些调度和安排很多都是有问题的。但这是现实的需求，在某种程度上我们也承认这个需求。例如我们现在承认，可以在企业集团中设一个财务公司，这个财务公司可以在集团内各公司之间调度资金，以便资金可以得到最优化使用。这样的企业集团应该视为一个整体、视为一个统一的主体，而不是把其中的每一个企业视为独立主体。而这个做法也不是只有中国才有，全球化的大型跨国公司往往也是这么做的。

企业集团应该被作为一个特殊的企业主体，因为它和普通公司法想象的企业主体不同。普通公司法想象每一个注册企业都是一个独立法人，而对企业集团来说，每一个注册的企业其实只是企业集团的一个下属、一个子单位。关于企业集团在公司法上是不是应该有一套单独规则，目前其实有不少研究，只是形成成文法的比较少。

第五类是一些特殊行业的特殊企业类型。最典型的是中国最近出现的相互制保险公司。其实，保险公司采用股份制或者公司制是很晚近的一个现象，在 1960 年之前，美国保险公司特别是人寿保险公司绝大多数是相互制，所有投保人同时是这个保险公司的所有人。但中国原来的保险法对此没有规定，保监会颁布了《相互保险组织监管试行办法》，允许设立相互制保险。这是一个特殊的企业类型。

最近人民银行又规定了金融控股公司，这也是一个特殊的企业类型。特殊在哪儿？要求金融控股公司在财务上并表监管，要求控股公司作为股东对所控股的金融机构在财务出现困难时提供财务支持，这就突破了有限责任。所以金融控股公司在美国是单独立法的。

相互保险、金融控股公司都是一些特殊行业的需求，在行业有需求时才需要立法。但前面讲的四种企业类型，股份公司、法人制合伙企业、国有企业、企业集团，是所有行业都可以使用的企业类型，在中国现实里面都是应该专门立法的。

四、如何进一步从零思考

我的上述想法很粗糙。到底怎么样来思考公司法或者怎么样从零思考公司法？我觉得我们现在面临的最大困难是想象力不够，我们对制度的想象力受到了现实的限制。我们天天学习的这些制度、这些现有的法律规定限制了我们的想象。

要从根本上反思公司法，我们就不应该受到现有制度的限制，而是应该从逻辑上去想象更多的可能性。从哪儿去找这些资源呢？

我觉得有两个层面。一个是历史层面。人类有几千年从事经济活动的历史，在这个过程中创设了无数的经济组织类型，只是很多因为各种原因没有生存下来或者被大家遗忘了。我们可以从这些历史中提取有益的资源。这些企业组织形式在历史形成过程中一定有它本身的合理性，好比中国研究比较多的晋商票号，他们有一套行业规则，怎么样设置股权、控制权和所有权怎么安排、如何激励管理者等，其实有很多有意思也有道理的做法。研究这些，可以提供给我们很多借鉴。

另外一个层面是中国现在的实践。过去 40 余年，中国经历了持续的经济高速增长，很多是通过经济组织来推动的，这些经济组织在现实中有很多做法，我们都没有好好研究过。

如外商投资企业的三资企业法，我们现在废除了，其实它有很大的价值。我们 1993 年才有《公司法》，但 1979 年我们就颁布了《中外合资经营企业法》，用它来吸引外资，并取得了巨大成果。中外合资企业之所以能取得成功，当然是因为它符合了外商的需求。外商来投资是追求经济效益的，因此有很多做法很有意思，也符合效率原则。好比中外合资经营企业里股东会和董事会可以二选一，可以设董事会不设股东会，设股东会就可以不设董事会，这个制度安排就很有意思，我们的法人制合伙企业是否可以借鉴？

再比如，在 2013 年《公司法》承认认缴制之前，1979 年的《中外合资经营企业法》就是认缴制，注册资本分成注册资本和投资总额，注册资本要立即缴纳，而投资总额不需要缴纳，可以通过向股东借款来实现。在利润分配上，允许某一方的股东可以提前分配利润，提前收回投资。这些安排都很有意思，法人制合伙企业都可以借鉴。

三资企业法在中国运行30多年，从1979年一直到2018年，我们搞了《外商投资法》才把它废止。30多年积累了多少经验，这些经验完全可以体现在《公司法》里，尤其是刚才讲的法人制合伙企业的制度设计中。但没有人好好研究过这些问题。

除此之外，我国法院在处理大量公司纠纷中也形成了一些特殊经验，有些还上升为司法解释，这也很值得研究。好比我曾经研究过的"债随物走原则"，这是《公司法》没有规定的，完全是中国法院在裁判中根据现实需求创造出来的，而且与《公司法》的法理相冲突，但到现在还在用，显然是因为现实中有需求，而公司法又没有提供相应的制度供给，法院就只能自己创设和提炼出一些规则。尽管这些规则可能并不完备，但有它一定的道理。中国的司法实践很值得研究。

还有中国企业的实践。中国民营企业在这30年经历了大发展，他们在现实中会遵守《公司法》吗？我感觉，他们大部分都不会遵守《公司法》，他们会按照自己的需求创造出适合自己的制度安排。这些制度安排也没有人去仔细分析和研究。其实这些民营企业植根于中国现实，其创设的制度可能更符合中国社会的政治经济文化需求，我们完全可能把它提炼上升为法律规定。

比如孙大午曾经在他的企业中搞了一套"君主立宪制"，据说效果还不错。怎么"君主立宪"？这个企业设董事会、理事会和监事会，"三权分立"。孙大午家族持有公司的所有股权，是所有者，家族成员组成监事会，监事会只有监督权和弹劾权，没有选举权、没有任命权，也没有经营决策权，不能选举董事、不能选举经理，只有所有权和监督权。决策权在董事会，董事会负责作企业的决策，但不能执行。董事哪来？所有董事由企业内部员工选举产生，选出十几个人组成董事会，而董事会只负责作决策，决定企业今年生产什么、生产多少。负责企业经营的是理事会，理事会也是内部职工选举产生，没有决策权，只能执行董事会的决议。为什么说这个是"君主立宪"？"君主"是所有人家族组成了监事会，但是"虚君"，只负责看护这个企业，不允许他们转让股权、进行财产分割，不允许从企业分很多财产走，收入固定——家族成员收入是企业员工平均工资的三倍。"立宪"是决策权和执行权，相当于立法权与行政权分离，董事会专门作决策，理事会专门执行。这个安排是不是很有意思？据说这套制度运行不错，最近十几年这个企业效益每年有20%的增长率。但我觉得有问题，因为所有者不能转让股份，也不能从企业分财产，等他们这一代人去了之后，下一代不这么想怎么办？这套制度在现行法上也得不到支持，限制对企业所有人分财产、转让股权，在《公司法》上是没有依据的。另外，《公司法》规定的是股东选董事，而这套制度是员工选董事。现在这一代家族成员有统一认识还好说，等到下一代人不同意，要自己选董事的话，这套制度可能就没有办法限制他们，因为在法律上得不到支持。

但这是很有意思的实践,从事这样实践的不只是孙大午。很多企业都有各自的治理安排,好比华为有"华为宪章"。成功的民营企业肯定也创造出了符合它们需求的企业治理,这些很值得我们法律学者去研究。

所以,从零思考公司法,思考的资源从哪儿来?应该是从历史中来,从中国现实中来。未来很多研究课题都可以去做,也不一定非赶上这次《公司法》修改。《公司法》的修改也可能越来越频繁,因为要不断适应市场和实践的需求。所以法条的修改不重要,重要的是观念,我们要形成一些观念,用这些观念去影响立法者。这是我们从零思考公司法修改应该具有的最重要的意义。

《金融法苑》 征稿启事

《金融法苑》由北京大学金融法研究中心主编,以金融法研究为对象,采用图书的形式连续出版。自1998年首次出版至今,《金融法苑》已公开出版百辑,目前一年出版两辑,每辑15~18篇论文,约20万字,由中国金融出版社出版发行。《金融法苑》已被北京大学法学院列为学院核心刊物,并自2014年起入选CSSCI来源集刊。《金融法苑》目前授予"北京大学期刊网""中国知网""元照数据库""北大法宝""超星数字期刊""万方数据库"等数据库电子版权。凡向《金融法苑》投稿的作者,视为同意上述授权,本编辑部所支付的作者稿酬已包含上述著作权使用费;如不同意,请在投稿时注明,编辑部将作适当处理。

《金融法苑》设有"热点观察""专论""金融实务与法律""金融法前沿""公司与证券""银行与法律""财会与法律""保险与法律""WTO与金融""金融刑法""金融创新""金融监管""金融法庭""海外传真"等栏目,及时反映金融法理论、热点事件、立法与实务等最新研究成果和动态,文风活泼,文字清新,深入浅出,侧重阐明事理,解决问题。作为专业特色明显的出版物,《金融法苑》在学界和实务界有着良好的影响,适合立法者、金融法务工作者、相关专业的师生阅读和参考。

为规范《金融法苑》用稿,提高编辑质量和效率,编辑部拟订《〈金融法苑〉写作要求和体例》,请投稿者务必自觉遵守。自2014年1月起,本编辑部只接受电子版投稿,投稿邮箱为:jinrongfayuan@126.com。投稿文档请按如下格式标明,并同时标注于邮件主题上:"投稿日期作者:文章名",例如:"2003.10.22 吴志攀:银监会的职责与挑战"。

凡投寄本编辑部的稿件,请勿一稿多投。投寄的稿件三个月内未收到编辑部用稿反馈的,可自行处理。在编辑部编辑稿件过程中,如遇到他刊拟采用的,请作者及时告知相应的决定,以免造成重复刊发。

有意投稿者还可关注北京大学金融法研究中心网站(www.finlaw.pku.edu.cn)和微信公众号("Pkufinlaw"和"北京大学金融法研究中心"),获取金融法研究中心和《金融法苑》的出版资讯、学术活动、征稿主题等相关信息。网站地址和微信公众号二维码请见本辑封底。

《金融法苑》编辑部

《金融法苑》写作要求和注释体例

一、字数要求

一般不超过 8000 字（包含注释，以 Word 的字数统计为准），特别优秀的论文可适当增加 1000～2000 字。

二、编排体例

1. 文章标题：居中，三号加粗宋体字，标题一般不超过 25 个字，尽量不使用无实质意义的副标题。

2. 作者：居中，小四号宋体字，用 * 标记脚注，注明学习/工作单位、电子信箱、联系电话、通信地址（邮编）等。

3. 中文摘要：小四号宋体字，不超过 300 字，写明文章的主要观点、研究方法等。

4. 关键词：小四号宋体字，2～5 个关键词，需体现文章核心内容。

5. 正文：目次采用"一、（一）1.（1）1）"顺序，尽量避免过多层次，标题加粗，全文小四号宋体字，1.5 倍行距，段前段后不空行。

6. 注释：采用当页脚注，每页重新编号，①②③格式，五号宋体字，单倍行距，注释间不得空行。

三、内容规范

文章需符合基本学术规范和著作权规则。对违反法律法规、学术规范的文章，由作者本人承担一切后果。

四、格式规范

（一）数字

1. 文章中涉及的确切数据一般用阿拉伯数字表示。例如：20 世纪 80 年代，不采用"1980 年代"的写法。

2. 约数用汉字表示。例如：大约十年，近二十年来。

3. 法律条文，应该以中文大写数字表示，包括所引用的法条中涉及的条款。例如：《中华人民共和国刑法》第十一条。引用法律或案例应准确无误，作者应核对与文章内容时点对应的有效法律条文内容，注意条文序号是否已被调整。

4. 农历的年、月、日一般用中文汉字；古代皇帝的年号也用汉字。例如："光绪二十九年"等。

（二）图表

1. 图表应简洁大方，同一图表尽量避免跨页排版。

2. 图表标题应标明序号，置于图表上方，图表下方注明资料来源。

（三）法律规范或其他规范性文件

1. 无论中西文法律或规范性文件，首次出现，写明全称（注明中华人民共和国），以后可以用简称，但需在首次出现的全称之后用括号界定。

2. 必要时，在法规之后注明其生效或实施时间。

（四）注释

1. 总体要求

（1）注释以必要为限，对相关文献、资料等来源进行说明，以便读者查找。直接引征不使用引导词，间接引证应使用引导词。支持性或背景性的引用可使用"参见""例如""例见""又见""参照""一般参见""一般参照"等；对立性引征的引导词为"相反""不同的见解，参见""但见"等。

（2）注释的标识位置

一般紧跟着要说明的词语或句子。一般地，注释标识放在逗号和句号后面，也可放在句号前，根据所需注释的内容而定。涉及引号时，如果引号里有句号，注释标在引号后。如果引号里无句号，注释标在引号和句号之后。

（3）超过 100 字引文的处理

正文中出现 100 字以上的引文，不必加注引号，直接将引文部分左右缩排两格，并使用楷体字予以区分。100 字以下引文，加注引号，不予缩排。

（4）重复引用文献、资料的处理

重复引用的，需标注全部注释信息，不采用同前注、同上注等简略方式。

（5）作者（包括编者、译者、机构作者等）为三人以上，第一次出现时，最好都列明，如果有主编，撰写者可以省略。第二次出现时可仅列出第一人，使用"等"予以省略。

（6）引征二手文献、资料，需注明该原始文献资料的作者、标题，在其后注明"转引自"该援用的文献、资料等。

（7）引征信札、访谈、演讲、电影、电视、广播、录音等文献、资料等，在其后注明资料形成时间、地点或出品时间、出品机构等能显示其独立存在的特征。

2. 具体注释范例

中文作品

（1）专著

作者：《书名》（卷或册或版次），出版社出版年，页码。

例如：

李琛：《论知识产权法的体系化》，北京大学出版社2005年版，第110页。

储怀植：《美国刑法》（第3版），北京大学出版社2005年版，第90－97页。

葛克昌、陈清秀：《税务代理与纳税人权利保护》，北京大学出版社2005年版，第30、35页。

（2）编辑作品或编辑作品中的文章

作者及署名方式：《书名》（卷或册或版次），出版社出版年，页码。

作者：《文章名》，载编辑作品主编人：《编辑作品名称》，出版社出版年，页码。

例如：

刘剑文主编：《出口退税法律问题研究》，北京大学出版社2004年版，第21页。

高鸿钧等主编：《英美法原论》，北京大学出版社2013年版，第二章"英美判例法"。

张建伟：《法与经济学：寻求金融法变革的理论基础》，载吴志攀、白建军三编：《金融法路径》，北京大学出版社2004年版，第31页。

（3）译著

［国别］作者著：《书名或文章名》，译者译，出版社出版年，页码。

例如：

［美］兰德斯、波斯纳著：《知识产权法的经济结构》，金海军译，北京大学出版社2005年版，第460页。

（4）学位论文

作者：《论文名称》，学校系所年份，页码。

例如：

李英：《一般反避税条款之法律分析》，北京大学法学院2004年硕士论文，第19页。

（5）期刊、报纸类作品

作者：《文章名》，载《书名或杂志名》年代和期数。

例如：

刘剑文：《论避税的概念》，载《涉外税务》1999年第2期。

刘军宁：《克林顿政府经济政策》，载《人民日报》1993年3月23日，第6版。

（6）研讨会论文

作者：《篇名》，主办单位，"研讨会名称"，时间。

例如：

王文宇：《台湾公司法之现况与前瞻》，韩忠谟教授法学基金会，"两岸公司法制学术研讨会"，2003年7月。

（7）法院判决、公告等

《名称》，（年份）编号名称（说明：具体名称是否添加根据文中情况判断）。

例如：

包郑照诉苍南县人民政府强制拆除房屋案，浙江省高级人民法院（1998）浙法民上字7号民事判决书。

《国家税务总局关于出口货物退（免）税若干问题的通知》，国税发〔2003〕139号。

（8）网络资讯

原则上，如果同样内容有纸质文献，请选用纸质参考，以方便保存查阅。

文献内容（格式同上），资料来源：网址，访问时间。

例如：

王波：《台湾中正大学黄俊杰教授访谈》，资料来源：http：//www.cftl.cn/show.asp？c_id=478&a_id=1381，2005年4月17日访问。

赵耀彤：《一名基层法官眼里好律师的样子》，载微信公众号"中国法律评论"，2018年12月1日。

外文作品

（1）基本说明

1）重复引用文献的，在再次引用时需标注出全部注释信息，不采用Id.等简略形式。

2）文章标题大小写。

除冠词与介系词之外，书名和文章名称的第一个字母都要大写。例如：A Theory of Justice。

3）缩写加上句点。

例如：

e.g.；等等：et al.；主编：ed.；第×页：p.*；第×-×页：pp.*-*。

4）顺序和中文著作基本相同。多个作者之间不用顿号，而用"&"或者逗号。作者与书名之间用逗号；文章名、书名无需书名号。

5）字体用Times News Roman。

6）组织机构、法案名称等，第一次使用全称，后用括号注明英文全称和简称，之后可使用简称。

例如:国际货币基金组织(International Monetary Fund,IMF)。

(2)著作

例如:

William E Scheurman ed. , The Rule of Law under Siege, Berkeley: University of California Press, 1996, p. 144. Bellow & Kettleson, The Politics of Society in Legal Society Work, 36 NLADA Briefcase 5 (1979), pp. 11 – 16.

(3)期刊文章

例如:

Robert J. Steinfeld, Property and Suffrage in the Early American Republic, 41 Stanford Law Review 335 (1989), p. 339.

关于《金融法苑》的订阅

感谢广大读者对《金融法苑》的喜爱和支持。北京大学金融法研究中心限于人手，无法逐一为读者们办理纸质版杂志的订阅服务。为此，中心特委托《金融法苑》的出版商中国金融出版社代为办理，由其读者服务部具体承办《金融法苑》的订阅服务。

中国金融出版社读者服务部电话：（010）66070833　62568380

（在每本《金融法苑》的封二都可以查看到读者服务部的信息）

如您不想采用订阅的方式，也可访问淘宝网上的"中国金融出版社读者服务部"，或者通过登录当当网、亚马逊、京东或新华书店等网站，购买纸质版的《金融法苑》。

北京大学金融法研究中心